中原名师出版工程
教育思想与实践系列

打造有趣有序有用的阅读课

韩秀清 著

中原出版传媒集团
中原传媒股份公司

大象出版社
·郑州·

图书在版编目(CIP)数据

打造有趣有序有用的阅读课/韩秀清著.— 郑州：大象出版社，2018.9（2021.8重印）
（中原名师出版工程）
ISBN 978-7-5347-9924-2

Ⅰ.①打… Ⅱ.①韩… Ⅲ.①阅读课-教学研究-高中 Ⅳ.①G633.332

中国版本图书馆CIP数据核字（2018）第197500号

打造有趣有序有用的阅读课
韩秀清 著

出 版 人	汪林中
责任编辑	阮志鹏　张　欣　张　阳
责任校对	钟　骄

出版发行	大象出版社(郑州市郑东新区祥盛街27号　邮政编码450016)
	发行科　0371-63863551　总编室　0371-65597936
网　　址	www.daxiang.cn
印　　刷	郑州市毛庄印刷有限公司
经　　销	各地新华书店经销
开　　本	787 mm×1092 mm　1/16
印　　张	17
字　　数	257千字
版　　次	2018年9月第1版　2021年8月第3次印刷
定　　价	42.00元

若发现印、装质量问题，影响阅读，请与承印厂联系调换。
印厂地址　郑州市惠济区新城办事处毛庄村南
邮政编码　450044　　　　电话　0371-63784396

"中原名师出版工程"
编 委 会

主　任　丁武营

副主任　张振新　周跃良

委　员　郑文哲　林一钢　吕关心　闫　学　张文质　姜根华
　　　　　陈秉初　黄　晓　杨光伟　刘　力　童志斌　罗晓杰
　　　　　钟晨音　吴惠强　刘燕飞　丁亚宏　窦兴明　李　丽
　　　　　刘富森　申宣成　杨伟东　禹海军　张海营　张　琳
　　　　　谢蕾蕾　董中山　郭德军

总 序

对于一个优秀教师来说，将自己对教育教学的思考在写作中表达出来，是非常自然的一件事。正如玛格丽特·杜拉斯在《写作》中说的："写作像风一样吹过来，赤裸裸的，它是墨水，是笔头的东西，它和生活中的其他东西不一样，仅此而已，除了生活以外。"杜拉斯把自己的写作区别于日常生活中具体的事物，而将其看作生活本身。我十分认同这样的说法。从许多优秀教师的成长经历来看，教育写作就是教育生活本身。当我们学会了把教育生活中的各种场景纳入自己的视野，融入自己的思考，通过写作诚实地记录下来，我们就找到了一条属于自己的专业发展之路。

正是看到了教育写作在教师专业发展中的重要意义，河南省教育厅与浙江师范大学启动了"中原名师教育写作出版计划"。河南是我国的教育大省，有一大批非常优秀的教师逐渐崭露头角，而"中原名师"是其中的佼佼者，他们在各自的学校和不同的教育教学领域取得了一定的成绩，及时总结、提炼、展示、推广他们的研究成果非常必要。我和张文质老师被聘请为"中原名师教育写作出版计划"的首席写作导师，肩负指导"中原名师"写作、出版教育教学专著的重任。这可能也是目前国内唯一旨在帮助优秀教师实现教育教学专著出版的省级培训项目，开辟了教师培训内容与形式的崭新领域，具有开创性意义。经过近两年的艰苦努力，目前这项计划终于迎来了阶段性成果：弯丽君等第一批 9 位"中原名师"的 12 本教育教学专著即将正式出版。从书稿情况来看，选题、内容可谓多样：既有学科教学方面的，也有班级管理方面的；既有比较严谨的学术论著，也有可读性较强的教育教学随笔；既有义务教育阶段的，也有幼儿、高中阶段的。另外，还有计划第二批出版的书稿正在整理之中。

捧读这些沉甸甸的书稿，我心中充满感慨。

我想到了每一位作者的面庞，看到了那些闪亮的眼神。大家都非常清楚，对于一个渴望成长、追求专业发展的教师来说，教育写作是自我提高的一条基本路径。教育写作能清晰地记录一个教师专业成长的轨迹。教师可以在写作的过程中不断审视、反思自我，不断积累、总结与提炼，无论是初尝成功的经验，还是尝试摸索中的所谓教训，都是十分宝贵的财富。苏霍姆林斯基曾鼓励教师每天都写教育日记（也就是我们常说的"教育叙事"），认为这样的写作具有重大价值："凡是引起你的注意的，甚至引起你一些模糊的猜想的每一个事实，你都把它记入记事簿里。积累事实，善于从具体事物中看出共性的东西——这是一种智力基础，有了这个基础，就必然会有那么一个时刻，你会顿然醒悟，那长久躲闪着你的真理的实质，会突然在你面前打开。"这些"中原名师"正是通过写作将自己日常教育教学的点点滴滴慢慢积累起来的，而实施"中原名师教育写作出版计划"就是为了帮助他们打开真理之门。

我还想到了每本书稿选题的艰难，想到了那些为了确立书稿选题所经历的热烈讨论，既有面对面的沟通，也有无数次邮件、短信与电话往来。由于每一位作者所在的区域不同，所教学段、学科不同，研究基础、研究方向也各不一样，如何将那些最有价值的研究成果梳理、提炼出来，并形成相对集中的研究主题以专著的形式呈现，是我和张文质老师以及每一位作者需要面对的挑战。沟通、选择的过程非常重要，也非常辛苦。这主要是由于各位作者在实践层面的经验、成果内容非常多样造成的：往往一个教师提供的同一本书稿，在内容上既有学科教学方面的，也有班级管理方面的，甚至还有其他学科领域的，这固然反映了一线教师工作繁杂多面的实际情况，但对于专著出版来说，主题不够突出无疑是大忌，也会遮蔽那些更有价值、更值得推广的内容。经过半年多的反复讨论，第一批"中原名师"作者如弯丽君、李阿慧、徐艳霞、李桂荣、孟红梅等老师，首先确定了选题，开启了教育写作之路；而另一批作者如刘忠伟老师则更改了选题，另起炉灶，毅然开启了新的写作计划，这其中的勇气也让人深为佩服。

当然，我也想到了每一位作者所经历的艰苦的写作过程。由于绝大多数老师积累的文稿是基于实践经验，致使有些内容在学理上存在问题，论述、论据都不够严谨，容易引起歧义；也有些内容所呈现的研究过程与研究成果不够完整，材料繁杂、枝蔓较多，如何去芜存菁留下最有价值的东西，如何修改、完善那些不够成熟的地方，也是摆在每一位作者面前的挑战。值得指出的是，对文稿不断修改、完善的过程虽然艰苦，但其实是非常宝贵的研究经历——看似是教育写作的过程，其实又是学术研究的过程，写作本身成为思维与学术的双重训练，成为提炼教育教学理念、凸显教育教学风格的基本路径。如韩秀清、董文华、王海东、李桂荣等几位老师，正是经历了这样的写作和研究过程，他们最终创作出很有价值的作品。如果说在专著出版之前，这些老师的教育教学风格还不够鲜明，尚未在更大的范围内得到认可，那么我相信，专著的公开出版，将有力地促进他们教育教学成果以及个人教育教学风格的传播与推广，塑造"中原名师"更加美好、专业的形象，成为河南教师乃至全国教师的偶像。而这，也是浙江师范大学继续教育学院与河南省教育厅决定实施该项教育写作出版计划的重要目的之一。

对于各位作者而言，他们没有辜负岁月，岁月也没有辜负他们。

对于导师而言，能够参与这个项目，帮助各位作者，是充满欣慰的，甚至超过了自己出书时的喜悦。

感谢各位读者，如果您翻开这些书，您会看到有那么一些人，是如何执拗地表达着对岁月和信仰的敬意。

闫　学

2018 年 8 月 18 日于杭州

代序（一）

我认识韩秀清老师已有二十余年。

1997年，我们一起参加河南省语文优质课大赛。刚刚走上讲台两年的她，温润灵秀，课上得生动有趣，让人眼前一亮。

其后的二十多年间，她担任班主任，去北京师范大学读教育硕士，以一名普通教师的身份竞聘副校长，担任副校长期间继续教课当班主任，几年后又辞去副校长职务转而全身心投入教学中。其经历可谓丰富，对语文教育的追求可谓执着。

一个人的活法又何尝不是语文的"活法"？

"活法"，自然是有"活"有"法"的。"活"，指活跃，充满活力。"法"，指规律，姿态。语文的活法，是教学的一种姿态，也是对语文课堂教学之"法"的探究。

理想的课堂，自然是让学生学有所得，而又能够身心愉快，但实现起来并不容易。很多语文课堂，或有法而失之于沉闷，或活跃而欠缺章法。尤其是在教学任务紧的情况下，学生的感受、学生的知识起点、学生的阅读经验经常被有意无意地忽略掉了。

韩老师意识到这个问题，她提出，语文的世界辽阔，然而有边。她积极推行阅读，同时主张阅读课要有趣、有序、有用。

她是坚定的阅读践行者。她带领学生深入历史，读《世说新语》，读《史记》……领略一个古典的中国；她带领学生读契诃夫，读卡尔维诺，读海明威，读欧·亨利，读博尔赫斯，教学生睁开眼睛看世界……

她是积极的阅读课程探索者。她带领学生阅读，但不是泛泛地阅读。每一次主题的选择，都凝聚着她的思考。语文阅读的知识零散，她试图构建明晰的知识体系，寻找一条阅读的路径。语文写作的范式欠缺，她从纷

繁的阅读中精挑细选，为学生提供写作可资借鉴的范例。针对语文教学中的重"文"轻"语"现象，她开启了语言活动课堂。

在很多人选择通过"刷题"来应对高考的时候，能带着学生做这些，是需要定力的。令人感到欣慰的是，有趣、有序、有用的阅读课，为学生找到了通往辽阔世界的清晰的道路，也让语文教师对开展阅读树立了信心，并从中受到了启发。

这是一位一线教师的眼光，是一位一线教师的勇气，也是一位一线教师的智慧。

这样的语文阅读课，滋养着年轻的生命，也滋养着从事语文教育的教师。

丁亚宏

2018年8月6日

代序（二）

打开韩秀清老师的书稿，感觉就如与她本人对坐絮谈，过程如此享受，获益如此丰厚。

韩老师的文字，带给我太多的惊喜甚至震撼。

我没有预料到，始终微笑着、态度很温和的韩老师，在语文课堂上有如此强大的气势，简直给人"韩潮苏海"之联想；我也没有预料到，一个好的语文教师，与她的学生一起，可以拥有如此美好的语文世界。进入韩老师的语文课堂，就是进入了最真实的生活，进入了最具魅力的语文生活世界。

这里，有美好的季节、怡人的风景。

十一月的山中，有霜，农家宾馆。晚上，主人在院中燃起了篝火。韩老师与学生们谈笑、跳舞、数星星、梦呓……蒙蒙眬眬中听见有人说："好亮、好大的星星啊！我从来没有见过这么多星星。""我开心得好想哭呀！"都是走读的学生，从未体验过集体生活，而深秋山中的夜，夹杂着草木的气息，宁静美丽，让大家不忍睡去。

早起，早饭是玉米糁、馒头、蔬菜，学生们胃口大好，争着抢着吃，故意谁也不谦让。

清晨，向山中进发。山中空气如洗，每呼吸一口都是甜的。

"空山新雨后，天气晚来秋。"一位学生动了诗兴。

与韩老师一起看过的秋天，令学生们难以忘怀。

这里，有美好的城市、可爱的故乡。

说起洛阳，学生首先想到的是刘禹锡的诗："唯有牡丹真国色，花开时节动京城。"还有司马光的诗："若问古今兴废事，请君只看洛阳城。"

韩老师说，我们的城市，我们自己看，自己写。于是，第二天语文课，黑板上写满了各个小组的稚嫩而真挚的《望海潮》：

洛伊东去，邙山远望，河洛漫城暗香。铜驼暮雨，金谷春色，洛浦秋风微凉。晨钟唤日起，暮鼓送斜阳，夜月晴朗。青青翠柏，霭霭檀香，谒云长。

峰峦聚势，瑶池挽露，中原宝鼎独矗。灵寨道山，英魂武帝，古钟十里风动。花沁北邙风，香融金谷酒，睿幄堪夸。西苑幽池，东堂桃李，亦无瑕。

在写作中，学生认真审视并思考自己生活了十几年的城市，认识到了故乡的意义。这颗情感的种子，若干年后，将会在异乡发芽。

这里，有与哲人的相遇、对生命的沉思。

秋天的午后，落叶满地，一片金黄。效仿孔子在杏林中开设讲坛，在这样的碧空下、这样秋天的树下，韩老师与学生们一道进入了庄子的"逍遥游"世界。

天高地阔，那只大鹏奋起而飞。这样的庄子，是应该在树下读的。

树下，秋光中，我们感受那个翱翔在尘世之上的灵魂。

若干年之后，学生如此飞鸿传书："那是我中学时代最具诗意的时刻，耳旁是老师讲《庄子》的声音，梧桐的叶子轻轻飘落……"

这里，有对现实的关注、对生存的审视。

雾霾来袭，天地间一片混沌，视觉的模糊带来的还有大脑反应的迟缓。走进教室，学生一副恹恹的神态。今天要上的是复习课，内容是古代的山水田园诗。

学生读到了那些带着色彩的古诗，如"江碧鸟逾白，山青花欲燃""两个黄鹂鸣翠柳，一行白鹭上青天""日出江花红胜火，春来江水绿如蓝""接天莲叶无穷碧，映日荷花别样红"，那些明媚的色彩，是大自然最初的给予。

学生也读当代的文字《这个叫"霾"的春天》："这个发霉的早晨，连公鸡都不会为它打鸣。你只能用'沦陷'来形容。"《霾是故乡浓》："露从今夜白，霾是故乡浓。我这就收拾行李回故乡去，趁着这最好的季节，一解霾愁。"

这是一节复习课，但与以往的复习课不同的是，韩老师融入了对生存的思考。古诗很美，需要我们去想象；古诗中的美，让我们在享受之外，也思考我们生存的现状。雾霾天，我们更能记住那一方逝去的明净的山水，也更对未来明净的天空充满期待。

韩老师的学生是幸福的，韩老师自己也是幸福的。

幸福从哪里来？幸福从阅读中来，从伙伴中来，从写作中来。好的语文教师，是好读者、好伙伴、好写者。

韩老师，是一个多好的读者！

韩老师说："语文教师必须是读书人，如此，才能有读书人和读书人的对话。"诚哉斯言！

韩老师说："阅读中，教师的角色是什么？一是过程中的领读，到达书本的终点，在途中引导学生停下来看一看。二是阅读之后的研读，引导学生回望一路行来的风景。因此，'引导'一词至关重要。欲要学生走向何处，自己心中须有一份地图，知道哪里有宝藏，了解宝藏未明之处，引导学生前去寻找。"诚哉斯言！

为了让学生了解怀旧式笔法，韩老师带领学生读陆游的诗："当年万里觅封侯，匹马戍梁州。""羽箭雕弓，忆呼鹰古垒，截虎平川。吹笳暮归野帐，雪压青毡。淋漓醉墨，看龙蛇飞落蛮笺。""桐叶晨飘蛩夜语，旅思秋光，黯黯长安路。忽记横戈盘马处，散关清渭应如故。""雪晓清笳乱起，梦游处、不知何地。铁骑无声望似水。想关河：雁门西，青海际。"……

为了应对秋游时学生的起哄，韩老师脱口吟出"一年好景君须记，最是橙黄橘绿时""南山与秋色，气势两相高""萧萧远树疏林外，一半秋山带夕阳""人烟寒橘柚，秋色老梧桐"。

为了《鸿门宴》教学，韩老师读鲍鹏山的《项羽的逻辑》、易中天的《说项羽》、梁衡的《秋风桐槐说项羽》、张爱玲的《霸王别姬》，也读高考满分作文《且拿勇气寄乾坤》《我能》《英雄》《倾听项羽》。

韩老师，是一个多好的伙伴！

她与学生一起在树下读《庄子》，秋夜吟古诗，更重要的是，她与学生建立起真诚的对话关系。她知道学生不喜欢《祝福》的女主人公祥林嫂这样的形象，因为他们是看着《甄嬛传》《三生三世十里桃花》《楚乔传》这样的电视剧长大的。在虚幻的圆满和真实的残酷之间，学生更喜欢前者的巧合，而忽略后者的深刻。

那么，语文教师该怎么办呢？有办法！当学生宣称："（读《红楼梦》）没意思，不就是林黛玉见了几个人嘛。《红楼梦》就讲一点吃吃喝喝的事，太慢了，没意思，还不如《三生三世十里桃花》好看。"韩老师说，此时的你一定要看看《三生三世十里桃花》，并做好准备举出二十条以上《红楼梦》比《三生三世十里桃花》好的理由，才能力挽狂澜。

二十年前，一位学生每天捧着一本厚厚的《史记》来向她请教。有一些问题韩老师自己也拿不准，于是晚上回家翻资料，后来索性也开始阅读《史记》，并争取走在学生前面。

于是，在爱读书的学生的带领下，韩老师与学生一道走进了韩寒、郭敬明、刘慈欣、郝景芳等人的作品。他们不仅在挑战自己的阅读耐心，也在拓展自己的阅读视野。

假期期间，韩老师与学生建立了《史记》阅读微信群，定时发送自己的阅读感受，她还给学生提供相关的评论文章，激发学生的思维，开阔学生的视野。

开学后，她将学生的作品结集成册，一本《〈史记〉人物命运启示录》就此诞生了。

韩老师，是一个多好的写者！

新诗朗诵会上，韩老师面无惧色地为学生朗诵了一首"非名家"的诗——《监考》：

……

> 我
> 站或者立
> 思或者想
> 盯或者看
> 用目光丈量一块又一块的砖
> 又比较了一下一道一道分割线
> 想起很久很久以前的一支禅
> 认真设计一下午餐
> 研究完一件衣服上的图案

又发现一双鞋上的亮点

将考生衣服颜色的统计做完

再来一次考生鞋子样式的调研

墙上的钟

不动声色地看着我

打了第九个哈欠

一丝皱纹

趁机落在了额头上面

之所以要在学生面前"秀"自己的诗作,是因为韩老师清楚,在语文教材与高考试题中均不受待见的新诗教学,需要解决的问题是带领学生越过"三座大山",即不读、不会读、不愿意读。领略了诗歌的美好,他们自然会走进诗歌的世界。

陪伴学生阅读《史记》,韩老师先后写下了《史记》阅读系列人物评论文章:《黑白之间有一片灰色地带——读陈平》《什么样的人生才算是完美——读张良》与《仅有才华是远远不够的——读韩信》。对于同一个篇目,师生从不同的角度展开自己的思考。读《平原君列传》,韩老师写下了《理想的他人和现实的自己》,以呼应学生写的《平原君赞》,就因为"生命同时在场"。

韩老师如是说:

阅读,最终是生命和生命的对话。从文字出发,超越文字。

阅读也是一种经历。缘何而读本身就是一段故事。

阅读里有感动,阅读里有思考,并且,它们慢慢沉淀到我们的人生里,某一个时刻,它们复苏,照亮我们夜行的路。

课堂,不是语文生活的全部;教材,不是语文见识的全部;听,不是语文学习的全部。

开窗放入大江来,应该是对语文的最好阐释。

这大江,是生活永远在跌宕着的浪花,是书中连绵不绝的智慧。精心挑选,广泛吸纳,我们会找到通往语文的路,也是通往世界的路。

是的,"开窗放入大江来"。我们也都愿意成为一名成熟的好读者、平

易的好伙伴、优雅的好写者。

那么，让我们打开《打造有趣有序有用的阅读课》吧！从中，我们不仅可以看到一位好的语文教师精彩的语文生活世界，而且可以明白，我们也完全可能成为这样一位好的语文教师，并且拥有这样美好而幸福的语文生活。

做一个幸福的好教师，带给学生幸福，也因此获得自己的幸福。以此自勉，亦且与语文教育界同仁共勉。

童志斌

2018 年 8 月 2 日

目 录
CONTENTS

上编　始于一句：无所不在的语言课堂

第一章　梳理中发现规律 /7
第一节　修辞行动 /8
第二节　名句探寻 /11
第三节　寻常风景 /15
第四节　课堂外援 /20

第二章　实验中尝试突破 /24
第一节　模仿，在借鉴中提升 /24
第二节　转换，从比较中识别 /25
第三节　实验，打破表达惰性 /31

第三章　情境，语言的唤醒 /37
第一节　湖边漫步 /37
第二节　山中对诗 /39
第三节　树下论道 /41
第四节　室内怀想 /43

课例："美丽的汉语"教学设计 /47

中编　打通一类：四通八达的文体教学

第一章　八面来风教文言 /62
第一节　文言语法，先"语"后"法" /63
第二节　文言学习识字始 /64
第三节　文言文教学的放手与放心 /66
第四节　文言文阅读，让学生成为主角 /67

第五节　文言文教学中的深度探究 / 68

第六节　探寻文言里的诗意 / 73

第七节　看取文言背后的人生与文化 / 77

第八节　体验文言文写作 / 79

第九节　关心粮食和蔬菜：文言文满分状态 / 81

第十节　最后，让我们一起忘了文言 / 85

课例：《子路、曾晳、冉有、公西华侍坐》教学设计 / 87

第二章　边走边唱读新诗 / 93

第一节　向新诗进发 / 93

第二节　来一点新诗启蒙 / 94

第三节　用问叩开诗歌之门 / 97

第四节　感受诗歌语言的陌生化 / 98

第五节　用联想化开词语 / 102

第六节　反复读"反复" / 106

第七节　培养朗读者 / 110

第八节　"诗人"往事 / 113

课例：《山民》教学设计 / 114

第三章　寻胜探险话小说 / 120

第一节　在慢的地方兜兜转转 / 123

第二节　从"休提"的"闲话"里看匠心 / 125

第三节　探寻小说情节发展的内在逻辑 / 127

第四节　一起设计小说的人物命运 / 130

第五节　做场景的设计师 / 133

第六节　在追问中接近真相 / 135

第七节　流连在小说的开头 / 138

第八节　抓住小说的尾巴 / 141

第九节　集中研究一点 / 143

第十节　小说课，放松一点 / 148

第十一节　写，也是一种阅读的方式 / 151

第四章　戏里戏外谈戏剧 / 154
第一节　认识戏剧：在各种剧之间穿行 / 155
第二节　感受戏剧：抓住戏剧特征教戏剧 / 158
第三节　探究戏剧：发现潜台词背后的世界 / 163
第四节　深入戏剧：寻找戏剧中的"知情者" / 168
第五节　体验戏剧：不做编剧不足以谈戏剧 / 172
第六节　演绎戏剧：体验丰富的意义世界 / 182

下编　超越一篇：辽阔有边的阅读课堂

第一章　阅读的风景 / 192
第一节　单篇拓展阅读：云与云相激荡 / 192
第二节　写作型阅读：千江有水千江月 / 196
第三节　自由阅读：向青草更青处漫溯 / 198
第四节　名著同读：一起看那名山大川 / 202

第二章　阅读的路径 / 206
第一节　阅读入境：读起来 / 206
第二节　阅读坚持：给思想开花的时间 / 212
第三节　阅读对话：培养会思考的读者 / 218
第四节　阅读引导：修筑阅读的路径 / 222
第五节　阅读挑战：走出舒适区 / 227
第六节　深度阅读：与生命对话 / 231

后　记 / 249

上编

始于一句：无所不在的语言课堂

语文的课堂没有边界。

有边界的课堂让我们贴行于地面，我们获得了行走的能力，也丧失了飞翔的能力。我们流连于一棵树，错过了一阵风；我们关注地上的一片叶，忽略了天上的一片云。

虽然我们学了很多篇课文，但对语言有很深的隔膜，缺乏敏感性，原因是我们对大量的语言缺乏梳理。

语言的学习是随时随地的，语言的课堂是无处不在的。从纷繁的语言现象中梳理出一条途径来，培养学生的语言运用意识，是语文教学的任务之一。

《普通高中语文课程标准（2017年版）》指出："语文学科核心素养是学生在积极的语言实践活动中积累与构建起来，并在真实的语言运用情境中表现出来的语言能力及其品质；是学生在语文学习中获得的语言知识与语言能力，思维方法与思维品质，情感、态度与价值观的综合体现。"这里"积极的语言实践活动"值得关注，在我们的语文活动中，"积极"和"语言实践"常常处于缺席状态。学生语言的构建和运用，需要真实的语言运用情境，这就需要我们深入课堂，从一句话开始，进行梳理、探究，寻找语言的规律。

每个孩子都是天生的语言学家。

从牙牙学语开始，孩子们就在用自己的方式表述着世界，用自己的眼光打量着陌生的世界。他们爱说，他们喜欢创造词句，他们不按规则出牌，常常创造出一个个令人惊异的语言世界。

朋友的女儿上小学三年级，她在日记中写道："看来人生并不无趣，只要你积极面对。""并不无趣"，先觉无趣，后感不无趣，一波三折，写出了心情的起伏变化。

一年级学生这样写日记："冰有很多种，我给它们起名字，有的叫蜡冰，有的叫水冰。雪花也有很多种，我给它们起名字——花形雪、草形雪、虫形雪。"这些奇奇怪怪的词，让人捧腹，却又十分形象。长大后，他们的作文中却只有一种冰、一种雪花。

这些"语言学家"为何都消失不见了呢？

他们学会了用同样的话表述，习惯于用最省事的方式表述，变得人云亦云，千篇一律。

他们虽然识字越来越多，但对语言却越来越漠然。他们习惯了在各种各样的文字中穿梭，他们读那些文字，但是很少感动，甚至常常无动于衷。他们对世界不好奇，对别人眼中的世界同样不好奇。如同在山中旅行，他们漠然于路边的花草树木，漠然于山中的风、天边的云，他们为赶路而失去了一个缤纷多彩的世界。

对文字的冷漠、麻木，阻隔了他们去亲近那些伟大的作品，阻隔了他们进入这个伟大的世界。

也有另外一种情况——那些对语言保持着热爱的孩子。

他们对那些文本中的句子有着特殊的嗅觉。那些句子对他们来说如同黑暗中的发光体，让他们兴奋，让他们流连忘返。沿着这些句子，他们走进文本中，去捕捉作者的思想，去寻找作者留下的宝藏。

即便是对保存在词典里的那些语言"标本"，他们也同样充满了好奇，尝试着将其用到自己的作品中去。在语言的调色盘上，他们大胆地尝试着，急切地期待着创造出语言的奇迹。

他们成了语文学习中的佼佼者。

语文学习，首先是一句话的事——对一句话的关注、对一句话的思考、对一句话的探究、对一句话的尝试。

抓住一句话，就走进了语文学习的第一个入口。

"语文"，意味着从"语"抵达"文"，意味着为"语"和"文"的合体。在实际操作中，语文教材多为文选型，因此，我们大多会把目光聚焦在一篇篇的"文"上，这是对"语"的第一重忽视。

语文教学中，对"语"的第二重忽视，体现在"语"非"语"上。

在课堂教学中，我们常常会讲到某一处用语的妙处，常常比较用词的优劣，但也会存在下列问题：

一是比较的不对等。这种情况常常发生在名句的解析上，如我们讲王安石的诗，老师问学生："春风又绿江南岸"，是用"绿"好，还是用

"过"好?"绿"字好已是千古定论,学生如何能撼动?答案是齐刷刷的"绿"好。名句已入眼,先入为主,这种比较如同把黑和白放到一起,然后问哪一个更白一些。

二是与语境的割裂。当词语孤立存在时,它们只是没有生命力的"标本"。语言的妙处在于,它们被用到恰当的情境中,就会产生强大的生命力,就会鲜活起来。如朱自清的《荷塘月色》,人们历来喜欢赏析其中的用词,但脱离那月下的情思,那些词语也只能如被甩到岸上的鱼儿,很快失去生命力。在常规的教学中,学生并不喜欢脱离了语境的枯燥的赏析。

三是欣赏变成了做题。欣赏是带着学生在林中漫步,提醒学生听鸟鸣,留心路边的花草,看树的姿态。做题是农夫在田地里收割庄稼。对于学生来说,两者都必须有,但课堂教学往往会忽略前者而强化后者。我们有现成的语言赏析答题模式给学生:内容+情感+手法+效果。几十道题训练之后,自动模式生成,学生赏析语言,想到的就是内容、情感、手法和效果。这种过度强化做题的做法常常让学生失去对语言欣赏的兴趣。

四是日常培养的缺席。我们非常看重课堂上对语言的强化,但在课外的学习中很少引导学生去关注语言。这种日常和课堂的脱节,给学生的暗示是,读课文需要关注语言,在课外阅读中则可以忽略语言。

对"语"的漠然和忽视导致的结果是,阅读中缺乏对文本的深入研究,难以发现精彩,入宝山而空返。学生虽然每天都读书,但不知道精彩在哪里,一篇文章不过尔尔,再读一篇也不过如此。他们急匆匆地往前赶路,以赶路为目的,不会去看地上的一块石头,不会去流连路旁的一棵树。我们见过因阅读而语文成绩优异的学生,也见过很多虽然读了很多书但语文成绩一般的学生。能否保持对语言的好奇,能否在阅读中停下来,能否在阅读后想一想,这应该是两者的分野。

对"语"的漠然和忽视表现在写作中的后果是,语言无味,面目可憎。

语文,是一句话的事。一句话的事,关乎读写。

作为一名语文教师,是断不可放过对一句话的研究的。

一句话自然应该体现在课堂上,师生一起去看那些或平淡或绚烂或幽

默或冷峻或温暖的语言风景。从语言里来，到语言中去。看语言里的智慧、语言里的情感、语言里的思想，看语言里的光芒、语言里的温度、语言里的力量。

但仅仅有课堂，仅仅依赖教材是远远不够的。需要前有铺垫，后有续笔。

所谓铺垫，指的是语言的积累活动，这一活动不同于简单的摘抄。

所谓续笔，需要落实到具体的阅读发现和写作实践中。

语文是一句话的事，但一句话就是一项工程。

语文的一句话工程，包含了这样一个过程：对语言的热爱—对语言的敏感—对语言的实验，即写作尝试。

一是培养学生对语言的热爱。

课本不是笑话集，不是金句集，在平淡中如何培养学生对语言的热爱呢？课外的活动至关重要。那些让我们捧腹的笑话、让我们深思的哲理，都是用语言来负载的。学生对这样的语言大餐，是天生热爱的。给学生看无所不在的语言风景，给学生不时来一些语言的零食，让语文课无处不在。

二是培养学生对语言的敏感。

我们如何从词语的丛林中寻找藏在其中的宝藏，这是课堂需要解决的问题。如果在我们的语文课堂上，带着学生读了很多课文，学生仍然没有自觉的语言意识，我们不能说这样的语文教学是成功的。

对语言的敏感不是寻章摘句式的品味，而是既能看到语言背后的小语意，也能看透语言背后的大文章。牵一发而动全身，读一语而思文章前后。

三是引导学生对语言的实践。

学生之所以对语言漠然，与其一直是语言的旁观者不无关系。对学生来说，别人的语言永远是用来旁观、用来鉴赏的，鉴赏完毕继续使用自己熟悉的话语体系。没有源头活水的引进，没有优质语言的更新，数十年如一日地使用自己的语言，语言自然没有改进。

语文是一句话的事，从热爱到发现到实践的过程，也就是学生揣摩阅读规律和学习写作的过程。

第一章　梳理中发现规律

上课时讲到"滥觞"一词，下课后见班里一位女孩子拿着词典继续在研究这个词，第二天她的作文里便出现了这个词。问她，答曰"好玩"。

拿到新词试着用一用，这是非常好的语文学习习惯。我们经常看到，一些学生在读书时，时而掩卷沉思，时而会心微笑，那些藏在书里的词句，仿佛飞舞的精灵，让他们流连忘返。

爱语文，是从爱语言开始的。

语言的背后是智慧。语文的学习从某种程度上来说也是智慧的学习。但很多学生入宝山而空返，不喜欢是其中的一项原因。

欲要使学生对语文有热情，须先培养其对语言的热情。学生对语言没有热情，是因为不知其精彩，便会食之无味，自然泛泛带过。

幼儿对语言的热爱，使得他们有意识地去模仿，语言能力每天都在突飞猛进，表达让人惊喜不断。

学生对文学语言的热爱，是更高层次的欣赏，需要眼界的打开，需要阅历的唤醒。

如何培养学生对语言的热情？这是一个系统工程，不是教师振臂一呼，学生便应者云集的。

一是见。有见方能识，所谓"操千曲而后晓声，观千剑而后识器"。但是见什么，见哪些，则需要设计。

二是整理。语言的素材非常丰富，如同我们堆放在仓库里的东西，如果不进行整理，常常想不到去用。分类梳理让我们突破语言素材散乱、不系统的缺陷，让学生在一片"乱花渐欲迷人眼"中找到语言学习的路径；让我们跳出语文课文一篇一章的限制，带领学生在繁茂的语言丛林中饱览语言的风景。

三是活动须有趣味。在平时的教学中，我们难免过于严肃，学生绷紧了神经，总是试图去寻找课文的亮点，反倒失去了和文本亲密接触的

自在。

四是活动须有提升。一提及活动，我们往往容易堕入热热闹闹却一无所获的境地。因此，活动需要设计，需要避免有活动而无学习的情况。

活动的意义在于，在不断的浏览中，完成语言的积累，识别表达的高下。

语言的研习活动，相当于一次风景连绵的游园会。

第一节 修辞行动

修辞是对待语言的一种表达方式。这方式并非浓妆艳抹，最贴切的表达便是最好的修辞。汪曾祺的《受戒》，语言朴实无华，却是修辞的极好体现。

对于学生来说，有意识地练习修辞，是提升语言感受能力和表达能力的有效途径。但修辞的练习，不是脱离语境的机械训练。

修辞是语言的花朵，花朵在枝上最美。因此，我们的修辞行动是，既有在具体语境中的理解，又有集中在一起的探寻规律。

一、寻找比喻句——生动的表达

我们一直在使用着各种修辞，可惜常是偶尔与它们打打照面，缺乏深入的了解。

以比喻句为例，学生上小学时就接触比喻了，但到高中，比喻句依然是个难题。这个"难"不是识别之难，而是运用之难。学生对比喻的定位是"阅读中的一道题""别人文章中的一种修辞手法"，很少自己主动去用，也对比喻缺乏具体的认知。久而久之，形成的无非是套路化的答题方式。

这实在是一种语言的浪费。

比喻是一种智慧。有人说，比喻在形容之上。精妙的比喻往往如点穴，一点便切中要害。

朱自清的《荷塘月色》中有很多新鲜的比喻，学完这一课后，我们对比喻进行了整理，也给学生提供了钱锺书笔下的比喻。在赏读老师提供的比喻句之外，还让学生回忆、收集整理令他们惊艳的比喻句。

学生首先想起的是鲁迅的《故乡》中的比喻："我吃了一吓，赶忙抬起头，却见一个凸颧骨，薄嘴唇，五十岁上下的女人站在我面前，两手搭在髀间，没有系裙，张着两脚，正像一个画图仪器里细脚伶仃的圆规。""他（闰土）头上是一顶破毡帽，身上只一件极薄的棉衣，浑身瑟索着；手里提着一个纸包和一支长烟管，那手也不是我所记得的红活圆实的手，却又粗又笨而且开裂，像是松树皮了。"《故乡》中杨二嫂和闰土这两个令人过目难忘的形象，和文中的比喻不无关系。

端口一打开，学生又找到了很多好的比喻，还有一些善用比喻的作家，如张爱玲。

"年轻的人想着三十年前的月亮该是铜钱大的一个红黄的湿晕，像朵云轩信笺上落了一滴泪珠，陈旧而迷糊。""生命在你手里像一条蹦跳的鱼，你又想抓住它又嫌腥气。""未来是个庞然大物，在花布门帘背后藏不住，把那花洋布直顶起来，顶得高高的，像一股子阴风。"

寻找比喻句，更新了学生对修辞的认识。在此基础上，我们又梳理了排比、对偶、衬托等修辞。

修辞，是语言的盛装，是思维的盛会。爱一种语言，认真去研究它，这是语文学习的自觉。类推下去，可以是系列的对仗研究、排比研究、对比研究、拟人研究……那真是一场修辞的饕餮盛宴。

二、寻找对联——工整的表达

对仗，是对语言的精雕细琢，对仗的使用体现的是对语言整饬之美的追求。

对仗之于散句，各有美感。属对，即对对子，是古人的一项写作基本功。对于今天的学生来说，不必苛求会写，但应有赏的意识。

高中语文人教版必修1"梳理探究"下有"奇妙的对联"一课，教材中对于学生学习对联更多的要求是欣赏，而写作的要求并不高。

属对的练习能够帮助学生提高语言的丰富性和概括性。在上这一课时，我不仅让学生搜集整理相关的对联，还让学生进行了简单的练习。要学会写对联，仅仅凭学生脑海里的词汇是远远不够的。古人学习属对，都是先积累，然后练习。

我们的积累方式有多种。其一是诵读《笠翁对韵》，诵读之后，挑一些简单的句子让学生填空。以《笠翁对韵》中的一段为例："贤对（　　），愚对（　　）。觉奥对参微。鱼书对（　　），草舍对（　　）。鸡晓唱，雉朝飞。红瘦对（　　）。举杯邀月饮，（　　）。黄盖能成赤壁捷，（　　）善解白登危。太白书堂，瀑泉垂地三千丈；（　　），老柏参天四十围。"其二是成语对仗练习。其三是已经学过的诗歌的对仗练习。从一个字的对仗，到一句话的对仗，循序渐进。

积累完毕之后是练习。研究"奇妙的对联"时，必修1"阅读与鉴赏"部分正好学习结束，我们开始分组行动，用对联的形式概括或评述每一篇课文的内容和作者，也可以选择其他内容进行对联写作。

于是，便有了每天上课前满黑板的学生自创对联。

这些对联，带来了挑战，也带来了笑声。

三、更多的修辞行动

修辞行动还有很多。用趣味性的活动带动学生关注修辞，从大量的事例中探寻规律，在尝试中改变自己单一的语言习惯，这是修辞行动的方法和目的。

修辞行动可以多一些趣味性。

如研究讳饰，我们开展了"讳饰日"活动。这一天，称呼上要避讳，相应的表达要避开常用的词语。我们试图用词语限制的活动来丰富学生的表达，锻炼学生灵活运用词语的能力。

研究通感，我们练习五官的打开——让感觉错乱一会儿。

研究排比，我们的主题是"练习语言的排山倒海大法"。

研究对比，我们从反义词行动开始。

研究顶针，我们进行成语接力。

研究引用，我们进行"遍地都是别人的话"活动。

研究比拟，我们进行"走进会说话的生物王国"活动。

在这些活动中，大量的事例是必不可少的。

以讳饰为例，其散见于教材之中，《在马克思墓前的讲话》中，恩格斯提到马克思的去世，称"当代最伟大的思想家停止思想了"；《祝福》中，短工提到祥林嫂的死，称其"老了"。依此可以拓展延伸中国古代对"死"的不同说法。语言的演练无法纸上谈兵，大量的范例是最好的教学。

以对比为例，我们每人收集一首运用对比的诗，全班学生将诗集中起来，就是壮观的对比运用。

研究夸张时，我们将其和李白的专题研究结合起来，感受李白笔下瑰丽的夸张世界；研究对仗时，我们将其和杜甫的专题研究结合起来，感受杜甫诗中工整而又气韵飞动的对仗。

以对语言的感知带动对语言的创造性运用，语言的学习一路繁花相送，过程即结果。

第二节　名句探寻

名句是思想的精华，名句之所以有名，是因为它和读者有着深度的共鸣。我们在阅读时，经常会被一些句子击中，这些句子通常是作者一生经验的浓缩，是艺术臻至化境的展现。

我们带领学生阅读时，需要与名句主动相遇，需要在名句处反复流连。

一、"句子迷"行动——寻找经典的表达

一个偶然的机会，我发现了一个叫"句子迷"的网站，在这里，你可能无法读到一些作家的整部作品，但能从一些句子中窥见其思想的光华。

那时，我还没有读过木心，但被他的很多句子击倒了："岁月不饶人，我亦未曾饶过岁月。""生活的最佳状态是冷冷清清的风风火火。""我追索

人心的深度，却看到了人心的浅薄。""从前的日色变得慢，车马邮件都慢，一生只够爱一个人。"读了这些句子后，我找来木心的书看。

由此，我想到，因为一些句子，去读一个作家的作品，学生有没有这种可能呢？即使没有，在快节奏的生活中，读一句话也是一种了解作家的方式。

于是，我把教材中的作家整理了一下，如高中语文人教版必修2涉及的作家有朱自清、郁达夫、陆蠡、屈原、曹操、陶渊明、王羲之、苏轼、王安石、蔡元培、马丁·路德·金、恩格斯等。我把这些作家分配给学生，让他们在"句子迷"网站上搜寻这些作家知名度高的或能打动自己的句子，然后推荐给大家，一周一位作家。

读句子是我们快速了解一位作家的方式，也是使学生对一位作家产生兴趣的方式。

如介绍沈从文时，我是从他的这些句子开始的：

我行过许多地方的桥，看过许多次的云，喝过许多种类的酒，却只爱过一个正当最好年龄的人。

在青山绿水之间，我想牵着你的手，走过这座桥，桥上是绿叶红花，桥下是流水人家，桥的那头是青丝，桥的这头是白发。

不许哭，做一个大人，不管有什么事都不许哭。要硬扎一点，结实一点，才配活到这块土地上。

介绍梁实秋时，我是从他的这些句子开始的：

你走，我不送你；你来，无论多大风多大雨，我要去接你。

没有人不爱惜他的生命，但很少人珍视他的时间。

人生的路途，多少年来就这样践踏出来了，人人都循着这路途走，你说它是蔷薇之路也好，你说它是荆棘之路也好，反正你得乖乖地把它走完。

"句子迷"行动带给了学生很多思想的火花，也更新了他们对一些作家的认识。

因迷句子，而迷一个作家。我们的语文需要这样的"迷"。

二、探寻名句何以"名"——关注名句

名句因为读起来太顺,我们阅读时往往不假思索;名句的光芒太亮,往往被轻易放过。意会而不言传,也许是一种好的处理方式,放到显微镜下反复审视也许有点煞风景。但语言的学习也需要知其然,并知其所以然。

选入教材的文章中,有很多名句。

以诗歌单元为例,有"今宵酒醒何处?杨柳岸,晓风残月""有三秋桂子,十里荷花""莫道不消魂,帘卷西风,人比黄花瘦"……

名句不是孤立的大厦,而是连绵山脉中的一道奇峰。

以"有三秋桂子,十里荷花"为例,孤立地看,"三秋桂子,十里荷花"并不比"三春牡丹,十里桃花"高明到哪里去,但放到《望海潮》中,则非"三秋桂子,十里荷花"莫属了。

读懂名句,需要看大语境,要综观全文。

大语境是上阕极写杭州的富庶。杭州的富庶与自然景致的清嘉,共同构成诗意的、美丽的江南。

读懂名句,需要看小语境,要研究前后的句子,要研究句子本身。

小语境是前文的"重湖叠巘清嘉","桂子""荷花"是清嘉之景,桂子长于叠巘,荷花生于重湖,桂子历经三秋而芬芳,荷花绵延十里而不绝。这种诗意与清雅是"三春牡丹,十里桃花"无法取代的。

小语境还有后文的"羌管弄晴,菱歌泛夜,嬉嬉钓叟莲娃",自然景致的清嘉之外,还有生活的闲适、自在,也处处和这种美景相呼应。

读懂名句,更要揣摩其中的情味,需要把自己的人生阅历和体验放进去。

以下为学生活动:重新体会名句。

学生一:"今宵酒醒何处?杨柳岸,晓风残月。"

这一句的感动之处在于,特定的心情之下看到的特定景物。离别之夜的悲凉、酒醒之后的寂寞,然后看到送别后空落的杨柳岸,感受到吹来的秋天清晨的风,看到天边那一弯残月。这里需要我们把自己的人生体验放

进去,感受那种空落、凄凉和内心的孤独。

此外,还需要向前看,从"寒蝉凄切"开始到"念去去,千里烟波,暮霭沉沉楚天阔",作者对离别情景的描写和渲染;从"多情自古伤离别,更那堪,冷落清秋节"到"今宵酒醒何处?杨柳岸,晓风残月"人生感受的抒发和议论,如海浪一层层地推进。它是过去情感的积蓄,并顺势奔流而下——"此去经年,应是良辰好景虚设",不仅今天和快乐无关,分别的所有日子,也和快乐绝缘。

学生二:"月落乌啼霜满天,江枫渔火对愁眠。"

当月亮被山遮掩,黑夜愈加沉重,乌鸦孤独的叫声在空中回旋,使夜更加寂寞,深秋的霜在深夜中铺了一地,将所有的一切变冷、变重。而"江枫渔火"本应该是热烈的调子,却被"对愁眠"抹杀。"江枫"即将被寒冷吞没,"渔火"即将被黑夜吞噬。

在这万籁俱寂的深夜,月隐霜浓,万物都沉浸在自己的梦中,有谁能分担他心头的苦痛?

钟声响了,却提醒那不眠人,身在客船!

学生三:"夕阳无限好,只是近黄昏。"

"夕阳无限好,只是近黄昏""停车坐爱枫林晚,霜叶红于二月花",这是"小李杜"关于美的异口同声的颂歌。

同样面对自然的绝望与美丽,李商隐哀叹这美的短暂,杜牧惊诧这短暂的美!

或许美本身就是诗,因此,哀叹是诗,惊叹亦是诗!

夕阳西下,余晖瞬间铺洒到这苍茫大地上,突然间人世的苍凉与美丽都一览无余地暴露在夕阳中。随着黑夜的降临,今日的一切将被尘封。屈原在《离骚》中说:"日月忽其不淹兮,春与秋其代序。惟草木之零落兮,恐美人之迟暮。不抚壮而弃秽兮,何不改乎此度?乘骐骥以驰骋兮,来吾道夫先路!"李商隐的心中,是否也洋溢着这样一种情怀?

学生四:"春眠不觉晓,处处闻啼鸟。夜来风雨声,花落知多少?"

小时候,以为这是一首十分温暖的诗。长大后,读三毛的《梦里花落知多少》、郭敬明的《梦里花落知多少》,不明白他们为何不约而同地用这个温暖的句子写那么悲凉的故事。

后来才明白，我们只读了"春眠不觉晓，处处闻啼鸟"，便兴奋地沉醉在那种在鸟语花香中醒来的幸福里。而"夜来风雨声，花落知多少"，只有经历失去，我们才能读懂这两句诗。人生中有多少美好的事，都是在我们的梦中失去的？一夜风雨，我们都在酣眠中。在我们的酣眠中，花落了，春去了。

第三节　寻常风景

对于学生来说，发现名句不难，难的是在名句处的流连；阅读名句不难，难的是品味那些平淡的句子。优秀的作家，并不总是标新立异、特立独行，他们或许不能处处让人惊艳，但在寻常处能让人回味无穷。这种语言的关注是为了使学生更深层次地理解语言。

煤是暗淡的，遇到火便能燃烧。石灰是冰冷的，遇到水便会沸腾。语言的魔力在于，词典里那些平平淡淡的词，一旦被组合到一起，便会产生神奇的效果。

一、关注平常——平淡中的风景

关注平常，我们用的是汪曾祺的文章。这位经过岁月打磨和沉淀的作家，随着时间的推移，他的语言也越发散发着酒一样的醇香。

带领学生读他的《受戒》《大淖记事》《草木人间》，学生们发现，普通的句子放到一定的情境中，也会有超凡脱俗的魅力。

高中语文人教版选修《中国现代诗歌散文欣赏》中有汪曾祺的《葡萄月令》。这是汪曾祺饱蘸着感情的汁液写出的一篇文章，隔着岁月的河流，我们依然能感受到字里行间升腾起来的浓郁情意。

像下面这些句子：

"葡萄一年不知道要喝多少水，别的果树都不这样。别的果树都是刨一个'树碗'，往里浇几担水就得了，没有像它这样的：'漫灌'，整池子地喝。"

"葡萄抽条，丝毫不知节制，它简直是瞎长！"话语中带着疼爱的嗔怪。

他甚至说："葡萄的卷须有一点淡淡的甜味。这东西如果腌成咸菜，大概不难吃。"读到这里，我们是不是会联想到年轻的母亲们关于婴儿的种种对话？

"追一次肥。追硫铵。在原来施粪肥的沟里撒上硫铵。然后，就把沟填平了，把硫铵封在里面。汉朝是不会有追这次肥的，汉朝没有硫铵。"细心的呵护里还有一种千年也不及的疼爱和自豪！

"去吧，葡萄，让人们吃去吧！"是不是慈父的不舍和叮嘱？

"十月，我们有别的农活。我们要去割稻子。葡萄，你愿意怎么长，就怎么长着吧。"是不是对孩子的一种纵容和疼爱？

"剪葡萄条。干脆得很，除了老条，一概剪光。葡萄又成了一个秃子。"像不像母亲给调皮的儿子剪头发？

这样的表达中，既有年轻母亲深情的注视，又有父亲细致入微的呵护；既有向人讲述着孩子的成长历程的自豪之情，又有一个人的喃喃自语。

又如："下过大雨，你来看看葡萄园吧，那叫好看！白的像白玛瑙，红的像红宝石，紫的像紫水晶，黑的像黑玉。一串一串，饱满、磁棒、挺括，璀璨琳琅。你就把《说文解字》里的玉字偏旁的字都搬了来吧，那也不够用呀！"这不仅是对生命的咏叹，更是对生命的奇迹的情不自禁的惊呼。每一个月份都跳跃着生命成长的快乐音符，全文流淌的是关于成长的葱茏的诗意。正如汪曾祺之女汪朝所说："一切草木在他眼里都充满了生命的颜色，让他在浪漫的感受中独享精神的满足。"

以下为学生活动：寻找打动你的句子，并说明理由。

学生一：

"一月，下大雪。"这是一个无声的世界，作者用了"雪静静地下着"来明确这种寂静，说完犹嫌不足，把整个世界涂抹成一种色彩——"果园一片白"。无声无色的世界里，"听不到一点声音"。接着笔锋一转，"葡萄睡在铺着白雪的窖里"。顿时，一个安静的世界转化成一个童话的世界。静，却静得这般美丽，这般富有生气，在安静的世界里，我们仿佛听到了葡萄均匀的呼吸声。

学生二：

我们能从字里行间看到童话般的叙述。"葡萄藤露出来了，乌黑的。有的梢头已经绽开了芽苞，吐出指甲大的苍白的小叶。它已经等不及了。"这俨然是一个小生命的诞生。"葡萄藤舒舒展展，凉凉快快地在上面呆着。"童话宫殿的建造，幸福的童话主角！"浇了水，不大一会儿，它就从根直吸到梢，简直是小孩嘬奶似的拼命往上嘬。"幸福的成长！

学生三：

"梨树开花了，苹果树开花了，葡萄也开花了。都说梨花像雪，其实苹果花才像雪。雪是厚重的，不是透明的。梨花像什么呢？——梨花的瓣子是月亮做的。有人说葡萄不开花，哪能呢，只是葡萄花很小，颜色淡黄微绿，不钻进葡萄架是看不出的，而且它开花期很短。很快，就结出了绿豆大的葡萄粒。"作者用了很多的笔墨来写"很小"的葡萄花，而且用了雪般的苹果花和月亮做的梨花来衬托。葡萄花不仅没有因为苹果花和梨花的美而逊色，反倒在如雪如月的背景下越发纯净而有诗意。"大公主""二公主"出场了，美丽的"小公主"呢？虽然青涩，但光芒已照亮全场。

学生四：

"三月，葡萄上架。先得备料。把立柱、横梁、小棍，槐木的、柳木的、杨木的、桦木的，按照树棵大小，分别堆放在旁边。立柱有汤碗口粗的、饭碗口粗的、茶杯口粗的。一棵大葡萄得用八根、十根，乃至十二根立柱。中等的，六根、四根。"枯燥的劳动，在作者的笔下，却别有一番诗意。"槐木的、柳木的、杨木的、桦木的……"在作者的眼中，木和木不同，它们有姓名，有身份，它们不是千篇一律的材料，即使用作木料，也能让我们想起它们曾经的枝叶和繁花。"立柱有汤碗口粗的、饭碗口粗的、茶杯口粗的……"这哪里是在讲述"立柱"？这分明是一桌的盛宴，汤、饭、茶齐备。

甚至，"上了架，就施肥。在葡萄根的后面，距主干一尺，挖一道半月形的沟，把大粪倒在里面。葡萄上大粪，不用稀释，就这样把原汁大粪倒下去"。这样的场景，也是如此纯净和充满劳动的享受。"原汁"一词，不是从葡萄的感受入笔，怎会有诗意升腾？"人生充满劳绩，却诗意地栖居在大地上。"汪曾祺和荷尔德林可以互为注释。

学生五：

在饱经沧桑之后，我们感受到的却是生命的平和。"这真是一年的冬景了。热热闹闹的果园，现在什么颜色都没有了。眼界空阔，一览无余，只剩下发白的黄土。"即便如此，我们仍能在世界的荒凉中听到生命从容的呼吸。在诗意的语言背后，是一种淡然和快乐。葡萄滤去了生命成长中的种种艰难、考验，留下的是生命绽放的快乐和饱满；生命滤去了焦灼和不安，沉淀在文字中的是一种恬然自安和对诗意的安享。

教师小结：

语言的诗意来自心灵的诗意，文字的多情来自生命的多情。唯有宠辱不惊、去留无意，才能看到庭前的花开花落、天外的云卷云舒。《葡萄月令》留给我们的岂止是文字的诗意？这棵由心灵栽种的"汪曾祺葡萄"足以解焦灼中的现代人精神的饥渴。

拓展活动：阅读汪曾祺的《受戒》，感受平淡中流淌的诗意。

二、开掘词语的富矿——发现精彩

发现是一种能力。

语文学习和其他学科学习的不同在于：其他学科的学习通常以有问题开始，以没有问题结束；语文学习通常以对文本没有多少想法开始，以引发更多思考而结束。

语文素养较差的学生，通常是心无所感。而语文素养较好的学生，阅读时会有很多的发现。这些发现，是问题，也是答案或答案的一部分。

以阅读鲁迅的《药》为例——

学生问：鲁迅先生对秋天似乎无好感，"曾惊秋肃临天下""世味秋荼苦"……这一篇文章起笔也是秋天，而且是秋天的后半夜。

这里，不仅鲁迅先生对"秋"是关注的，学生对"秋"又何尝不是关注的呢？"秋肃""秋荼苦"，这些词已经暗含着答案的方向。

学生问：每当康大叔说"包好，包好"时，华小栓的咳嗽就更加厉害，为什么？

学生自己总结：康大叔的"包好"是广告，华小栓的咳嗽是真相，康大叔的"包好"是吹嘘，华小栓的咳嗽是"打脸"。

学生问：鲁迅先生写《药》，为什么用了那么多颜色进行描绘，如碧绿的包、红红白白的破灯笼、红黑的火焰、红的馒头、窜出一道白气、两半个白面的馒头？

这些词一挑出来，结论也就出来了，这就是"药"现身的过程，从神乎其神到真相大白，也预示着华老栓一家花高价去买的救命"药"并不能救命的结局。

学生问：驼背五少爷这个绰号有没有特别的意味？

"驼背"往往是因为畸形或年龄大，"少爷"又意味着年轻。人物年龄和精神的不对等，应该是鲁迅先生要表达的主题。鲁迅先生曾经提到希望中国的青年要摆脱"冷气"。又说："做奴才虽然不幸，但并不可怕，因为知道挣扎，毕竟还有挣脱的希望；若是从奴隶生活中寻出美来，赞叹、陶醉，就是万劫不复的奴才了。"鲁迅先生要塑造的民众形象，年龄不详，但思想的陈旧、落后、反动是十分清晰的，他们做奴隶而不觉，是统治者、杀人者的帮凶。

学生问：文章的结尾写坟场"两面都已埋到层层叠叠，宛然阔人家里祝寿时的馒头"，文章的"药"是馒头，此处又出现了"馒头"，这里的"馒头"有什么意味？

是的，尽管能窜出一道看似玄妙莫测的白气，但两半个白面的馒头并没有挽救华小栓的生命。馒头毕竟是馒头，穷人拿做救命的"药"，富人拿做祝寿的排场，希望万寿无疆。宋代的范成大在《重九日行营寿藏之地》中说："纵有千年铁门槛，终须一个土馒头。"诸多的"馒头"确实叠加出了不同的意味。

上述的发现都是有价值的，但也极容易被忽略。宋代的陆九渊在《陆象山语录》中有诗云："读书切戒在慌忙，涵泳工夫兴味长。未晓不妨权放过，切身须要急思量。"

学生怎样才能学会发现呢？从表达的规律入手。

我们经常说，阅读教学要紧扣文本。文本的阅读，来自对语言的揣摩。

语言是打开文本的钥匙。

课堂中，我们常常试图越过语言去谈文章的主旨，最终发现不过是徒劳。

如何去欣赏语言呢？我想，语言的欣赏不是一词一句式的把玩。我们都知道，当词语在词典里时，它只不过是没有生命力的"标本"。只有在具体的语言环境里，词语和句子互相对话，它们才活泛起来。

虽然我们也会把一些好的句子挑出来欣赏，但精彩的、有生命力的句子终究是生长在句子的丛林里、根植于思想和情感的土壤里的。

《林教头风雪山神庙》中"那雪下得正紧"为人称道，鲁迅先生认为一个"紧"字而境界全出。但若孤立地看，这不过是一种常见的表达，何以在此处就满纸生辉呢？是因为它契合人物的命运、心情，切合故事的情节、环境。

《再别康桥》中诗人说："在康河的柔波里，我甘心做一条水草！"真情的表达呼应着前文"那河畔的金柳，是夕阳中的新娘；波光里的艳影，在我的心头荡漾"的柔情蜜意，呼应"软泥上的青荇，油油的在水底招摇"的意境，呼应下文"那榆阴下的一潭，不是清泉，是天上虹"。前前后后的文字，宛如情人之间的甜言蜜语和低声倾诉，由此，"甘心做一条水草"的痴语才显得真实而又自然。

因此，带领学生欣赏句子，需要把句子放到语境中去。在词语的丛林中，即使隔着千里万里也能看到词语们传情达意时的彼此呼应。

第四节　课堂外援

《普通高中语文课程标准（2017年版）》指出："帮助学生认识自己语文学习的已有基础、发展需求和方向，激发学习兴趣和潜能，在跨文化、跨媒介的语文实践中开阔视野，在更宽广的选择空间发展各自的语文特长和个性。""应在课程标准的指导下，提高教师水平，发展教师特长，引导教师开发语文课程资源，有选择地、创造性地实施课程；把握信息时代新特点，积极利用新技术、新手段，建设开放、多样、有序的语文课程体系，使学生语文素养的发展与提升能适应社会进步新形势的需要。"无论是"跨文化、跨媒介"，还是"新技术、新手段"，都提醒着我们语文课堂外援的丰富性。

语文课堂的外援可以是教材之外丰富的阅读材料，可以是对各类电视节目的整合。

练习访谈，不妨看看《鲁豫有约》《面对面》《对话》《大家》等节目；学习辩论，高端的国际大学群英辩论会、娱乐型的《奇葩说》等，都是生动的教材；学习古诗词，《中国诗词大会》《经典咏流传》等可以作为很好的辅助；学习新诗，《新年新诗会》可以助阵；学习经典，可以听听《百家讲坛》……

当然，这些素材需要整合，需要设计，需要利用恰当的时机呈现。

一、寻找句子们的近亲——类似的表达

学生读古代诗歌，总是无法领略其好处。

阅读是一种互相的打通，既有的阅读经验可以让新的诗歌尽快进入学生的审美视野。

学习高中语文人教版选修《中国古代诗歌散文欣赏》，我给学生示范解读柳宗元的《江雪》：

李白说："众鸟高飞尽，孤云独去闲。"他驱赶了一切，与自然相对。在众鸟飞尽、孤云独去的世界里，或许还有阳光温柔地洒落下来。而柳宗元却这样决绝，他让千山的鸟飞去了，他让万径的人离开了，然后，他还要一场大雪，大地白茫茫一片，真干净。他驱遣了所有的温度，驱遣了所有的生机繁华，然后，在这一无所有的世界里，独钓寒江！

学生读《春江花月夜》，试用此法，相似的表达纷至沓来。古诗中无处不在的月光、绵绵不尽的相思、上天入地的追问，诗句的互相生发有助于打开学生想象的大门。

又如陆游的《书愤》："早岁那知世事艰，中原北望气如山。楼船夜雪瓜洲渡，铁马秋风大散关。塞上长城空自许，镜中衰鬓已先斑。出师一表真名世，千载谁堪伯仲间！"

学生解读这首诗时，常常把"早岁"忽略过去。但"早岁"恰恰是理解全诗的关键，放在篇首，是起调，是蓄势，是深沉的怀想，是难言的痛楚。

这种怀旧式的笔法在陆游的诗中有很多处：

《诉衷情·当年万里觅封侯》中，他写道："当年万里觅封侯，匹马戎梁州。"

《汉宫春·初自南郑来成都作》中，他写道："羽箭雕弓，忆呼鹰古垒，截虎平川。吹笳暮归野帐，雪压青毡。淋漓醉墨，看龙蛇飞落蛮笺。"

《蝶恋花·桐叶晨飘蛩夜语》中，他写道："桐叶晨飘蛩夜语，旅思秋光，黯黯长安路。忽记横戈盘马处，散关清渭应如故。"

《夜游宫·记梦寄师伯浑》中，他写道："雪晓清笳乱起，梦游处、不知何地。铁骑无声望似水。想关河：雁门西，青海际。"

……

这样的句子在他晚年的诗中，俯拾皆是。这种叙述，几乎成为一种本能。年轻时征战沙场，年老时埋没荒村，壮志难酬，眼睁睁看着国家沦亡，有心杀敌，报国无门。这种感觉，不是一时的感慨，而是一种无法改变的习惯。

因为有"早岁"这一词，后面三句中，往昔的峥嵘岁月如排山倒海而来，以致"楼船夜雪瓜洲渡，铁马秋风大散关"语流的速度之快，连动词也省略。年轻时的叱咤风云越是气势磅礴，就越发衬托后文老年的孤零难堪。

不仅如此，这种以今日俯视往昔的视角在很多文学作品中都有，如马尔克斯的《百年孤独》、杜拉斯的《情人》，都是对往事的回忆。

这种方法延伸开来，学生都找到了诗和诗的对话。如一位学生读贺知章的《回乡偶书》，这样写道：

道不尽的名字是家乡，最遥远的地方是故乡。少小离家，叶落归根。归来时却是红颜已老，双亲入土，这是怎样的一种疼痛。流落异乡是客，白首归来是客，家在哪里？"儿童相见不相识，笑问客从何处来。"悲哀在儿童天真无邪的笑容里。"二十三年弃置身，到乡翻似烂柯人。"悲凉在他人的惊异目光中。故乡人，异乡人，在时间的洪流里，一切早已失去方向。苍茫的世间，谁不是过客？

二、解读外交辞令——优雅的表达

卢新宁在《汉语，我为你不平》中说："我们的后辈可能不再会用'恻隐之心'，不懂'虽千万人吾往矣'，不知道'执子之手，与子偕老'，只会说'我看你可怜''老子跟你拼了''我要和你结婚'。试想，一个将列祖列宗写成'劣祖劣宗'的人，怎能理解中国文化的丰富内涵？一个不懂得'虽不能至，心向往之'的人，又怎能感受精神世界的宏大深远？"

语言质朴固然是一种风格，但对于学生来说，未经过锤炼的语言是平庸的。

我决定再给学生上一次语言课——练习优雅的表达。

什么是优雅的表达？

是秦国的朝堂之上，蔺相如表达自己蹈死不顾的决心："臣请就汤镬。"

是烛之武面对兵临城下的危急情势，平静地对秦伯说："若亡郑而有益于君，敢以烦执事。"

是曹操于平静中风起云涌的霸气："近者奉辞伐罪，旌麾南指，刘琮束手，今治水军八十万众，方与将军会猎于吴。"

是毛遂面对平原君的质疑，冷静地说："臣乃今日请处囊中耳，使遂蚤得处囊中，乃颖脱而出，非特其末见而已。"

是李白自信的陈词："今天下以君侯为文章之司命，人物之权衡，一经品题，便作佳士。而君侯何惜阶前盈尺之地，不使白扬眉吐气，激昂青云耶？"

……

练习优雅的表达，自然是先读一读《战国策》中策士们的表达。唐雎不辱使命、触龙说赵太后、张仪说秦王、邹忌讽齐王纳谏、冯谖客孟尝君等无一不是语言的经典范本。历史上那些外交家们的辞令和智慧，如烛之武说服秦伯、弦高犒师、皇武子辞客、阴饴甥对秦伯、知䓨辞楚、吕相绝秦、蔺相如完璧归赵等，是优雅表达的最好示范。

换一个角度进行语言的研究，看到的是另一种风景。

第二章　实验中尝试突破

第一节　模仿，在借鉴中提升

写作始于模仿和借鉴，而后才有创造。

高中语文教材中，有很多经典的段落，学生可以模仿着练练手。如郁达夫的《故都的秋》中有这样一段："南国之秋，当然是也有它的特异的地方的，譬如廿四桥的明月，钱塘江的秋潮，普陀山的凉雾，荔枝湾的残荷等等，可是色彩不浓，回味不永。比起北国的秋来，正像是黄酒之与白干，稀饭之与馍馍，鲈鱼之与大蟹，黄犬之与骆驼。"学生可模仿写作"文科与理科""初中与高中"等话题。

《甄嬛传》播出时，掀起了"甄嬛体"的模仿热，教师顺势推出高中课文的模仿写作。学生根据自己要表达的内容，选取合适的表达形式。如有的学生模仿《记念刘和珍君》来写女大学生徐玉玉事件，有的学生模仿《孔乙己》来写学生课业负担重的现实，有的学生模仿《蜀道难》来写"高中难"。这样的文字亦庄亦谐，不失为一种创造。

人生写作往往自模仿始。

柳永的《望海潮》一诞生，就成为杭州这个城市最好的广告词。从此人们想起这个城市，就会想起"烟柳画桥"，想到"三秋桂子，十里荷花"。

我问学生，如果向别人介绍我们的城市，你们会怎样介绍呢？

学生首先想到的是刘禹锡的诗："唯有牡丹真国色，花开时节动京城。"还有司马光的诗："若问古今兴废事，请君只看洛阳城。"

我说："这两首诗写了洛阳的名片——牡丹，写了洛阳城的古老。具体的景致，人们已有概括：龙门山色、马寺钟声、金谷春晴、邙山晚眺、天津晓月、洛浦秋风、平泉朝游、铜驼暮雨。这些景物中有历史，有自然，我们能否把它们融入词中呢？请同学们以小组为单位，尝试以'洛阳'为对象来写一首《望海潮》，不必太拘泥平仄，可大胆尝试。"

第二天，我上课时，黑板上写满了各个小组的《望海潮》，有模有样。

如：洛伊东去，邙山远望，河洛漫城暗香。铜驼暮雨，金谷春色，洛浦秋风微凉。晨钟唤日起，暮鼓送斜阳，夜月晴朗。青青翠柏，霭霭檀香，谒云长。

如：峰峦聚势，瑶池挽露，中原宝鼎独矗。灵寨道山，英魂武帝，古钟十里风动。花沁北邙风，香融金谷酒，睿幄堪夸。西苑幽池，东堂桃李，亦无瑕。

对于学生来说，这些写作还很稚嫩，或许和真正的词相差甚远，但语言原本就是不断的实验和尝试。有了这种尝试，才会有新鲜的语言进入他们原有的语言体系中，更新他们的语言库。更重要的是，在写作中，他们重新思考自己生活了十几年的城市，慢慢认识到故乡的意义。这颗情感的种子，若干年后，将会在异乡发芽。

第二节 转换，从比较中识别

班里有很多学生喜欢英文歌，于是，我想：为什么不带他们读读英文诗呢？

课堂上，我从一首英文诗引入：

In the Quiet Night

So bright a gleam on the foot of my bed.
Could there have been a frost already?
Lifting myself to look, I found that it was moonlight.
Sinking back again, I thought suddenly of home.

对于这首诗，学生的汉语翻译如下：

在寂静的夜里

如此明亮的光线照在我的床脚下，
难道是已经降霜了吗？

我独自举头观看，才发现原来是月光。

再一次沉浸在回忆中，我突然想起了家。

学生翻译完之后，我才告诉他们上面的英文诗其实是英国汉学大师Giles翻译的李白的《静夜思》：

床前明月光，

疑是地上霜。

举头望明月，

低头思故乡。

吕叔湘先生、许渊冲教授都对这首诗的翻译评价甚高。但即便如此，翻译与原作的差距仍然很远，汉语诗歌的翻译如此，英语诗歌的翻译也是如此。这一次的翻译给学生留下了深刻的印象，激发了学生阅读原著的兴趣。当然这还只是原著阅读的第一步，接下来还需继之以英语诗歌语言的韵律节奏等知识的介绍、文化背景的介绍，为学生扫除阅读的障碍。需要说明的是，在语文课中实行英语诗歌的原著阅读与双语教学并非同一概念。阅读原著不仅有助于增强学生对作品的直接感知，也有助于学生进行综合性学习，使英语教学不局限在语言的工具层面上，而进入文学的欣赏层面。

外语课上的原著阅读与语文课上的原著阅读有何不同？原著阅读后的工作可以提供一些答案。

接着我推荐了庞德的一首诗：

In a Station of the Metro

The apparition of these faces in the crowd.

Petals on a wet, black bough.

一般采用的多是杜运燮的翻译：

在一个地铁车站

人群中这些面孔幽灵一般显现，

湿漉漉的黑色枝条上的许多花瓣。

我们拿这一翻译同其他人的翻译做对比，如罗池、赵毅衡、飞白、裘小龙、张子清、江枫、郑敏等，不同的翻译者既有不同的强调点，又有共同的关注点。

诗歌的翻译不只是语言转换那么简单。我接下来做的工作是丰富学生的阅读背景，即扫清知识障碍，提供背景支持。阅读障碍包括词语障碍、术语障碍、背景知识障碍等，会影响学生对文章的探究。就外国诗歌阅读来说，其障碍主要来自文化背景。一篇文章是与其背景共生的。读者在阅读时，既需要与两个时代背景（即作者所处的时代背景和文本发生的时代背景）分别对话，又需要把两者联系起来进行对话。而随着时间的流逝，作品的生存语境消失，背景信息消失，只剩下孤立的文本。这些给阅读带来了障碍，也容易使读者失去阅读的兴趣。因此，诗人的生活经历、思想倾向、诗歌观念以及当时的社会状况等，都是通往诗歌的一扇门。如对雪莱、拜伦、勃朗宁夫人、普希金、裴多菲、里尔克等人来说，他们的人生本来就是一部动人的诗篇，他们的人生经历也可能是他们诗歌的注脚。

这些工作完成之后，我们开始了将英文诗翻译为中文诗的工作。我推荐的是叶芝的 When You Are Old：

When You Are Old

When you are old and grey and full of sleep.
And nodding by the fire, take down this book.
And slowly read, and dream of the soft look.
Your eyes had once, and of their shadows deep.
How many loved your moments of glad grace.
And loved your beauty with love false or true.
But one man loved the pilgrim soul in you.
And loved the sorrows of your changing face.
And bending down beside the glowing bars.
Murmur, a little sadly, how love fled.
And paced upon the mountains overhead.
And hid his face amid a crowd of stars.

学生翻译完毕，我推荐了几种中文的名译让学生比较。下面是学生比较阅读后的一些收获。

学生一：

真正将一首英文诗翻译成一首优美的中文诗，实在不是一件容易的事。我认为至少要具备以下几个条件：懂得英语词句构成及其相应的准确汉语意思，对诗的思想内容有深刻的了解，有扎实的汉语功底，能够准确贴切地表达。如果只是将一句英文直译过来，有时发现它几乎不成逻辑。

对比这些翻译，没有什么太大的差异。相比之下，我更喜欢樱宁的翻译。第一，在内容上翻译得很到位；第二，他用古体诗的形式来翻译，符合中国人的审美习惯，将异域美、古典美、现代美巧妙结合，可谓中西合璧；第三，诗歌音韵和谐，节奏感强，读来上口而又亲切。

此诗的成功翻译更证明了爱是跨越国界的共同主题。真挚热烈的爱情必不可少，平淡而细水长流的爱情更是历久弥坚，令人感动。

学生二：

相比之下，我比较喜欢邢育森所译的最后一段和樱宁所译的全篇。

邢育森译的最后一段添加了许多叠词和形容词，使得诗句饱满而又温情。温暖的炉火与凄美的爱情、满天的星光与隐起的脸庞，无一不透出时光流逝的无奈、爱情枯萎的感伤，很有诗的意蕴。

樱宁的《汝将老去》简洁精练，很有《诗经》风范。其中"青丝染霜""倦意浅漾""顾盼流光""爱已飞翔，越过高岗""私语细量"等诗句含蓄而又情意绵长，拿捏得十分到位，将原诗的意蕴展露无遗，富有中国诗歌特有的文字美感，读来朗朗上口。美中不足的是结尾的伤爱之情不够分量，凄凉伤心之感不够强烈。

学生三：

"当年华已逝，你两鬓斑白，沉沉欲睡，坐在炉边慢慢打盹，请取下我的这本诗集。"对比袁可嘉译的《当你老了》，邢育森的翻译加入了更多的修饰词，也包含了更多的个人感受。如"沉沉""慢慢"都是作者依据个人经验写出的，或许这种译法更加接近中国人的诗歌阅读习惯。

但我还是更喜欢袁可嘉的翻译，直接而又朴素，更符合作者这种苍凉的心境。

老，本身给人一种生命将逝的感觉，只要稍加留意便能感受到岁月的痕迹，这是人类的共同体验，不需要修饰。因此，简单的语言也许更能唤醒人们内心的这种感受，更能勾起存在于内心而又被忽略的那种伤时情绪。

学生四：

在几种翻译中，我比较欣赏袁可嘉的《当你老了》，这首译诗最接近原文的表达，不失原诗的魅力。

相比之下，其他几种译文辞藻过分华丽，已失去了原诗的风貌，偏离了翻译的"信"。在袁可嘉的译文中有一句为"只有一个人爱你那朝圣者的灵魂，爱你衰老了的脸上痛苦的皱纹"，其他译文为"但只有一个人！他爱的是你圣洁虔诚的心！当你洗尽铅华，伤逝红颜的老去，他也依然深爱着你！""但唯有一人爱你灵魂的至诚，爱你渐衰的脸上愁苦的风霜"。如果把这三个句子同时再翻译成英文，那么袁可嘉的翻译会比较接近原文，即所谓"出得来，回得去"。袁可嘉的翻译大部分采用直译的方式，文字简洁朴实而又不失诗意。从这个角度讲，那些"精加工"的成品就有些相形见绌了。

学生五：

樱宁的《汝将老去》译得很流畅，读起来像一首中国诗，容易拉拢中国读者，很抢眼。但我认为飞白译得最好，流畅，感情丰富。感觉他译得很冷静，译文和原作的距离最近。译文轻柔而又流畅，从头到尾用词都是极为简单的，译者的用意更多在于对情感的关注。转换后，文字是中国的，但在感情和形式上仍是外国的。

飞白的译文好在不做作，同样的翻译，翻译家们找了不少词来替代。如"grey"一词被译成各种各样的意思，有的甚至将其译成一个小句子。而飞白却有些"俗"地用了个"白发苍苍"，这应该是最容易想到的，符合我们的语言习惯，也并没有丧失原作的风貌。"slowly read"，飞白的翻译是"慢慢吟诵"，其他几篇翻译得就很别扭，如"缓缓地读"。后面飞白翻译得也比较美，很能打动人。

我猜飞白一定是把诗熟练地背下来后翻译的，因此，像是从心里发出的，而其他有的译文感觉像是刚读几遍就开始翻译了。

学生六：

对于外文诗歌的翻译，总是要带上译者自己的理解，这才能算作译作。翻译是一种二度创作。

对于诗歌的最后一句，袁可嘉的翻译"一群星星""隐藏"是最忠实于原文的，翻译得很准确，也基本体现了原诗作者的意图。裘小龙译的"把""埋藏"、杨牧译的"将""藏"，赋予了一个主动行为，使图画呈现出生气，有了灵性。傅浩译的"面孔""隐没"，对字词加以修饰，蕴藏了中国古典的美感，可见译者是从中国人的视角来解读的。飞白译的"密密""靦颜"，有些过于华丽。而邢育森译的"凝视""隐起了"，更添了些许气氛，是情感在描摹中的生动凸现，同时译者的创作也丰富了原先单薄的字面意思，所以此句当算最佳者。至于樱宁的翻译，则失去了原诗的意义，只能说是在这首诗歌启发下的创作。

学生七：

关于这首诗的最后一句，我有两种理解，这个理解的偏差源于原诗的"his"，到底是指"one man"，还是指"the fled love"。如果是指逝去的爱情，就可以理解为年轻时的那份爱是多么炽热和刻骨铭心，如同一颗流星，当它划过天际时，那种耀眼足以让人目眩，而如今两鬓斑白，那份深入骨髓的爱也化为了永恒，如同一颗恒星隐匿在繁星中。袁可嘉、飞白、樱宁都是这样理解的。另一种就是"他"在那漫天凝视你的繁星后面隐起了脸庞。个人理解是，有神话说一个人一旦死去，就会变成天上的一颗星星，而我们就生活在无数祖先的凝视中。如果这样理解的话，那么诗中深爱着她的那个"one man"已经逝去，而失去的原因如果按照最悲壮的情节发展就可以是这样：她出于种种原因，不能接受他的爱，而他默默地、深深地、悄悄地爱着她，终其一生。故事发展到这里，那份爱情不需要过多的解释，已经升华。这比第一种理解更让人回味无穷。

由此看来，翻译的过程也是理解的过程。

至于这几种翻译，每一种都有翻译得好的，也有不尽如人意的，即使将几种翻译整合成一首，发现还是有缺憾——不能连贯的缺憾。可见，诗是自己的。

在一首诗里，我们走了好几个来回，心中早已充满了盎然的诗意。

第三节 实验，打破表达惰性

平时作文中，教师会遭遇很多语言雷同的作文。大考中这种雷同的表述更为显著，单一乏味，缺乏创意。成千上万份作文，表述惊人地相似。即便是新鲜的观点，也淹没在这种雷同平庸的表述中。单以开头为例，学生的作文中就有很多相似的表述。

如作文《古诗文中的家园》，学生的作文开头千篇一律："古往今来，无数文人写自己的家园……"

作文《我心目中的孔子》，学生的作文开头千人一面："孔子名丘，字仲尼，春秋晚期鲁国人，著名的思想家和政治家……"

作文《感动》，学生的作文开头"异口同声"："在我记忆中，有很多让我感动的事，其中一件让我久久难忘……"

作文《仰望星空》，学生的作文开头"不约而同"："我抬头仰望星空，星空给了我无限的遐思……"

至于议论文，若是材料作文，更是雷同，往往是不辞劳苦地把材料重述一遍，语言表述缺乏变化，思想缺乏独立性。

学生表述单一，原因主要有以下几个方面：

第一，阅读面窄，积累不够丰富。阅读是写作的土壤，没有丰厚的土壤，自然开不出美丽的花朵。没有天生的语言家，一个人的表述需要阅读来补充。

第二，缺乏语言变化和修改推敲的意识。一些学生写作文，凭着直觉写，想到什么就写什么，缺乏推敲的意识。古人"吟安一个字，拈断数茎须"，现在的学生写作文则是一遍而过，写完交给老师再不理会。

第三，没有掌握多元表述的方法。写作教学中虽然会讲怎么布局谋篇，但缺乏语言表达的系统训练。从小学到初中、高中，虽然也讲修辞，但总是无法落实到具体的写作中去。

第四，思想枯涩。语言是思想的一面镜子，语言的贫乏照见的是思想的贫乏。缺乏思想的作文，无论语言多么华丽，终究缺乏打动人的力量，显得苍白无力。

下面是我在语文教学中的一个片段：

语言是思想的包装，一个作家要把自己对这个世界的思考"推销"出去，必须借助好的语言。好的语言是多样、生动、准确、丰富的。

但在我们的作文教学中，每次写作文，大家都好像商量好了似的，一提笔，语言几乎一模一样。

今天，我们就来为思想设计不同的包装，让我们的语言表述丰富起来、生动起来。

第一个环节：赏析语言的风景

1. 旅店就这样重又来到了我脑中，并且逐渐膨胀，不一会便把我的脑袋塞满了。

2. 我的脑袋没有了，脑袋的地方长出了一个旅店。

3. 但我没做广播操也没小跑，我在想着旅店和旅店。

这是余华《十八岁出门远行》中的几句话。它们表达的是什么意思？"我"满脑子都是寻找旅店的事。

但作者的三次表述均不相同，第一次以旅店为主体来表述，第二次在"脑袋"和"旅店"的关系上做文章，第三次在"旅店"一词上做文章，表述十分新鲜、有趣，且不单调。

第二个环节：探究语言魔术的秘密

这种语言的风景，在古代诗词中十分常见。如说"愁"，这是人类共同的感觉，但在每一位诗人的笔下，都有自己独特的表达方式。

我们来看第一组例子：

1. 只恐双溪舴艋舟，载不动，许多愁。

2. 春去也，飞红万点愁如海。

3. 海水直下万里深，谁人不言此愁古。

这几个"愁"，写得各不相同，是由于诗人选取的角度不同：第一句写重量，第二句写数量，第三句写深度。不同的角度，让"愁"成为不同的风景。

我们来看第二组例子：

1. 问君能有几多愁？恰似一江春水向东流。

2. 便做春江都是泪，流不尽，许多愁。

3. 花红易衰似郎意，水流无限似侬愁。

4. 离愁渐远渐无穷，迢迢不断如春水。

5. 江水添将愁更满，茫茫直与长天远。

这一组都是把"愁"和江水联系在一起，但给人的感觉各不相同，原因在于场景设置不同，且句式富有变化。

第三组的联想更为相似，写的都是"愁肠"和"泪"：

1. 绿杨芳草几时休？泪眼愁肠先已断。

2. 明月楼高休独倚，酒入愁肠，化作相思泪。

3. 愁肠已断无由醉。酒未到，先成泪。

"先已断""化作""先成"，"泪"的不同时间点，还能将如此相似的联想区分开来，在相似的联想中给人不同的感受。

小结：

对一个物、一件事的表述，犹如摄影，换一个角度，呈现的语言风景便有所不同。打开联想的世界，便能给这些事物涂抹上不同的色彩。

第三个环节：写作练习

1. 用联想打开语言的世界

（1）导引

写春天的文章有很多，但春天从来没有被写尽过。张晓风的《春之怀古》就是一篇写春的文章，我们来看其中的几个片段。

片段一：写冰雪消融

从绿意内敛的山头，一把雪再也撑不住了，噗嗤的一声，将冷面笑成花面，一首渐渐然的歌便从云端唱到山麓，从山麓唱到低低的荒村，唱入篱落，唱入一只小鸭的黄蹼，唱入软溶溶的春泥——软如一床新翻的棉被的春泥。

片段二：写人们感受到春天的气息

而关于春天的名字，必然曾经有这样的一段故事：在《诗经》之前，在《尚书》之前，在仓颉造字之前，一只小羊在啮草时猛然感到的多汁，一个孩子在放风筝时猛然感到的飞腾，一双患风痛的腿在猛然间感到的舒活，千千万万双素手在溪畔在江畔浣纱时所猛然感到的水的血脉……当他

们惊讶地奔走互告的时候，他们决定将嘴噘成吹口哨的形状，用一种愉快的耳语的声量来为这季节命名——"春"。

片段三：写春天的到来

满塘叶黯花残的枯梗抵死苦守一截老根，北地里千宅万户的屋梁受尽风欺雪扰，犹自温柔地抱着一团小小的空虚的燕巢。然后，忽然有一天，桃花把所有的山村水廓都攻陷了，柳树把皇室的御沟和民间的江头都控制住了——春天有如旌旗鲜明的王师，因为长期虔诚的企盼祝祷而美丽起来。

（2）语言生动的秘密

联想一：将雪融化联想成人的笑、人的歌唱，而歌唱则从云端到山麓，到荒村，到篱落，到小鸭的黄蹼，到春泥，将春泥又联想成新翻的棉被。这是随着冰雪消融成溪水而进行的空间联想。

联想二：不同的人或物对春天到来时的感受，扩充了语言的世界。

联想三：将春天的到来联想成一场战争。

（3）一句话练习

将一句话融进联想，写得有场景感。秋天是我们经常写的话题，尝试选取一种感觉来表述"秋天来了"。

可从以下几个角度进行联想：

① 感觉的角度：看、听、触、嗅。

② 秋天的标志性事物：菊花、大雁、天空、秋风、落叶、果实、桂花、枯草……

③ 秋天的特点：凉。

④ 秋天前后的季节：夏天、冬天。

下面是学生的习作：

当落叶开始丈量枝头与大地的距离

当风儿用冰凉的手指触摸着单衫

当天空变得辽远，当太阳减了它的热情

当桂花用它的香味和着空气酿好一壶芬芳

当雁阵掠过长天

当菊花的骨朵忍不住如爆米花般炸开

当草的青丝在一夜间老去

当夏热情地摇滚落幕，换以一曲悠远的箫声

当澄澈的江水敛去尘埃，与天空相对

……

2. 同一角度的不同思考

语言不仅仅是词语的变化，更是思想的负载。思想，能让语言绽放出灿烂的花朵。朱光潜先生在《咬文嚼字》中说："文学借文字表现思想情感；文字上面有含糊，就显得思想还没有透彻，情感还没有凝练。咬文嚼字，在表面上像只是斟酌文字的分量，在实际上就是调整思想和情感。"

语言要生动起来，首先思想要丰富起来。

下面是对一段话的修改练习：

引导：

在写《我心目中的孔子》时，同学们不约而同地选了历史教材上介绍孔子的一段话。保留"孔子名丘，字仲尼，春秋晚期鲁国人，著名的思想家和政治家"这句话，在前面或后面加上自己的思考，并把方向引导向"我心目中的孔子"这一话题。

大家把这一信息放在文章开头的目的是什么？这句话在表述上没有什么错误，但作文是求异的。这一介绍过于单调，况且这是众所周知的信息，没有新鲜感。如何让缺乏新意的语言变得有意义，这是需要大家思考的问题。我们可以把它变成我们自己的思维引爆点，和我们的作文话题建立起联系。

（1）孔子的"子"，体现了人们怎样的态度？对写你心目中的孔子有何启发？

（2）除了"孔丘""孔仲尼"，人们对孔子还有哪些称呼？不同的称呼体现了人们怎样的态度？对写你心目中的孔子有何启发？

（3）人物和时代有什么关系？对写你心目中的孔子有何启发？

（4）如何认识"思想家"和"政治家"？你心目中的孔子是这样的吗？如果是，追加形容词，再具体一点；如果不是，你觉得他是什么样的？

学生修改作品：

"子"，表达的是后人的一种敬意，对孔子，我同样是充满敬意的，但在仰视之外，我还有一种平视，因为我心目中的孔子是伟大的，也是平易近人的。

这份介绍，和其他伟大人物的介绍没有什么不同，单一，无趣，高高在上；我心目中的孔子不是这样的，他是一个有血有肉、有情感、有温度的人。

这是站在神坛上的孔子，面无表情。而一部《论语》，却泄露了其心思，成就了我心目中那个别样的孔子。

历史书介绍得比较端庄，私下里还有不太敬重的称呼——孔老二。孔老二，我倒觉得这个称呼更符合我心目中的孔子形象。

这一称呼决定了他是孤独的。在动荡的时代，从事政治是千难万难的，如果还有点思想，就更注定了是悲剧。战乱时代，需要的是政治家和野心家的合体，需要的是政治家和军事家的联盟，只有这政治家和思想家二者无法合一。

结语：

你的语言里，有你读过的书、走过的路、看过的风景。请大家阅读、经历和思考，然后把它们沉淀在自己的语言中。

第三章　情境，语言的唤醒

固定的教室，固定的课堂时间，这似乎是语文课也是其他学科的课不变的背景，但对于语文学科来说，似乎少了些什么。

语文本来是带有诗性的。

它和天空对话，与大地对谈，与心灵幽会，同古人一同歌咏。

同样的文章，放在不一样的情境下，也会有不一样的效果。当苏轼在赤壁下诵明月之诗、歌窈窕之章时，是心灵走向了诗，也是诗唤醒了心灵。我也特别喜欢这样的时刻——山中听泉、湖畔漫步、松下读诗，尽管这样的时刻不多，但一旦有之，便不能忘怀。

这样的时刻，诗意弥漫。课堂之外，有更美好的风景。

第一节　湖边漫步

城市里的秋天，正如郁达夫先生所说："草木凋得慢，空气来得润，天的颜色显得淡……一个人夹在苏州上海杭州，或厦门香港广州的市民中间，混混沌沌地过去，只能感到一点点清凉，秋的味，秋的色，秋的意境与姿态，总看不饱，尝不透，赏玩不到十足。"

和学生一起感慨，确实有如此感受。于是，感受秋天的出游计划就这么决定了。

我们去了离学校不远的隋唐城遗址植物园。

正值深秋，2800余亩的公园里竟没有多少游人，这一片天地似乎变成了我们的。我们在公园里沿着湖畔溜达，不时吆喝两声，和湖对岸的人对话。湖面上游荡着几只鸭子，对我们的"入侵"视而不见、听而不闻。

走累了，学生在湖边的草坪上坐下来，围成一圈，把所带的零食集中起来，放到中间，开始玩起了套圈游戏，套中圈才能吃。吃完了，又玩丢

手绢、丢沙包、跳皮筋……把小时候玩的游戏都玩了一遍。

快结束的时候，要带学生回去，学生恋恋不舍。

"老师，我们再玩会儿嘛。"

"老师，带出来容易带回去难喽！"

"老师，您先走，我们殿后。"

……

"老师，还用写观后感吗？"

"你有感吗？"

"老师，不说写作文的事，谈写作文的事伤感情……"

"哈哈，我小时候每次春游，写的都差不多：春光明媚，我们怀着高兴的心情去春游，然后，放开肚子吃了很多零食，回来后发现自己胖了好几斤……"

"我小时候每次春游，老师先布置作文，一路上我都想着作文，回来之后还是不知道怎么写，晚上一边写一边哭……今天没任务，感觉很开心。"

"同意，凡事一旦被功利化，便会失掉很多乐趣。"

"我特别喜欢在野外行走，什么也不干。每个星期六，我都要骑车去郊外，闻到青草的气息，就能感受到自己的存在，我一直想自己上辈子是不是一只羊。"

"哈哈哈……"

"真的，你坐在草地上，看着太阳慢慢落下山，最能感受到'暮色四合'这几个字。众鸟归林，尽管有热闹的鸟鸣声，仍然觉得大地一片寂静，我想那应该是自己的心比较安静吧。一回到城市，听到机动车的声音，闻着各种各样的气味，感觉又要穿上铠甲了。"

"哈哈，你上辈子不是一只羊，而是陶渊明。"

"春游真好。可惜初中之后就再也没有了，学校不敢组织。"

"据说是因为春游出了事故，后来学校就再也不组织了。"

"理解学校的压力，但也有点因噎废食了。"

"今天公园里人少，感觉是来看树的，平时只能看见人。"

"我忽然想起了梭罗的《瓦尔登湖》，觉得只有在那样安静的湖边，才能写出真正有思想的东西来。"

"写自然的作家还是很多的呀，比如苇岸等。"

"以前的作家作品里经常有大段的描写自然的句子，比如托尔斯泰、屠格涅夫、哈代等，他们喜欢把人置于自然之中，去思考人的存在。"

"现代作家因为远离自然了嘛，自然也无法从自然中找到思想和灵感。"

"今天我站在湖边时，忽然想起王开岭《流逝的古典》中的一段话："温习一下这随手撷来的句子吧：'水光潋滟晴方好，山色空蒙雨亦奇。''谢公宿处今尚在，渌水荡漾清猿啼。''西塞山前白鹭飞，桃花流水鳜鱼肥。'……那明亮的窗外，那样的四季，那样的江河岳脉……它们今天又在哪儿呢？那'人行明镜中，鸟度屏风里'的天光明澈，那'长安一片月，万户捣衣声'的皎月寂静……今安在？……多少珍贵的动植物已永远地沦为标本？多少鲜活的生态活页从我们的视野中被硬硬撕掉，被生生地扯去？多少诗词风景像'广陵散'般成为遥远的绝响？"

……

师生面对着一潭湖水，有时是几句逗笑，有时是对谈切磋。

时隔多年，在记忆里回荡的，一直是学生的笑声，无拘无束。以天地为课堂，在开阔的天地里，我们和自然如此之近，我们彼此之间也是如此之近。我有时候甚至想，语文，是应该给学生一些什么也不想的时候，给他们一些发呆的时候。其实，这样的时候，远胜过习题的训练，因为在无声的地方，美、情感和思想正在悄悄生长。

第二节　山中对诗

也是一个秋天，我带学生去一百多里外的山里。结果，走到半路上，车坏了。我着急地和旅行社沟通，学生们倒并不着急，就地休息，随时都能找到开心的事情，一花一草，都能引起莫名的惊叹。空旷的山谷里，或啸或叫，或坐或偃，其乐融融，等待的时光丝毫不觉漫长。

待到联系好车辆，到达目的地时已是晚上九点多。

十一月的山中，有霜。我们住在农家宾馆里。主人在院中燃起了篝火，学生们兴奋地跳舞，根本停不下来。

紧张了一天，我迷迷糊糊地睡去，蒙蒙眬眬中听见有人说："好亮、好大的星星啊！我从来没有见过这么多星星。""我开心得好想哭呀！"

还有隐隐约约的歌声，一直没有停过，从最流行的周杰伦到《洪湖水浪打浪》，甚至连儿歌《两只老虎》也被搬了出来。都是走读的学生，从未体验过集体生活，而深秋山中的夜，夹杂着草木的气息，宁静美丽，让他们不忍睡去。

第二天一早，大家都早早地起来了。早饭是玉米糁、馒头、蔬菜，学生们胃口大好，争着抢着吃，故意谁也不谦让。

吃完饭，我们向山中进发。山中空气如洗，每呼吸一口都是甜的。

"空山新雨后，天气晚来秋。"一位学生动了诗兴。

"此地适合隐居。'北山白云里，隐者自怡悦。相望始登高，心随雁飞灭。'"一位学生接上。

"看来你动了归隐之意，我这里也有。'清溪流过碧山头，空水澄鲜一色秋。隔断红尘三十里，白云红叶两悠悠。'"一位学生道，大家齐声叫好，情境真是贴合呀！

"自古逢秋悲寂寥，我言秋日胜春朝。晴空一鹤排云上，便引诗情到碧霄。"一位学生豪气干云。

"我有一句类似的。'秋气堪悲未必然，轻寒正是可人天。'"

"秋天还是悲凉的居多，我这里有一句。'秋风起兮白云飞，草木黄落兮雁南归。'"

"对啊。'秋风萧瑟天气凉，草木摇落露为霜，群燕辞归鹄南翔。'"

"荆溪白石出，天寒红叶稀。"一位学生接上，其他同学纷纷感慨自己怎么没想到呢。

"王维的还有，'树树皆秋色，山山唯落晖'。"

"刘禹锡的也还有呢，'山明水净夜来霜，数树深红出浅黄'。"

"老师也来一句！"学生们起哄。

"嗨，都让你们背完了。'一年好景君须记，最是橙黄橘绿时。'"

"老师这个太敷衍，是不是？"学生们继续起哄。

"南山与秋色，气势两相高。"

"老师肯定还知道！"看看，学生们也会鼓励式教育呢。

"萧萧远树疏林外，一半秋山带夕阳。"

"这个不算，还没到黄昏呢。"呵呵，还较上劲儿了。

"你们来几句秋天黄昏的试试。"我说。

"月落乌啼霜满天，江枫渔火对愁眠。"

"秋景有时飞独鸟，夕阳无事起寒烟。"

"渐霜风凄紧，关河冷落，残照当楼。"

……

到底是人多力量大，趁他们背的功夫，我抓紧时间想。想好了，卖个关子，"哎呀呀，都被你们背完了，让我想想……"

"老师背不出来请客！请客！请客！"又起哄了。

"小瞧洒家了不是，我要背出来呢，你们请客。"

"没问题，老师！几十个人呢，还怕请老师？一人一根棒棒糖，也够老师吃一个多月。"学生们掩饰不住笑意。

"'江城如画里，山晓望晴空。两水夹明镜，双桥落彩虹。人烟寒橘柚，秋色老梧桐。谁念北楼上，临风怀谢公。'哈哈，弟子们，有'诗仙'助我，乖乖请客吧！回去背诗，下次比试，请我吃精神大餐。"

时值深秋，山中没有什么游客，一路上回荡着的都是学生们的笑声。不时的一阵大笑，山中的鸟儿也被惊起。

平时需要两三个小时的路程，学生们很快就走完了，说说笑笑间，到达了山顶。站在山顶，极目远眺，顿感心胸开阔。

学生们都记得我带他们看过的这个秋天。

第三节　树下论道

校园里那棵法国梧桐树的年龄，和学校的历史一样长。粗大的树干，需几个成年人合抱才能围住，巨大的树冠，有半个篮球场大。

每一届学生的毕业照，一定是以大树为背景。大树，镌刻在每一届毕业生的回忆里。

秋天的午后,路过树下,落叶满地,一地金黄。我回头看向教学楼,快上课了,学生们都伏在栏杆上看秋雨后的校园。

忽然想起孔子在杏林中开设讲坛的一幕,它被誉为中国文化史上最具诗意的时刻。第一节是语文课,我特别想在这样的碧空下、这样秋天的树下上课,不知学生们有这样的想法吗?

走进教室,问学生是否愿意在树下上课,赢得了一片欢呼。

那天,我们上的是庄子的《逍遥游》。

天高地阔,那只大鹏奋起而飞:

北冥有鱼,其名为鲲。鲲之大,不知其几千里也;化而为鸟,其名为鹏。鹏之背,不知其几千里也;怒而飞,其翼若垂天之云。

辽阔的天地面前,倍感人的渺小:

天之苍苍,其正色邪?其远而无所至极邪?其视下也,亦若是则已矣。

小者有小者的局限,大者有大者的局限:

适莽苍者,三餐而反,腹犹果然;适百里者,宿舂粮;适千里者,三月聚粮。

朝菌不知晦朔,蟪蛄不知春秋,此小年也。楚之南有冥灵者,以五百岁为春,五百岁为秋;上古有大椿者,以八千岁为春,八千岁为秋。此大年也。

自然如此,人类社会亦然,从"知效一官,行比一乡,德合一君,而征一国者",到"举世誉之而不加劝,举世非之而不加沮,定乎内外之分,辩乎荣辱之境"的宋荣子,到御风而行的列子,哪一个人的人生不是"有所待"呢?

人是生而不自由的,但精神可以让我们超越沉重的肉体而飞翔。"之人也,物莫之伤:大浸稽天而不溺,大旱金石流、土山焦而不热。"

鲍鹏山说:"当别人在都市中热闹得沸反盈天、争执得不可开交时,他独自远远地站在野外冷笑,而当有人注意他时,他又背过身去,直走到江湖的迷蒙中去了,让我们只有对着他消逝的方向发呆。他是乡野文化的代表,他的作品充满野味,且有一种湿漉漉的水的韵味,如遍地野花,在晨风中摇曳多姿，仪态万方，神韵天成。"

这样的庄子，是应该在树下来读的。

惠子谓庄子曰："吾有大树，人谓之樗。其大本拥肿而不中绳墨，其小枝卷曲而不中规矩，立之涂，匠者不顾。今子之言，大而无用，众所同去也。"庄子曰："子独不见狸狌乎？卑身而伏，以候敖者，东西跳梁，不辟高下，中于机辟，死于罔罟。今夫斄牛，其大若垂天之云。此能为大矣，而不能执鼠。今子有大树，患其无用，何不树之于无何有之乡、广莫之野，彷徨乎无为其侧，逍遥乎寝卧其下，不夭斤斧，物无害者，无所可用，安所困苦哉！"

这样的庄子，是应该在树下来读的。

树下，秋光中，我们感受到那个翱翔在尘世之上的灵魂。

若干年之后，一位学生写信给我说："那是我中学时代最具诗意的时刻，耳旁是老师讲《庄子》的声音，梧桐的叶子轻轻飘落……"

语文教学，很多时候是需要造境的，教师需要带着学生慢慢入境，这境，或许是一个故事，或者是一点感想，或者是什么也不说，给学生们一个特定的场合，唤起他们内心的诗意和思考。我们读过的很多佳作，就是作家在和自己独处、和自然相对、和人们对谈时产生的。我曾经有这样的感受——一个人，在乡村的黄昏，看着袅袅升起的炊烟，想起那个缓缓归去的诗人："渡头余落日，墟里上孤烟。"也曾经一个人在原野上，倍感孤寂，想起陈子昂的"前不见古人，后不见来者。念天地之悠悠，独怆然而涕下"。只要我们的生命里贮存了足够的诗，它们总会在某一个时刻被唤醒；只要我们有一颗去自然里寻找的诗心，我们终究会和诗意的生活相遇。

第四节　室内怀想

雾霾来袭。

天地间一片混沌，视觉的模糊带来的还有大脑反应的迟缓。走进教室，学生一副恹恹的神态。

今天要上的是复习课。我对学生说："今天，我是腾云驾雾，默念着

'蒹葭苍苍'来学校的，一直期待在路的某个尽头，有位佳人，可惜除了雾就是霾。"

学生一阵大笑，表情生动了起来。

我接着说："在天空隐蔽不见的日子里，我想起了一篇高考作文《怀想天空》，它的开头是这样的：'被细细的窗棂剪辑成四四方方的蔚蓝格子的，是天空。被短短的睫毛和长长的绿树枝丫分割成闪亮遥远的小碎片的，是天空。天空投影在水的碧波中，于是有了梭罗坐在瓦尔登湖畔，垂钓水中一望无垠的夜空繁星。天空投影在人的明眸中，于是有了楚国的屈原仰望天空，吟诵奇丽诡谲的《天问》。哲人的天空，孕育了他们的灵魂。他们因此有了天空般辽阔的情思与胸襟。'有很多抬头看天空的时候，高远的蓝天代表的是纯净的自然，也有很多没有抬头看天的日子，但我知道自己行走在蓝天下。今天，在这样一个漫天雾霾的日子里，我怀想天空，所幸，还有文字记录着那些明净的山水和天空。现在，让我们返回到古代，去看看古人的家园，看看那一方明净的山水。"

今天的两节课，我要讲的是古代的山水田园诗。我拿出准备好的材料，发给学生。

第一步是素读下面的诗：

陶渊明的《归园田居》，谢灵运的《登池上楼》《石壁精舍还湖中作》，王维的《积雨辋川庄作》《辋川闲居赠裴秀才迪》《汉江临眺》《山居秋暝》《渭川田家》《归嵩山作》，刘长卿的《送灵澈上人》，王绩的《秋夜喜遇王处士》，戴叔伦的《题稚川山水》，刘禹锡的《望洞庭》，孟浩然的《夜归鹿门歌》《过故人庄》《夏日南亭怀辛大》《秋登兰山寄张五》，范成大的《四时田园杂兴》，杨万里的《闲居初夏午睡起》。

所谓素读，就是大声读，把诗读熟、读顺。我们花了一节课的时间诵读。

第二步是推荐阅读，从中挑选自己喜欢的诗、喜欢的诗句，也可以推荐其他的诗和诗句。这是直觉式的阅读，寻找让我们一见倾心的句子。这一环节占用了二十分钟课堂时间，学生发言后意犹未尽，我让他们写在笔记本上。

因为鼓励学生推荐，我们也收获了学生阅读中的很多惊喜。

有学生说，他喜欢那些带着色彩的古诗，如"江碧鸟逾白，山青花欲燃""两个黄鹂鸣翠柳，一行白鹭上青天""日出江花红胜火，春来江水绿如蓝""接天莲叶无穷碧，映日荷花别样红"，那些明媚的色彩，是大自然最初的给予。

第三步是研究式阅读，解决两个问题：古人笔下的山水田园是什么样的？他们喜欢用哪些手法来呈现？其中寄寓了怎样的情感？

第四步是拓展阅读，我推荐了王开岭的《这个叫"霾"的春天》和王维中的《霾是故乡浓》。

学生在随笔中记录了自己的感受：

学生一：

有霾的日子里，我回到古人的田园，也遥想现代人未来的家园。后之视今，亦犹今之视昔。今天的人们能给将来的人留下怎样的家园和记忆？

学生二：

那时的天地间有乳白色的纯净的雾，那时的天地间没有混合着难闻气味的霾。但我还是愿意生活在这样一个时代——一个自由民主、科技发达的时代。对于未来，我是个乐观主义者，我相信我们能回到我们的纯净的、自然的家园。

学生三：

我喜欢读诗，但最害怕上诗歌复习课，一首首美丽的诗变成了难解的题，如同一尊艺术雕塑，被肢解成毫无美感的石块。还好，在这样一个有霾的日子里，我们与古人的山水相遇。上课时，看着眼前的诗，我走了会儿神，想起了童年时在爸爸的老家度过的日子。那是一个南方的山村，有蛙声，有蝉鸣，有溪水的歌唱，夏夜里有萤火虫，有满天又大又亮的星星。回想起来，一切美好得似乎不真实。现在，那里已经被开发成旅游区了。而我，后来再也没有去过，一旦这样的地方也变成旅游区，就意味着留给我们的美好真的不多了。

学生四：

古诗里，最喜欢的还是那一片人类童年时期的家园。那时的山是山，那时的水是水。离别太过沉重，战争太过血腥，思乡太过感伤，只有这山水、这田园，让疲惫的我们休憩。

学生五：

现代已无田园，古代的田园诗便如人类童年时期的壁画。但发展不应是失去家园的理由，人类的发展是为了让世界更美好，这其中包括人与自然的亲善友好、和谐共存。倘若人类的发展让人类最后的生存空间只局限于一室之内，那将是得不偿失的。享受着科技带来的便利，我仍然贪心地怀想那明净的天空。我有一个梦想，梦想在高楼上能看见湛蓝的天空，看见碧绿的原野，看见清澈的溪流，看见大地上飞鸟的影子。

……

这是一节复习课，但与以往的复习课不同的是，其中融入了对生存的思考。我们不能脱离现实的环境孤立地去谈知识，环境也是我们生存的一部分。

古诗很美，需要我们去想象；古诗中的美，让我们在享受之外，也思考我们生存的现状。

雾霾天，我们更能记住那一方逝去的明净的山水，也更对未来明净的天空充满期待。

课例："美丽的汉语"教学设计

从今天开始，我们一起踏进语言文字的王国。在进入这个美丽的世界之前，我们先来简单地了解一下汉语这种语言的特点。

一、预习检测

判断下面说法的对错。
（1）现代汉语是汉民族共同使用的语言。
（2）汉语就是普通话。
（3）汉语以双音节词为主。
（4）汉语的每个音节都由声母、韵母和音调组成。
【设计意图】阅读教材，把握"汉语"的含义。
小结：
通过预习，我们了解了汉语是我们汉民族共同使用的语言，从广义上来说，包括各民族方言，从狭义上来说，指普通话。

我们每个人从出生开始，就一直生活在汉语的世界里，但"不识庐山真面目，只缘身在此山中"。如果要问汉语的特点是什么，我们还真要仔细想一想。

作为一种语言，必须有语音，有词汇，有语法规则。

二、汉语特点探究

播放几个短剧，让学生从剧中外国朋友学汉语的角度来认识汉语这种美丽而奇妙的语言。

【设计意图】通过观看短剧，感知和体验汉语的特点。

活动一：汉语语音特点研究

1. 自编课本剧表演：《皮特在中国系列之一》。

2. 师生探究：这段表演反映了汉语语音的什么特点？

（1）汉语有四个声调，抑扬顿挫，平平仄仄，不同的发音代表了不同的含义。

（2）音节构造简单而有规律。汉语是单音节性很强的语言，音节界限分明。

3. 过渡：这么简单的音节，怎样表示丰富而复杂的语义呢？

4. 诵读：

（1）英文原诗与翻译诵读：《当你老了》。

（2）中国爱情诗《上邪》。

【设计意图】通过古诗诵读，在平平仄仄里感受汉语的音韵之美。

活动二：汉语词汇特点研究

1. 自编课本剧表演：《皮特在中国系列之二》。

2. 师生探究：这段表演反映了汉语词汇的什么特点？

（1）双音节词数量占优势。

（2）汉语的词义非常丰富，有一词多义，也有一义多词。

（3）有独特的量词和语气词。

3. 深入思考：汉语的词汇非常丰富，新词语出现频繁，汉语为什么有这样强大的造词功能？

活动三：汉语语法特点研究

1. 自编课本剧表演：《皮特在中国系列之三》。

2. 师生探究：这段表演反映了汉语语法的什么特点？

（1）语序非常重要。汉语是按照一定的语序排列的。

（2）虚词重要而丰富。汉语中不仅有大量的实词，还有大量的虚词，这些虚词虽然没有完整的词汇意义，但在语法中起着很重要的作用。

活动四：汉语和汉语背后的文化

1. 自编课本剧表演：《皮特在中国系列之四》。

2. 师生探究：解决了发音问题，理解了词汇意义，掌握了语法规则，是否就意味着掌握了汉语？还有哪些因素会影响人们对语言的理解？

3. 小结：要掌握汉语，还需要了解中国文化。

解决了发音、理解了词义、掌握了语法的皮特最终是否能够成为"汉语达人"呢？恐怕还需要继续修炼。比如，《红楼梦》中林黛玉临终前的一句呼喊："宝玉，宝玉，你好……"就不仅仅是音调、词汇和语法能解决的问题了。这就是汉语的神奇魅力。

活动五：概括总结

1. 用平实或富有文采的语言向外国朋友介绍汉语的特点。
2. 谈谈自己对汉语的认识。
3. 教师总结：

汉语是华夏民族最主要的语言，也是全世界最美丽的语言之一。汉语博大精深，学无止境。

如果说，汉语成为连接世界与中国的桥梁，那么当别人架起了桥梁的那一头时，我们这一边可千万不能出现裂痕，汉语是我们真正的根。

三、作业设计

1. 阅读教材，说说汉语从古代到现代发生了哪些变化。
2. 如果今天的人穿越到了古代，在语言交际上会发生哪些有趣的事情？结合你对古代汉语和现代汉语的认识，编写一段古人和今人的对话。

附学生习作四篇：

皮特在中国系列之一

皮特：小姐，您好！我是刚住进来的客人，请问你们这里有"杯子"吗？

服务员：哦，杯子，在茶几上呢。

皮特：No, no, 我说的是"杯子"。

服务员：先生，这不就是杯子吗？

皮特：天太冷，冷，我要"杯子"。

服务员：我明白了，您是要被子。

皮特：对，对，我要的就是它。

服务员：先生，请问您还有什么需要吗？

皮特：哪里可以买到"轿子"？

服务员：轿子？先生，现在中国人不坐轿子了，出门有公交车，有出租车。

皮特：我说的是"轿——子"，中国人不是都喜欢吃"轿子"吗？

服务员：哦，我知道了，您说的是饺子。宾馆的旁边就有个饺子馆，他们家的包子也很好吃！

皮特：还有"报纸"？"报纸"我也喜欢吃！请问哪里有"王八"呢？

服务员：王八？饺子馆应该有这道菜吧？

皮特：菜？不是菜，我想发一封邮件，我想知道哪里可以上"王"——

服务员：我们这里有房间可以上网，如果您需要，我们可以给您提供带电脑的房间。

皮特："歇歇"！"歇歇"！

服务员：先生，好的，您先歇着！

皮特在中国系列之二

汉语老师：上课！

皮特：老师好！

汉语老师：今天汤姆怎么没到？

约翰：老师，他到了，刚又出着。

汉语老师：哦，汤姆已经到了，刚刚又出去了，是吗？

约翰：是啊。

皮特：是的。

凯特：是吧。

汉语老师：看来，大家最近不仅学了很多词语，连语气词也掌握了不少。这些词语不一样，意思也不一样。还有很多词，字面一样，但意思不同。比如说"东西"，可以指方向，相当于英语的 west、east。

皮特：老师，为什么你们说桌子也是"东西"呢？

汉语老师：皮特同学非常用心，"东西"在汉语里除了指方向，还可以指物品，桌子、凳子、书本都可以称为"东西"。

皮特：老师，我们是"东西"吗？

汉语老师：有生命的动物，就不能用"东西"来表示了。

皮特：老师，我明白了，你、我都不是"东西"。

汉语老师：汉语里还有很多字面一样，但含义不一样的词语，同学们还遇到了哪些？

皮特：我不明白汉语中的"方便"是什么意思。

约翰：就是上厕所。比如，我出去方便一下。

皮特：我的朋友为什么说希望在我方便的时候，到我这里来做客呢？难道是我上厕所的时候他来吗？

汉语老师：这个"方便"是有时间的意思。

凯特：老师，中国人有很多老婆吗？

皮特：我发现中国人的妻子很多，他们有妻子，有太太，有对象，还有爱人……

汉语老师：这些指的都是同一个人，就是英语里的 wife，还可以称为内人、内子、贤内助、媳妇、婆娘、婆姨、老伴、那口子、孩子他妈、娃他娘、山妻、贱内、贱荆、拙荆、堂客、浑家……

皮特：您太有学问了！

老师：哪里哪里。

皮特：哪里有学问？应该是大脑里。

老师：皮特，这个"哪里"是谦虚的意思。

约翰：中国人很谦虚？都说中国人很谦虚，我发现中国人太不谦虚了，满大街都是"中国很行""中国人民很行""中国工商很行""中国建设很行"。

老师：皮特，你认错字了，那是"银行"。

约翰：老师，我发现中国人很勤奋，到处都是"早点"，提醒上班的人不要迟到。

汉语老师：这个"早点"是早餐的意思。

皮特：我今天就在一个早点铺吃了一顿早饭。

凯特：一个早点铺、一顿早饭。

皮特：老师，您看看我的笔记，最近我听到不少词，一首歌、两只骆驼、三张桌子、四门炮、五把扇子、六辆汽车、七架飞机、八根柱子、九条丝瓜、十面镜子、十一尾鱼、十二道菜……

老师：你非常用心。

凯特：可是这样区别，有道理吗？我们英语只需要说"one song""two camels"就行了。

老师：这正是汉语丰富的地方。还有一匹马、两头牛、三座山、四朵云、五瓶酒、六盏灯、七亩地、八扇窗、九枚导弹、十封信……

皮特：还有吗？

老师：当然有。比如，你能说一轮明月，但不能说一轮星星；能说两匹马，但不能说两匹羊。又比如，一叶扁舟，是状其小而漂浮不定；一座山，则是状其硕大而稳重；一支舞曲，令人感到脚底轻盈；一道彩虹，令人感觉前程似锦。还有形容喝酒的人，喝一缸是海量，喝一坛是大量，喝一瓶是有量，喝一杯是雅量。说你一腔热血是夸你，说你一肚子坏水是损你。而一片花海、一片真情、一片痴心、一片欢腾呢？它们都让人感到生动而充满想象力。否则，哪会有一串铃声的清脆，也不会有一摞书籍的沉重，更不会有阳关三叠的起伏了！

皮特：老师，我要晕了。

老师：呵呵，皮特同学，学汉语要有耐心，也要有信心。

约翰：汉语文化，博大精深，时尚时尚最时尚。

皮特：一词多义，一义多词，哪里哪里非哪里。

凯特：量词丰富，千变万化，奇妙奇妙真奇妙。

皮特在中国系列之三

朋友：哟，皮特，好久不见了，最近还好吧？

皮特：还好，我最近学了好多词语，发现整个人都机智了。

朋友：哦？是吗？

皮特：比方说，昨天我遇到杨村那个"big treasure"。

朋友："big treasure？"

皮特：他们村里人叫他大宝，他当时见了我，问我："'皮胎'啊，吃了吗您？"

朋友：哦，他可真热情。

皮特：我这时候很机智啊。

朋友：很机智？

皮特：我跑了。

朋友：跑了？人家打招呼，你跑什么？

皮特：他要吃我，我干吗不跑？

朋友：嗨，你理解错了，大宝是问你吃饭了没有。

皮特：他明明说的是"吃了吗您"。

朋友：口语习惯，把"您"放到后面了。

皮特：看来我才疏学浅啊……《新闻联播》开始了，看看去。

主持人甲：观众朋友们，大家好！

主持人乙：大家好！今天《新闻联播》的主要内容有……中国足球队大败美国队，时隔多年终于"洗脚"……

皮特：嘿，看到了吗？我们美国队赢了。

朋友：你看错了吧？明明是中国队赢了。

皮特：美国队赢了，中国队大败。

朋友：中国队大败美国队就是"大大地击败"。

皮特：那为什么不说中国队大胜美国队？

朋友：一样的意思。

皮特：反正都是你们赢，汉语的"水"很深啊！

（大宝上）

大宝：这不是"皮胎"吗？上回打招呼，你咋头也不回地走了？

皮特：嗨，有点小误会。咦，你看着有点不高兴啊？

大宝：嗨，我上班喝了点小酒，不巧被领导发现了。

皮特：嗯，这的确不对。

大宝：老板说我好喝酒，喝好酒。

皮特：这样啊，那我以后上班也要喝。

大宝：啊？你咋还跟着学啊？

皮特：老板不是说喝酒好吗？连用两个"好"难道不好？

大宝：你等会儿，你等会儿，你又听错了……俺说的"好喝酒"是"hào"不是"hǎo"，"hào"是喜欢，老板说我喜欢喝酒，还喝好的酒，这

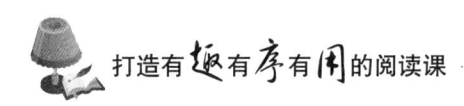

是在训我呢……是你手机在响吗？

皮特：是的。

职员：老板，明天我家里有事，需要请假两天。

皮特：哦，很好，但是为什么？

职员：我父亲去世了。

皮特：更好。

（忙音）

皮特：他为什么这么生气？

大宝：嗨，人家爹去世了，你还说"更好"。

皮特：我说"好"体现我对员工的关心和同情。

大宝：什么乱七八糟的，你应该说"好的"。"皮胎"，你还得好好学汉语啊！

皮特：我叫皮特，不是"皮胎"。

皮特在中国系列之四
——HSK模拟考试

第一题：听力，放录音

板凳与扁担

板凳宽，扁担长。

扁担没有板凳宽，

板凳没有扁担长。

扁担要绑在板凳上，

板凳不让扁担绑在板凳上，

扁担偏要扁担绑在板凳上。

请问是"扁担宽，板凳长"还是"扁担长，板凳宽"？

第二题：语言表达能力测试

请读绕口令：

化肥会挥发。

黑化肥发灰，灰化肥发黑。

黑化肥发灰会挥发，灰化肥挥发会发黑。

黑化肥挥发发灰会花飞，灰化肥挥发发黑会飞花。

黑灰化肥会挥发发灰黑讳为花飞，灰黑化肥会挥发发黑灰为讳飞花。

黑灰化肥灰会挥发发灰黑讳为黑灰花会飞，灰黑化肥会挥发发黑灰为讳飞花化为灰。

黑化黑灰化肥灰会挥发发灰黑讳为黑灰花会回飞，灰化灰黑化肥会挥发发黑灰为讳飞花回化。

第三题：情景对话

请听下面这段对话，然后请解释每个"意思"的意思。

经理：你这是什么意思？

阿呆：没什么意思，上次你帮了我的大忙，意思意思而已。

经理：你这就不够意思了。

阿呆：小意思，小意思。

经理：你这人真有意思。

阿呆：其实也没别的什么意思。

经理：那我就不好意思啦！

阿呆：是我不好意思。

第四题：汉译英

请将下面这首诗翻译成英文。

三日入厨下，洗手作羹汤。

未谙姑食性，先遣小姑尝。

1. "三日"用单数还是复数？

2. 主语是第一人称还是第三人称？是"我"下厨房还是"她"下厨房？

3. "姑"是谁？"小姑"是谁？

4. 是用过去时态还是用现在时态？

中编

打通一类：四通八达的文体教学

字字推敲、句句斟酌中，我们读透一篇文章。

但我们是否能举一反三，真正将教材作为一个例子，进而读懂更多同类的文章？

读句而通篇，读篇而知类，这样既能读懂篇的特色，也能知晓类的共性，篇与类，互相辉映，四通八达。

从小学到高中，我们的语文教材都是由一篇一篇的课文组成的。这样学习的好处是，在有限的课堂时间内能透彻了解一篇，但局限是仅仅了解了这一篇，并不能类推到其他篇。我们的阅读经验是不成系统的。

比如，小学我们读诗歌，初中我们读诗歌，高中我们读诗歌，但各个学段所学的诗歌之间并无关联，已有的阅读不能为新的阅读提供经验。

这种阅读带来的现状有三种。

第一种，拒绝阅读，因为读不懂。

第二种，直觉阅读，不喜欢读某一种文体，如不喜欢读诗歌，不喜欢读戏剧，因为读不懂。

第三种，浅层阅读，一直停留在情节的层面，只把读书当作一种消遣。

大多数人的阅读训练，是在基础教育阶段的语文课上。这一阶段阅读经验的缺失，会影响一个人的一生。

因此，从"个"的阅读经验扩展到"类"的阅读经验，是高中语文课堂不可回避的任务。

当然，"类"是无法取代"个"的。阅读，是一场没有尽头的旅行，风景不断变换，我们永远不要奢望一篇的阅读经验能够应用到一类文章的阅读中，但过去的阅读应该能够烛照未来。

因为，"这"一篇，是始终存在于"这些"篇之中的。我们就这样在阅读的陌生感和亲切感中接受阅读的挑战，享受阅读的收获。

在一类文章的教学中，我试着建立它们之间的联系，依循文体的特征、文本的特色、语言的暗示，去寻找阅读的路径。

虽然至今还没有找到通往理想之地的捷径，但有一些"仿佛若有光"的洞口，常常让人备受鼓舞。

通过语言，去感受文本的温度，通过文本，去抵达作者的意图。没有对句的细细咀嚼，无法感受其中滋味；没有对篇的用心研读，无法领略一枝一叶的美感；没有对总体规律的探索，容易陷入"不识庐山真面目，只缘身在此山中"的局限。

其实，这些只是老生常谈。

或许，当我们历经千帆，归来后才会发现，原来一切别人都已经说过。只是，我们仍然要跋涉千里，才能找到此处的宝藏。

阅读教学，需要有文体意识。

文体意识不是为了分门别类。突出文体意识的价值在于，从文体入手，寻找阅读的共性。

语文教材虽然多是以文体来划分单元的，但并没有明确地将文体的知识突出呈现出来。于是，在教学中，文体若有若无。

有，文体扎起了单元的篱笆。

无，文体的知识欠缺。

初中教材按照文体排列，高中教材也按照文体排列，但高中教材的难度是否大于初中教材，并无依据。

缺少这种梯度和明示，教学中依然是只见篇而无类。

文言文教学有无尽头？如有，文言文教学结束之后，学生的文言文阅读问题是否能得到解决？以此类推，小说教学结束之后，学生是否能真正会读小说？

类的强调，是强调在篇目的研读之外，我们还需要给学生提供一类文体的共性知识。以小说为例，学生仅仅掌握人物、环境、情节三要素是远远不能解决小说阅读的问题的。我们必须根据学生的问题和阅读习惯来进行反向思考：还有哪些是被忽略掉的？学生读小说只读情节，我们就需要探究在情节之外还有哪些有价值的东西需要研读；学生不喜欢情节发展缓慢的小说，我们就需要了解慢的价值；学生急着奔向情节而去，我们就需要在开头多逗留一会儿……

阅读，不是顺手牵羊；阅读，还需要主动去牧羊。

阅读，是向着陌生的地域行走，当然，也需要摸清楚陌生地域的特点。平原有平原的走法，山路有山路的走法。

一旦走通，阅读的道路，将会四通八达。

第一章　八面来风教文言

中学生中传言有三怕：一怕文言文，二怕写作文，三怕周树人。

如果让我来选择，我一定先选新诗，给学生一个诗情洋溢的开端。如果先上文言文，简直是给学生一个下马威。

一则文言文太长，生字词数量暴涨。初中的文言文起步是《〈世说新语〉两则》这样的文章，最长不过是《出师表》，600余字。而高中语文教材中的《鸿门宴》有近1500字。

二则高中教师喜欢讲词类活用、特殊句式，例如使动用法、意动用法、为动用法、宾语前置、定语后置等，一大堆语法就足以把学生绕得晕头转向。

有学生说，到了高中，忽然发现自己不识字了，不会读书了，语文课居然也听不懂了，求"心理阴影面积"。

文言文教学的第一关是消除学生的心理恐惧感。

我是和学生一起来到这个学校的，他们是新生，我是一名教龄21年的新教师。确切地说，我比他们还晚到校两周。

我到校时，他们已经上了两周的语文课，一位非常优秀的教师在教他们。

那个夏天的早晨，我走进教室，他们从书后抬起头来，有些莫名其妙地看着我这个陌生的闯入者，没有人告诉过他们要换语文老师。

我简单地介绍了自己，便开始布置学生预习。

带着一些疑惑，他们又低下头去看书了。

很久以后，一个学生对我说，那次我在黑板上写了自己的名字，但是写错了。怎么可能？我把自己的名字写错了？这个学生说我把"秀"写成了"香"，所以他一直以为我的名字是"香清"，香远益清。

我们要上的是《鸿门宴》，我对学生说："初次见面，请大家一起赴'鸿门宴'。"

这个笑话一点也不好笑。

因为，我们不熟，他们和教材也不熟。

第一节 文言语法，先"语"后"法"

文言文的第一课，注定上得很平淡。至少，学生期待的饱读诗书、满腹经纶的老师没有出现，因为，我让他们自己"干活儿"。

我对学生说："文言文的学习，不是从零开始的。我们今天的任务是第一、第二段，同学们今天要完成这样几项工作：第一步，直接阅读，看看能看懂多少；第二步，结合注释，看看能看懂多少；第三步，结合工具书，看看能看懂多少。过了这三关，还没解决的问题，咱们一起解决。"

教室里都是翻书、查字典的声音。20分钟后，我进行了简单抽查，发现学生完成得很好。我对学生说："能自己解决的问题不要让别人替代。在我们的文言文学习中，我不会给大家逐字逐句讲解，因为你们有自己解读的能力。我不希望我在上面一字一句地讲，给你们催眠，你们睡意昏沉，对我频频点头，脑袋和书亲密接触，最后找周公去上课了。现在，把你们不明白的问题提出来。"

学生说：词类活用、特殊句式，比物理题还难。

我说："是吗？我先测一下大家对几个句子的翻译，看看文言文是不是比物理还难。"

1. 沛公左司马曹无伤使人言于项羽。
2. 沛公欲王关中。
3. 具告以事。
4. 得复见将军于此。
5. 因击沛公于坐。

学生的翻译顺利过关。

我在PPT上出示译文，让学生比较观察。学生观察的结果是，翻译出来的句子和文言文的顺序不一样。我接着让学生看下面几个句子，猜猜古人会怎么说。

1. 他在餐厅吃饭。
2. 他在路上唱歌。
3. 他在黑板上写字。
4. 他在学校学习。

学生一一翻译出来：

1. 其食于东厨（庖）。
2. 其歌于途。
3. 其书于板。
4. 其学于庠。

本来是想让学生练习介词短语的后置，没想到学生在几个地点的称呼上也下足了功夫。

翻译完毕，我问学生："词类活用、特殊句式难吗？你们既能把文言文翻译成现代汉语，也能把现代汉语翻译成文言文，相信你们已经掌握了规律。"

语法，就是语言的章法，多观察，就可以发现规律。对于文言文的语法来说，人们总结出的各种活用是为了帮助大家熟悉规律的，如果已经熟悉规律，是什么用法便不重要了。

第二节 文言学习识字始

《鸿门宴》第二节课，我只是带着学生认识了几个字。

我对学生说："上一节课大家的表现很好，注意结合注释、运用工具书去理解文意，这是文言，也是文言文学习的第一步。文言文的学习，除了文言，还有文化、文章、文学。先说文化，什么是文化呢？这个定义你们在政治课上已经学过了。文言和文化毗邻，比如，一个字是什么意思，这是文言。往前走一步，就到了文化的地界，包括文字的诞生、文字的演变、文字背后的故事。我们来认识第一个字：'旦日不可不蚤自来谢项王'中的'蚤'。"

学生抢答："'蚤'是通假字，通'早'。"

"为什么通假呢？"

"错别字。"学生哄堂大笑。

"《史记》是司马迁写的，同样一部书中，既出现了'早'，也出现了'蚤'，司马迁为什么有时写对，有时写错呢？"学生不笑了。

"通假字的出现有很多种情况，此处的通假是假借，假借字有的是本有其字，有的是本无其字。据研究，'蚤'是本有其字的假借，所以在东汉以前的典籍中，会出现'早'，也会出现'蚤'。"

"我们来认识第二个字：'沛公旦日从百余骑来见项王'的'从'。"

我在黑板上写下了三个字：

学生辨识，第一个"从"比较好认，第二个"比"难以辨认，第三个"北"，只有部分学生认出。我给学生讲了汉字的造字法以及汉字意义的转变，并推荐学生可以看一看《语林趣话》《咬文嚼字》《这个词，原来是这个意思！》《趣味汉字》《画说汉字——1000个汉字的故事》《甲骨文闪卡》《基础汉字形义释源——〈说文〉部首今读本义》等。

我要求学生平时多查字典，注意汉字意义的变化，也可以在网上查"汉典"，看汉字字形的变化。课后每个人查一个自己感兴趣的字，并和同学交流。

汉字是有生命的，越古老的文章，汉字越接近本源。学文言文，目的如果仅仅在知其义上，这是多么无趣的事，又是多么巨大的浪费。

强化对汉字的认识，一些日常的细节也必不可少。比如，文言文教学的标题板书，我用的是这样的形式：

请学生识字。

学生说："鸿门宴！"

我说："是的，从今天开始，我要把你们认识的字变成不认识的字，我们要从源头上来看看这些字的样子，感受其意义和字形的变迁。大家赴

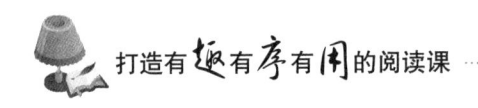

了两天的'鸿门宴',学会了点什么?"

"不要害怕文言文。"

"要关注汉字背后的文化。"

学生反应很快啊!

第三节　文言文教学的放手与放心

《鸿门宴》的前两节课,重点在学生良好习惯的养成上:养成借助工具书来阅读的习惯,养成咬文嚼字、反复推敲文字的习惯,养成主动思考的习惯。

这些习惯的培养,让学生能走得更远,能够领略文言文更多的精彩,也让教师从文言文教学的逐字逐句讲解中解放了出来。否则,师生只能互相"绑架"着,把所有的时间都消耗在对文章基本意义的理解上。

目前的文言文教学中,逐字逐句的讲解很是普遍,不逐字逐句讲解,教师不放心,学生也不放心。

对于文言文学习,学生之所以怕,一是不会,二是枯燥。不会和枯燥,都源于教师讲得太多、包办太多,让学生丧失了自主学习的能力和主动探究的能力。课堂上,教师的任务是释义,学生的任务是记笔记。学生本来可以解决的问题,教师却代劳,学生越教越懒,连一个字怎么读、怎么解释也要问老师。这样的课堂,既无法让学生感知汉字的魅力,也无法让学生领略语言的风采,更不用说思想的精髓。

文言文的翻译教学,不同于外语的翻译教学。

一样的汉字,文言文有着更丰富的资源和更深厚的底蕴。不被语言的翻译问题纠缠,在古今语言的转换中感受语言的魅力,这是文言文教学中我们应该享受的一面。

当然,学生初中时养成的习惯不可能一下子改变过来,只有更丰富的积累才能给学生更足的底气和更敏锐的文字感受力。

第四节　文言文阅读，让学生成为主角

《鸿门宴》第三节课，我们开始正式关注篇的阅读。毕竟是刚读高一的新生，我需要检查一下他们对文言文的掌握情况。

我布置了本节课的活动：

（1）选一段内容改成课本剧。

（2）表演。

（3）向大家简要说明表演的依据。

（4）评选最佳剧本和最佳演员。

活动的目的是让学生感受人物语言，也是强化翻译，在翻译的基础上进行改造。

这些彼此还不太熟悉的学生在一起很快开始讨论如何写剧本、选角色、设计道具，时不时爆发出一阵笑声。一位男生告诉我，大家都把角色"瓜分"了，他只好饰演"彘肩"。

一个小组在争论谁演项羽更合适。结果，一位矮小却气场强大的男生占了上风，他适合演项羽，另外一位高大的男生做卫士，更能衬托他的威仪。

一个小组在讨论樊哙目眦尽裂，用眼神杀人是怎样的情景。

一个小组认为，似乎仅凭课文里的台词，不足以显示刘邦对项伯的拉拢，便一起讨论他们私下里还有怎样更有说服力的对话。

一个小组在探究曹无伤这个角色。节选部分以曹无伤开篇，以曹无伤收笔，曹无伤是这场政治斗争中的牺牲品，但在这一段节选中一句话也没有。他告密的动机是什么？他临死前想了些什么？如果给他加几句台词，他应该怎样说？

学生早已跨越了翻译这一关，目标在前，他们在兴致勃勃地研究自己的角色。

第五节　文言文教学中的深度探究

一、评说项羽

《鸿门宴》第四节课的主题是思考，我定的主题是"至今'思'项羽"。

思想的火花需要互相碰撞。

我印发了一些名家观点和学生同龄人的观点的资料，如鲍鹏山的《项羽的逻辑》、易中天的《说项羽》、梁衡的《秋风桐槐说项羽》、张爱玲的《霸王别姬》以及高考满分作文《且拿勇气寄乾坤》《我能》《英雄》《倾听项羽》。

给学生几个思考的问题支架：

（1）在《鸿门宴》登台的这些人物中，你最喜欢的人物是谁？最讨厌的人物是谁？为什么？

（2）在《鸿门宴》的这些角色中，你最希望成为谁？

（3）你赞同《鸿门宴》中项羽的做法吗？

（4）你认为项羽失败的原因是什么？

学生思考，交流，产生了不同的观点。

项羽的支持者——

学生一：

他在战场上所向披靡，喜欢用武力解决一切，喜欢胜利时众人的呐喊与敬畏。他虽骄傲，可他的确有资本；他虽自负，却对同类人极为欣赏。由此看来，他其实只是不屑用那些偷偷摸摸的手段罢了。他也有自己的准则，只是在当时并不能被人理解。

学生二：

项羽听闻刘邦"欲王关中"而大怒，这是坦率，而非暴躁；听闻项伯劝说，设宴款待刘邦，这是宽容，而非愚笨；见到樊哙执盾直入，奉之酒肉，这是欣赏，而非害怕；刘邦逃走，对其网开一面，这是大度，而非不智。

项羽的反对者——

学生一：

要比较项羽、刘邦两人的情商高低，我们要再拉出两人：项羽的堂弟项庄，刘邦的部下樊哙。体现项、刘两人情商的，正是项庄与樊哙对各自主子的态度。在舞剑过程中，项庄碍于项伯阻拦，始终未能击杀刘邦。而在刘邦生死关头，樊哙挺身而出，撞两侍，卫沛公。这是何等无畏，真的是与刘邦共度生死，可见平时刘邦是多么关心下属。而项庄却连击出一剑的勇气都没有，可见他的心并非牢牢地系在项羽身上。从这里我们可看出，项羽的情商要比刘邦略低一等。鸿门宴并不能决定天下的归属，真正的决定权在项、刘两人手中；但鸿门宴无疑也是一大决定性因素，天下终姓刘。

学生二：

结局是不容否认的，历史是不容篡改的。项庄拔剑起舞之时，项羽迟迟没有下定决心。优柔寡断，项羽所以败也。刘邦周围有张良、樊哙，每一个都是愿意和他同生共死的人；项羽麾下不乏谋士，但得不到支持的计谋一次次泡汤。即便是忠心耿耿、多谋善断的亚父范增，也只能眼睁睁看着项羽放虎归山。他能预见结局，却无法挽救，只能看着每个人走向必败的结局。乱世中不会相信一味的仁义，只相信审时度势。

综合观点：

在危机迭起的鸿门宴上，项羽因其对项伯的信任，在"光明磊落"的道德枷锁中，为自己的人生埋下了一颗"定时炸弹"，但后世对他的评价极高，将其誉为一代英雄。我不禁忖度，项羽究竟是怎样的人？凭借我个人的了解，我非常肯定这样一个观点：项羽是一位有天赋的军事家，却也是一位幼稚的政治家，但同时，更是一位极富英雄主义色彩的历史人物。

二、简笔艺术分析

《鸿门宴》教了若干遍，我终于有了一点自己的发现：《鸿门宴》中对

主角运用了简笔的艺术。《鸿门宴》是《项羽本纪》中的一个片段，既然是"项羽本纪"，主人公自然是项羽，但作为《项羽本纪》的重要一章，综观《鸿门宴》全文，繁简的处理极有特色，简笔的运用尤为特别。

首先，写主人公之"简"。

《鸿门宴》一文中，对故事主人公项羽的直接描写少之又少，不仅主人公的表情、动作极少，即使有语言的地方，也是极为简短，最长的话不超过 20 个字，更多的是一两个字，用学生的话来说"极为高冷"。听了曹无伤关于刘邦"欲王关中"的野心，"项羽大怒曰：'旦日飨士卒，为击破沛公军！'"听了范增的一番对刘邦称王的分析，则连个表情和反应都没给。樊哙闯帐，是写项羽最多的地方了，但也只是寥寥几句。其余的时候，则只有"项王许诺""项王默然不应""项王则受璧，置之坐上"。在鸿门宴这个历史场景中，项羽更像个观众，而非主角。

其次，写配角之"繁"。

与对主角描写的惜墨如金相比，司马迁在配角的写作上可谓用墨如泼，极尽描摹之能事。

文章中，作者将大量的笔墨分给了刘邦。刘邦辩解自己的行为："鲰生说我曰：'距关，毋内诸侯，秦地可尽王也。'"刘邦的标志性语言："为之奈何？"刘邦初识项伯，飞速从陌生人到"奉卮酒为寿，约为婚姻"，再到一番情真意切的表白，很快笼络住项伯，让项伯力保自己。刘邦见项羽，一番话让项羽心生惭愧，供出"小人"曹无伤。刘邦从鸿门宴上脱身，对张良又是一番详尽交代。刘邦回到军中，立即诛杀曹无伤。这里全是刘邦的舞台，唱念做打，游刃有余。

不仅如此，即便是对配角的配角樊哙，文中也是浓墨重彩。听说刘邦危难，樊哙说："此迫矣！臣请入，与之同命。"写其有情。"哙即带剑拥盾入军门。"写其有义。"交戟之卫士欲止不内"时，"樊哙侧其盾以撞，卫士仆地"。接着，"哙遂入，披帷西向立，瞋目视项王，头发上指，目眦尽裂"，写其有勇。从立饮斗酒，拔剑啖肉，到慷慨陈词，写其有谋。

而与《鸿门宴》对配角的详细描述形成鲜明对比的是，在刘邦和樊哙作为主角的传记里，同样的历史描述对他们本人却写得极为简练。

如《高祖本纪》中这样叙述这一段历史：

十一月中，项羽果率诸侯兵西，欲入关，关门闭。闻沛公已定关中，大怒，使黥布等攻破函谷关。十二月中，遂至戏。沛公左司马曹无伤闻项王怒，欲攻沛公，使人言项羽曰："沛公欲王关中，令子婴为相，珍宝尽有之。"欲以求封。亚父劝项羽击沛公。方飨士，旦日合战。是时项羽兵四十万，号百万。沛公兵十万，号二十万，力不敌。会项伯欲活张良，夜往见良，因以文谕项羽，项羽乃止。沛公从百余骑，驱之鸿门，见谢项羽。项羽曰："此沛公左司马曹无伤言之。不然，籍何以至此！"沛公以樊哙、张良故，得解归。归，立诛曹无伤。

全文只有200多字，既没有详细描写刘邦夜会项伯，也没有写他如何施展手段，拉拢项伯。对于鸿门宴上的刘邦，则只有简要的"以樊哙、张良故，得解归"几个字，连个背影都看不见。

《樊郦滕灌列传》中则这样叙述这一段历史：

时独沛公与张良得入坐，樊哙在营外，闻事急，乃持铁盾入到营。营卫止哙，哙直撞入，立帐下。项羽目之，问为谁。张良曰："沛公参乘樊哙。"项羽曰："壮士。"赐之卮酒彘肩。哙既饮酒，拔剑切肉食，尽之。项羽曰："能复饮乎？"哙曰："臣死且不辞，岂特卮酒乎！且沛公先入定咸阳，暴师霸上，以待大王。大王今日至，听小人之言，与沛公有隙，臣恐天下解，心疑大王也。"项羽默然。

就其叙述效果来说，《项羽本纪》里对樊哙闯帐这一段的描写共400余字，《樊郦滕灌列传》对樊哙闯帐这一段的描写仅100余字。从对学生的调查来看，大家普遍更喜欢《项羽本纪》中这一段对樊哙的描写，认为其描写更为生动传神。

作为后世文学范本的《鸿门宴》，为何对作为主人公的项羽采取了简笔的写法？

（一）让人物复活在真实中

项羽本身就是简单的，易被激怒，易被打动，易轻信他人。对于刘邦来说，鸿门宴是一场政治博弈，关乎生死，关系存亡。而对于项羽来说，不过就是项伯的建议，"因善遇之"，没有什么阴谋，没有什么筹划。刘邦致歉，这仗也就可以不打了，也就无所谓杀不杀的问题。宴会上不必杀，刘邦回到军营也无什么不妥。既然刘邦说他自己并没有什么野心，那就无须担心他要什么阴谋。至于鸿门宴上的惊心动魄，只是范增一厢情愿的筹划而已。

（二）不写背后的写

作为一代战神，项羽攻城略地，战功赫赫。但英雄也是不完美的，是非功过，留待后人评说。司马迁在写这个人物时，既有自己的一种感情在内，又保持了适度的克制和距离。而这种距离感，表现之一就是作者采用的简笔手法，是作者的叙述克制。因此，我们在阅读时，才有更多空间去思考。

比如，项羽大怒之后，范增又从旁煽动，火上浇油之后，项羽的表情是什么样的？大怒之后，还可以怎样怒？项伯连夜告密，回军营后站在刘邦的立场上对项羽进行了一番谴责，项羽为什么如此心平气和？刘邦的一番道歉，到底击中了项羽的什么心事？怎么就如此轻易地供出了曹无伤？范增"数目项王"，项王为什么"默然不应"？听了樊哙的一番说辞之后，项王为什么"未有以应"？

这些断裂与空白留给人推想的余地，使得文章的容量无形中被扩大了——于是不写反而成就了一段看似无心实则有意的逻辑真实。此其一。其二，用别人的"繁"烘托项羽的"简"，这是另一种不写的妙用。

《鸿门宴》的主角的确是项羽，但项羽不是孤立的，只有把他放在人群中，我们才更容易看清其面目。刘邦的多谋更衬托出项羽的寡谋，刘邦的心机更衬出项羽的单纯，刘邦的虚心采纳建议更凸显了项羽的独断专行，刘邦团队的上下齐心更凸显了项羽内部的分崩离析。沉默、高冷的项羽，在樊哙闯帐时，表现出反常的兴奋。按照常规思维，樊哙闯帐，应该是杀无赦，但樊哙得到的是"壮士"的由衷赞叹，然后赐酒、赐肉、赐座。司马迁如此写，可谓醉翁之意不在樊哙，而在项羽。对于闯入自己军营的人，项羽为何如此客气？因为在项羽的人生规则中，要的是快意恩仇、面对面的战斗。因此，面对樊哙的勇敢，项羽才会表现出如此的欣赏。

（三）泼墨与惜墨的辩证

《项羽本纪》中，用墨如泼写鸿门宴，其鸿门宴一节，惜墨如金写项羽，浓墨重彩写刘邦。《高祖本纪》中，其鸿门宴一节，则一笔带过轻描淡写。同一段史实，为何繁简处理如此不同？

因为对于刘邦来说，鸿门宴只是他人生中的一站，项羽不过是其辉煌人生中的对手之一。秦始皇、陈胜、吴广以及大大小小的诸侯，都是刘邦的对手，要写的事太多了。对于樊哙来说，在其一生的赫赫战功里，鸿门宴只是其中的一段。而对于项羽来说，鸿门宴却是其人生的转折点。在刘邦的传奇人生中，项羽不是其最强劲的对手，而刘邦却是项羽最致命的敌人。

帝王的舞台不只在战场，战神离开了战场便显得有些不知所措。鸿门宴上的一幕，历史的灯光打得如此明亮，清晰地照着项羽，也照着刘邦，他们同台而上。刘邦的应对自如显出项羽的少谋寡断，刘邦的胸有城府显出项羽的天真单纯。明暗的对比让项羽的形象更为突出。这种对比，又不仅仅是为了突出一方，其中也包含了作者的思考。在同一个历史舞台上，谁更适合掌控天下？掌控天下的究竟是什么样的人？也许对于人们来说，你做了很多事，但决定你成败的往往是关键时刻的一件小事。

对于项羽这个人，司马迁有太多的欲说还休。在《项羽本纪》的结尾，司马迁有一段饱含感情的评价。说他的业绩"近古以来未尝有也"，说他"背关怀楚，放逐义帝而自立，怨王侯叛己，难矣"，说他"自矜功伐，奋其私智而不师古，谓霸王之业，欲以力征经营天下，五年，卒亡其国，身死东城，尚不觉寤，而不自责，过矣"，说他"乃引'天亡我，非用兵之罪也'，岂不谬哉"。评价了这么多，依然没有评完。他更多的评价是藏在字里行间的春秋笔法中。不说，比说更让人思考；简说，比详说更引发想象。描述也好，讲述也罢，每一处文字都有评价。

因此，《鸿门宴》里的简，既是艺术的手法，也是隐含的评价。正是这一简笔的运用，成就了一部令人回味无穷的传奇之作。

第六节　探寻文言里的诗意

王荣生教授在《文言文教学教什么》一书中提到文言文教学的"一体

四面",即文言、文章、文学、文化。文言文的课堂教学,应该是一个丰富的、趣味盎然的世界,更接近汉字的源头,接近古人生活的世界。

文言文字词的"放",给古代经典名篇的学习带来了解放,使我们有更多的时间去探寻诗意。

文言文中的诗意,可以理解为文字之美,可以理解为丰盈饱满的精神世界。

《滕王阁序》,辞采缤纷,学生应当有背诵的冲动;《归去来兮辞》,学生读之,当有生命得到释放的高歌;《烛之武退秦师》,有对"苟利国家生死以,岂因祸福避趋之"投去的敬意;慨然赴死的荆轲、忍辱负重的苏武、勇敢正直的廉颇,是阅读,也是精神的洗礼……

这是我们这个民族的共同记忆,是宝贵的精神财富。文字从来不是阻碍,而是桥梁,是纽带。

卷帙浩繁,但能入选教材的也就是那一篇两篇,从这个意义上说,这些精品中的精品是需要反复咀嚼的,文言文教学怎能满足于一字一句的翻译?

讲《琵琶行》,我带学生看藏在诗序里的"幽愁暗恨",一个序,是中国式的屏风,既遮也透;讲《滕王阁序》,我与学生感受对句之美;讲《兰亭集序》,我与学生一起感受生命的哀乐……

读《祭十二郎文》,我带领学生感受其中真挚的情感,以仓央嘉措的诗导入:

好多年了/你一直在我的伤口中幽居/我放下过天地/却从未放下过你/我生命中的千山万水/任你一一告别/世间事/除了生死/哪一件事不是闲事/谁的隐私不被回光返照/殉葬的花朵开合有度/菩提的果实奏响了空山/告诉我/你藏在落叶下的那些脚印/暗示着多少祭日/专供我法外逍遥

爱而别离,是人生的无奈之事。隔着岁月,隔着生死,他们有哪些话要说?

我们拓展阅读了袁枚的《祭妹文》和曹雪芹《红楼梦》中的《芙蓉女儿诔》,我问学生:在这些用心底的思念写出的文字中,哪些最触动你?然后与同学分享交流。

我给学生布置了一份作业:写一封信,一封可能不会寄出的信,给远去的人，你会说些什么呢？

于是，有了学生这样的文字：

那一天，你走了，我没来得及见你最后一面。

总以为，你会一直在家等我。不是吗？从我出生，到我长大，你一直就在那里啊！

我满院子跑着玩，一回头，总能看到你跟在我身后；我渴了，总能找到拿着水壶的你；夜里醒来，总能看到灯下的你，我便再次安心地睡去……我出去玩，回来时，你做好热腾腾的饭等我；我去上学，回来时，你总会准备一杯温度正好的水等我；我去旅游，回来时，你含着笑，静静地听我讲我看到的世界……

我满世界跑，但我知道，你的手牵着我，如同手牵着风筝的线。你总担心风筝丢了，可为什么有一天握线的手松了？你从来未曾走远，为何这一次，这样快？我该如何追上你的脚步？

每一篇文章，作者都留下了带我们入门的机关。

以《赤壁赋》教学为例，我在教授这一课时，引导学生关注文中的"风"。

在《赤壁赋》中，苏轼三次写到了风。第一处，文章开始，作者写道："壬戌之秋，七月既望，苏子与客泛舟游于赤壁之下。清风徐来，水波不兴。"第二处，"客"感慨人生短暂，"哀吾生之须臾，羡长江之无穷。挟飞仙以遨游，抱明月而长终。知不可乎骤得，托遗响于悲风"。第三处，苏轼言人生之化解之道，指出"惟江上之清风，与山间之明月，耳得之而为声，目遇之而成色，取之无禁，用之不竭，是造物者之无尽藏也，而吾与子之所共适"。三处风，始为"清风"，继而为"悲风"，后又化为"清风"。

我问学生：这是信手拈来，还是精心的构思？

逐步感受，先看"清风"。

在秋天的这个晚上，作者从繁杂的事务中脱身，原来被纷繁的事务和劳碌遮蔽的审美的眼睛便睁开了。风清月明的秋夜，风的清凉、清爽，像是轻轻的抚慰，让人紧绷的神经松弛下来。面对良辰美景，作者发自内心地感到惬意，于是有"清风徐来"，这里的"风"，是心灵的小憩。

继而感受文中的"悲风"。

赤壁美景之下，宁静并没有持续多久，作者心灵深处蛰伏的痛楚很快就被"如怨如慕，如泣如诉"的笛声唤醒了。人生的过往怎能当它不存在呢？被贬至黄州的苏轼，从生死边缘捡回一条性命，此时，纵然有旷世才华，也只能"渺渺兮予怀，望美人兮天一方"。人生天地间，何其渺小，又何其短暂，"寄蜉蝣于天地，渺沧海之一粟"，伟大如曹操那样的英雄，尚且最终也难逃灰飞烟灭，何况我们这样平凡的人呢？而在我们平凡的人生中，又充满了这样多的波折，将短暂的生命再打个折扣。现实中已无生存之地，于是，那一缕"清风"变为"悲风"。这里的"悲风"，是心灵的哀歌，是在命运的巨石下的挣扎。此处风变，是心动，不是风动。

最后看"悲风"如何再变为"清风"。

在人生的苦难中，作者想到，天地间的事，"自其变者而观之，则天地曾不能以一瞬；自其不变者而观之，则物与我皆无尽也"，既然这样，又何须"羡"何须"悲"呢？参透了"变"与"不变"的道理，风自然再次化为"清风"。这一次的"清风"是心灵的两种声音对话后，迷雾被驱散，精神世界得到安顿的写照。

从心灵片刻的宁静，到心灵深处的挣扎，再到精神世界的澄明，"风"，也从"清"到"悲"，再转为"清"。"悲风"本自"清风"而来，又化为"清风"悄然而去。把握着风向和风的温度的，不是自然，而是心灵。风是富于变化的，正好应和着心灵的阴晴。

为了印证这一观点，我引导学生从其他几个方面来思考这个问题：

首先，探究苏轼诗文中的"风"这一意象；

其次，把《赤壁赋》和《后赤壁赋》里的"风"进行比较；

最后，研读在黄州时苏轼诗文中的"风"。

研究的结论是，写于元丰五年（1082年）秋天的《赤壁赋》，是作者历经心灵的各种声音的对话，从而对人生有所参悟。此时作者的心中，"风"已经逐渐平息下来，可以"万事从来风过耳，何用不著心里"，可以一片"清风"明月，可以"顺风"而行从其所止。赤壁的"风"，从"东坡"来。风清了，"东坡"静了。"东坡"静了，赤壁的"风"却在时间的长河里从未止息。

第七节　看取文言背后的人生与文化

因为字词的障碍，文言文的学习通常是孤立的。

高中语文人教版选修《中国古代诗歌散文欣赏》的三个散文单元中，第四单元"创造形象　诗文有别"选了苏轼的《方山子传》，第五单元"散而不乱　气脉中贯"选了苏轼的《文与可画筼筜谷偃竹记》，第六单元"文无定格　贵在鲜活"选了苏轼的《游沙湖》。

从单元主题的角度来看，《方山子传》中人物形象的塑造方法，《文与可画筼筜谷偃竹记》中流淌的情感，《游沙湖》中只寥寥数笔却让人过目难忘的场景，都可以作为单元主题的范例。

但从另外的角度来看，三篇文章也可以组合到一起，作为研究苏轼作品的经典素材。

三个单元的散文学完之后，我把三篇文章集中到一起，引导学生从另外的角度来感受作品。

一是三篇文章中人物的写法。

二是三篇文章中的人物。

三是三篇文章人物背后的作者。

三篇文章都展示了苏轼文笔纵横恣肆、跳脱潇洒的特点，其中，方山子的侠与隐，文与可的平易、不从世俗，庞安常的颖悟绝人，构成了苏轼笔下的人物画廊。这些人物的背后，站着一个旷达乐观、超然洒脱的苏轼。

文的背后是人。

读文言文，我们读的是一个过去的时代。在漫长的时光中，这些流传下来的故事里包含了民族认同的价值和理念，需要我们去挖掘。

因此，我又对这个活动进行了拓展，带领学生对高中语文人教版必修教材文言文中的人物进行梳理并与其再度对话。

这些人物有作品中的主人公，如一言而强于百万之师的烛之武、慷慨赴死的荆轲、忠勇护主的樊哙等，也有文章的作者，如参透生死的王羲

之、泛舟游于赤壁之下的苏轼、注重实地考察和思辨的王安石等。

如学生评价屈原：

多少年后，忠诚终会被证明，丹心终会生发出光芒，谁是忠臣，谁是小人，入眼就能明白，而最令人感动的，是那种坚定不移的执着。他执着的追求，从未改变过。从生到死，从荣华富贵到失魂落魄，从大权在手到被疏远放逐，他一直在坚守。他的生命，似乎就是为了印证：他的信念，自始至终，都未曾改变过。

学生评价陶渊明：

静坐南山下，插柳旧宅前。贫苦何所惧？情景抱心田。不惜汗湿襟，苦也是甘甜。田外云卷舒，万事随酒咽。

"采菊东篱下，悠然见南山"，这是一种气度。"衣沾不足惜，但使愿无违"，这是一种向往。"羁鸟恋旧林，池鱼思故渊"，这是一种眷恋。"云无心以出岫，鸟倦飞而知还"，这是一种情趣。"久在樊笼里，复得返自然"，这是一种解脱。什么荣辱名利，什么愁思情欲，不过是一场华美的梦。众人皆醉我独醒。当他人都沉溺其中，陶渊明睁开了眼。

学生评价苏轼：

苏轼曾对陶渊明如此评价："欲仕则仕，不以求之为嫌；欲隐则隐，不以去之为高。"一切都与外物不牵连，而只由自我的本性心境所决定，也只有这样，人才能成为一个真正的人。如此看来，苏轼又何尝不是在说自己的人生见解呢？

把这些古人集中到一起再进行阅读和思考，我们更能清晰地感受到我们民族所崇尚的品格，我们知道了、读懂了这些，才能真正知道我们从哪里来、到哪里去。传统文化需要具体的人和事去传递，读懂了人，也就读懂了传统文化的精髓。

从这个角度上说，我们从文言、文章、文学的角度走向了文化。文言文教学是文化传承的良好时机。如果说高中语文人教版选修《中国文化经典研读》侧重用经典来传递思想，与之相比，必修中的这些篇目更为鲜活、生动，它们是经典文化最好的注脚。

第八节　体验文言文写作

尝有恙，输液于医馆，百无聊赖，与母争iPad，自料难胜，遂作悲愤之态，叹曰："昨夜入医院，归来泪满襟。手持'爱派'者，不是输液人。"母忍俊不禁，拱手相让。冬日晨觉，见窗外枯枝横斜，慨然叹曰："冬眠不觉晓，处处没有鸟，夜来风雪声，叶落知多少？"母莞尔，曰："少年不知愁滋味，为赋新词强说愁，即汝之谓也。"

这是一位初二学生的习作，若用白话表述，效果完全不一样。

文言文写作是在对文言词汇的使用中感受文言的韵味。

会读，不一定会写；会写，一定会读。尝试文言文写作，是文言文阅读的进阶。

但文言文的写作，需要教师做以下引导：

第一，文言文的转换——从文言到白话。

文言文的翻译较为常见，多体现"信"和"达"，还可以做有一点难度的翻译，体现文言文翻译的"雅"。

如《氓》的翻译，先给学生一示例。

原文：氓之蚩蚩，抱布贸丝。匪来贸丝，来即我谋。送子涉淇，至于顿丘。匪我愆期，子无良媒。将子无怒，秋以为期。

译文：憨厚农家小伙子，怀抱布匹来换丝。其实不是真换丝，找个机会谈婚事。送郎送过淇水西，到了顿丘情依依。不是我愿误佳期，你无媒人失礼仪。望郎休要发脾气，秋天到了来迎娶。

比照原文，现代民歌版的译文已经诗风大变。

第二，文言文的转换——从白话到文言。

以《春夜宴从弟桃花园序》为例，在学生深入阅读文本之前，出示翻译的白话文，让学生试着转化成文言文。

这一关主要是从另一个角度感受文言和白话之间词语的对应。

第三，研究文言文的句式特点、行文特点，为写作做准备。

高中语文教材中有很多传记，如《廉颇蔺相如列传》《苏武传》《张衡传》。学完这些文章，可让学生尝试用文言形式为自己或班内同学写一篇小传。

在写作之前，可先进行格式的研究。

《廉颇蔺相如列传》开头：

廉颇者，赵之良将也。赵惠文王十六年，廉颇为赵将，伐齐，大破之，取阳晋，拜为上卿，以勇气闻于诸侯。蔺相如者，赵人也。为赵宦者令缪贤舍人。

《苏武传》开头：

武，字子卿。少以父任，兄弟并为郎。

《张衡传》开头：

张衡字平子，南阳西鄂人也。衡少善属文，游于三辅，因入京师，观太学，遂通五经，贯六艺。虽才高于世，而无骄尚之情。常从容淡静，不好交接俗人。

将三篇文章的开头放到一起阅读，格式一目了然。

句式的训练也是必要的，包括宾语前置句的练习、定语后置句的练习、状语后置句的练习，能将现代汉语的表述转化成古代汉语的表述。

如：

不知道他去了哪里——不知其何之。

他在黑板上写字——其书于板上。

老师中有一个特别热心的人知道了这件事——师中有热心者知之。

然后开始整体写作，篇幅不必长，力求简洁。学生的写作会带来很多惊喜。如一个学生如此给自己作传：

小眼者，不知始名何。眼小，若为一线，决眦乃见，故乡人号之曰"一线天居士"。一日，狂风大作，众人不堪沙尘迷眼之苦，独一线天若无事也，且言于众人曰："一线天居士者，甚不合吾意，眼哥者，名我故当。"以故其后名之曰"眼哥"。有不知者视其车于途中，惊曰："此人闭目行于路上，来去自如，疾如雷奔。其神人耶？其异人耶？"

文言小传的写作，是最好的写作练习。

第四，挑战更高难度的写作。

传记是最简单的写作，学生基本掌握之后可以挑战论说文的写作。如读完《六国论》和《伶官传序》后,把两篇文章的开头放在一起,和学生探究立论。

《六国论》开头:

六国破灭,非兵不利,战不善,弊在赂秦。赂秦而力亏,破灭之道也。或曰:六国互丧,率赂秦耶?曰:不赂者以赂者丧。盖失强援,不能独完。故曰:弊在赂秦也。

《伶官传序》开头:

呜呼!盛衰之理,虽曰天命,岂非人事哉!原庄宗之所以得天下,与其所以失之者,可以知之矣。

两篇文章简洁干脆的入题、长驱直入的气势,值得学生模仿。

同样的故事,文言和白话的讲述效果不一样;同样的道理,文言和白话的论述效果也不一样。文言文写作,让学生在不同的表述方式之间穿行,多一种写作的体验。

第九节　关心粮食和蔬菜:文言文满分状态

语文学习,以无功利的过程,涵盖功利的结果。

文言文学习也是如此。我们并不只为高考试卷中的那一篇文言文而学,但最终我们收获了文言文的满分。

文言文满分是一种什么样的水平?

阅读如入无人之境,读古文如今文,能感受人物生活时代的习俗、风气、制度、风土人情,对人物的生平事迹了如指掌。

但这似乎是一个不切实际的梦想。

在实际教学中,大家花的功夫不少。有的学生将教材中的文言文背得滚瓜烂熟,有的学生将120个实词反复背诵了很多遍,有的学生做了很多文言文的练习,每做一篇,都认真地从头翻译到尾。

高三文言文的复习过程通常分三步:首先,复习课文,复习的内容是重点实词、词类活用、特殊句式;其次,综合复习,按照高考的考点,复习重点实词、重点虚词、文言断句、文化常识、文言翻译;最后,一套题一套题地做，加以提高巩固。

但效果似乎并不太理想。

问题出在哪里呢？我们先看高考对文言文的要求：阅读浅易的古诗文。这就是说，不会有偏难、偏怪、佶屈聱牙的文章。那么学好教材中的一二十篇文言文能不能解决高考的文言文问题呢？做大量的题能不能解决高考的文言文问题呢？

首先，我们需要看课程标准与高考的对接。

《普通高中语文课程标准（实验）》对文言文阅读的表述为："阅读浅易文言文，能借助注释和工具书，理解词句含义，读懂文章内容。了解并梳理常见的文言实词、文言虚词、文言句式的意义或用法，注重在阅读实践中举一反三。"

《普通高中语文课程标准（征求意见稿）》没有专项的文言文表述，在"语言积累、梳理与探究"学习任务群中有如下表述："在解读文言文实词词义和古今语言的比较中，树立语言文字发展的观念，并体会古今汉语的联系和贯通。"以及"通过对古今汉语多义词词义关系的梳理，总结和认识引申规律，自觉丰富词汇。"

什么是"浅易"呢？这是一个比较模糊的概念。教材中《寡人之于国也》这样的文章算不算浅易？高考题中的选文大多来自二十四史，这样的选文算不算浅易？

从表述上来看，两个版本课程标准的要求是一致的。

其次，我们需要看教材与高考的对接。

学生的感觉是，课文简单，高考题难。这种感觉并不完全准确。学生之所以觉得课文简单，是因为他们的阅读是开放的，有备注，有工具书，没有时间限制，没有心理上的紧张感。这种在放松状态下的阅读相对简易，高考则不同，限时、封闭、心理上的紧张感都加大了学生阅读的难度。

抛开这些因素来讲，教材中的文言文课文与高考中所选的文言文并没有太大的难度差异。

从历年的高考题来看，以翻译题为例，出题难度一直在尽量靠近课文，尽量突出教材中的词汇，虽然说让学生在短时间内迅速搜索、联想到词汇的出处和语意有一定的难度。

最后，我们需要审视的就是课堂教学与高考的对接。

我做的第一步，是让学生能够顺利完成文言文阅读，给学生积极的心理暗示，培养学生的文言文阅读习惯。

高中一年级完成下列工作：

（1）认真阅读教材中的文言文，在理解的基础上掌握基本词汇，对重点词语要能够准确翻译。

（2）结合注释，阅读《论语》，每天翻译三个句子。

（3）结合注释，阅读《世说新语》，圈画重点词语。

（4）尽量脱离注释阅读《史记选译》，并对你喜欢的历史人物进行评价。

（5）阅读20篇人物传记。

（6）对20篇人物传记中的难点词进行整理。

这是高一阶段的积累，阅读的目的在于让学生积累和博见，消除学生对文言文的陌生感和畏难情绪。

第二步，在日常的教学中渗透对高考题目的关注，以高考题型为切入点。

第一题，文言断句。把文言断句的练习放在平时，让学生养成不带标点读文言文的习惯，使其真正具备读古籍的能力。

学生平时阅读的文言文，标点清晰，考试时却要对文言文进行断句，这自然是有难度的。如果平时习惯阅读没有断句的文章，考试时再这样阅读，断句时是否就顺理成章呢？

以《苏武传》的阅读为例，学生上课见到的是这样的段落：

武字子卿少以父任兄弟并为郎稍迁至栘中厩监时汉连伐胡数通使相窥观匈奴留汉使郭吉路充国等前后十余辈匈奴使来汉亦留之以相当天汉元年且鞮侯单于初立恐汉袭之乃曰汉天子我丈人行也尽归汉使路充国等武帝嘉其义乃遣武以中郎将使持节送匈奴使留在汉者因厚赂单于答其善意武与副中郎将张胜及假吏常惠等募士斥候百余人俱既至匈奴置币遗单于单于益骄非汉所望也

对文言水平较高的学生，要求其课前不要看教材中的文章；对文言水平较低的学生，允许其课前阅读教材中的文章。课堂上教师用这样无标点的段落测试学生对文章的熟悉程度，循序渐进，逐步提升难度。

也可以选《世说新语》未断句的版本来让学生做断句练习。

第二题，文化常识。文化与人物的活动息息相关，文言文中文化常识的准备，不是简单的识记。

如2017年全国新课标1卷中的四个文化常识选项：

A. 以字行，是指在古代社会生活中，某人的字得以通行使用，他的名反而不常用。

B. 姻亲，指由于婚姻关系结成的亲戚，它与血亲有同有异，只是血亲中的一部分。

C. 母忧是指母亲的丧事，古代官员遭逢父母去世时，按照规定需要离职居家守丧。

D. 私禄中的"禄"指俸禄，即古代官员的薪水，这里强调未用东乡君家钱财营葬。

这些文化常识是与原文、时代连成一体的。

自从高考开始考查文化常识之后，文化常识的复习资料越来越完备，覆盖的领域越来越广泛，导致学生觉得文化常识漫无边际、无从准备。

文化常识应当如何准备？

立足于常规，立足于阅读中常见的知识。

第三题，对文章内容的理解。出题点常常在字词的理解上。

这一题的准备，是建立在能够顺利读完文章的基础上的，此外还需要一些训练，如给传主列生平大事等。

第四题，句子翻译。这考查的是学生的真功夫。

从2017年全国新课标卷的三套试卷来看，并无过多冷僻的词语。

全国新课标1卷：

(1) 性严正，举止必循礼度，事继亲之党，恭谨过常。

(2) 而曜好臧否人物，曜每言论，弘微常以它语乱之。

这里，"党"稍稍有些陌生。

全国新课标2卷：

(1) 帝曰："吏奉法，律不可枉也，更道它所欲。"王无复言。

(2) 后青州大蝗，侵入平原界辄死，岁屡有年，百姓歌之。

这里，"年"稍稍有些难度。

全国新课标3卷：

(1) 将曰："此事，申饬边臣岂不可，何以使为？"禧惭不能对。

(2) 章惇为相，与蔡卞同肆罗织，贬谪元祐诸臣，奏发司马光墓。

这里，"申饬"稍稍少见一些。

但这些词，又很难通过120个实词的背诵完成。有人总结了150个，又有人总结了300个，但新的词语总会出现，光凭识记不能解决翻译的问题。

说到底，文言文的翻译，考查的不仅仅是学生的识记能力，还有其结合语境的推断能力。文言文试题的练习，应当是有生命、有对话的阅读。

第十节　最后，让我们一起忘了文言

文言掌握了之后怎么样呢？

终点并不是文言文，而是"文"。文言文学习的最高境界，是读古文如今文，在语言的丛林中畅行无阻。

对一部分学生来说，在未来的职业中，可能会接触到古籍。但对更多人来说，是通过文言文走进了经典，我们记得经典时，文言已不存在，我们记得一路芬芳，却不必记住一步一步的丈量。

忘记文言的存在，在文言的世界里如履平地，读文言如同读今文，得意而忘筌。

文言也化为我们生命的一部分，成为我们的一种习惯。

一位已毕业的学生说，上学时并未觉得文言有多美。但当有一天站在滕王阁上时，学生时代背诵《滕王阁序》里的句子会伴随着无边的景色一下子奔涌而来，随着嘈杂的人声远去，眼前的滕王阁也远去，王勃的滕王阁凌空而起，你会发现文言原来承载了超越时空的风景。

一位已经走入婚姻殿堂的学生说，婚礼上，牵起爱人的手时，忽然觉得这样的时刻，古人早已给我们准备了最好的表达——执子之手，与子偕

老。原来，时光流转，一些东西并没有改变，古老的语言，连着昨天、今天和明天。

"细雨湿衣看不见，闲花落地听无声。"

我们以这样的方式，将古典化为我们生命中的一部分。忘记，并与我们自己化而为一。

课例：《子路、曾皙、冉有、公西华侍坐》教学设计

设计说明

本篇课文是高中语文人教版选修教材《中国古代诗歌散文欣赏》第六单元"文无定格　贵在鲜活"的自主赏析文章。

本文作为选修课的内容，学生学习时需要运用在必修教材的学习过程中已经积累的文言知识和鉴赏基础；作为自主赏析的内容，学生学习时需要学会运用赏析指导所教方法去感受其特点；作为古代散文，学生学习时需要深入体验，力求领悟文章所反映的思想。

基于以上几点，我把本节课的目标设计为：通过对文本的研读，感受"文无定格　贵在鲜活"的文章特点，进而探究孔子思想在本文中的体现。

学习目标

1. 品读文章语言，感受文章"鲜活"的特点。
2. 理解孔子的思想主张。

教学重难点

1. 分析人物性格。
2. 探究曾皙之"志"及孔子的思想主张。

教学方法

1. 诵读法：通过课本剧表演及分角色诵读，以演带读，以读促悟，以悟带读，让学生充分体验阅读，使学生的理解在回旋往复中逐步深化提升。
2. 探究法：通过对文本的研读，引导学生探究孔子弟子的性格及孔子的思想。

教学过程

一、新课导入

师：教师节快到了，老师现在有两个与教师相关的小常识想问问同学们：中国历史上第一位职业老师是谁？中国历史上最有名的老师是谁？

答案都是孔子。

孔子一生修诗书、定礼乐、创儒学、传经艺，被誉为万世师表；立杏坛，育才德，有桃李三千。有同学好奇说，不知道大教育家、大圣人孔子的课堂是什么样的。我也和同学们一样希望能有机会一睹圣人的风采。

今天，让我们一起走进孔子的课堂，一起感受孔子及其弟子们的风采和思想。

（出示学习目标）

二、标题研读

1. 标题中包含了几个人？

【设计意图】提醒学生关注"侍坐"的含义（陪长者说话）。

2. 标题中的称呼是名还是字？是按照什么顺序排列的？

【设计意图】让学生熟悉文中人物对应的名和字，感受儒家长幼有序的思想，使学生从孔子对其弟子称呼其名感受师生之间亲切自由的谈话氛围。

人物资料：

① 孔子，姓孔，名丘，字仲尼。当时约60岁。

② 子路，姓仲，名由，字子路。当时约51岁。

③ 曾皙，姓曾，名点，字皙。当时约39岁。

④ 冉有，姓冉，名求，字子有。当时约31岁。

⑤ 公西华，姓公西，名赤，字子华。当时约18岁。

三、初探文本，熟悉文章内容及人物关系

1. 朗读课文，感知谈话主题。

"志"：孔子问志—弟子言志—孔子评志。

2. 关于"志"。

何为"志"？"志"者，臧也。志者，心之所向。陈涉说："燕雀安知鸿鹄之志哉！"班超说："小子安知壮士志哉！"陶渊明说："刑天舞干戚，猛志固常在。"王勃说："穷且益坚，不坠青云之志。"志，让人热血沸腾，但大家一般不愿意说出来。本文中，孔子的几个弟子为何说出来了呢？

提示：

感受师生轻松的谈话氛围。

3. 分角色朗读，感受问志、言志。

教师读孔子的话，学生分别朗读几个弟子的话。

【设计意图】师生共同参与，还原对话氛围。

4. 结合注释，师生用白话分角色对话。

【设计意图】强化学生对文章内容的理解，同时考查学生对文言字词的理解和对文本的初步把握。

四、再探文本，由"志"看人，感受鲜活的人物形象——一言一行中见人物形象

1. 从每个人的言志中，传递出怎样的理想和性格？

子路：有抱负、自信、鲁莽、轻率　　——强国

冉有：谦虚、谨慎　　　　　　　　　——富民

公西华：谦恭有礼、娴于辞令　　　　——礼治

曾皙：洒脱、从容　　　　　　　　　——？

提示：

引导学生关注文本，紧扣人物语言进行研读，如子路语言中的"摄乎""加""因""且"，冉有语言中的两个"如"，公西华语言中的"非曰""愿""小相"。

适当拓展，结合有关阅读，采用知人论世的方法感受人物的精神风貌。

2. 从人物的动作、神态中怎样传递出人物的理想和性格？

子路：率尔而对。

曾皙：鼓瑟希，铿尔，舍瑟而作。

五、三读文本，由弟子之志看孔子之志，探究孔子的思想主张——一哂一叹中见人物主张

1. 孔子对四人的"志"各有什么评价？
2. 探究"哂""叹"背后的思想。

问题分解：

(1)"哂"是微笑还是讥笑？

孔子评子路：

子曰："由也，千乘之国，可使治其赋也，不知其仁也。"

子曰："道不行，乘桴浮于海。从我者，其由与？"

子曰："若由也，不得其死然。"

【设计意图】引导学生关注"哂"背后孔子的思想主张。孔子对子路的批评主要是"为国以礼"，孔子的态度里有对子路的了解以及对子路回答的评价。

(2)"叹"是感叹还是赞叹？

引导学生展开联想与想象，感受曾皙的理想及其背后的思想，理解孔子赞叹的原因及思想主张。

曾皙的理想：春风骀荡，春寒消散，阳光正暖，万物在蓬勃生长。脱去厚重的棉衣，迎着温暖的春风，五六个成年人，六七个少年，一起去沂河里洗澡，洗去一个冬天的尘垢和沉重，在高台上吹吹风，风吹起长发，吹动衣袂，唱着歌归来。

这样的画面里有什么？

世界的安宁、万物的生长、生命的解放、人与人的融洽、人与自然的亲善……社会安定，人民富足、安乐，国家太平，人们有尊严地活着。仁者，人也。

一部巨著才能表述清楚的内容，曾皙仅用一个鲜活的场景就表达了出来，故感人，让人心动不已。

子路、冉有、公西华所谈的理想——强国、富民、礼治，都还在去往理想的途中。而曾皙谈的是一个理想的场景，是终点。

这个理想，接近大同："大道之行也，天下为公，选贤与能，讲信修睦。故人不独亲其亲，不独子其子，使老有所终，壮有所用，幼有所长，矜、寡、孤、独、废疾者皆有所养……"

这个理想，接近孔子的理想："老者安之，朋友信之，少者怀之。"

如果是"狗彘食人食而不知检，涂有饿莩而不知发"，那么哪有这份从容悠闲和自在？曾皙的理想，看似切近，但在"争地之战，杀人盈野；争城以战，杀人盈城"的时代，又是何其渺茫！

这背后是什么？是孔子一生周游列国推行自己的政治主张但最终发现"道不行"的一声叹息，是发现弟子与自己心意相通的感喟。

故喟然长叹。

材料一：
子路曰："愿闻子之志。"子曰："老者安之，朋友信之，少者怀之。"

（《论语·公冶长》）

材料二：
孔子所以与曾点者，以点之所言为太平社会之缩影也。

（杨树达《论语疏证》）

夫子以行道救世为心，而时不我与。方与二三子私相讲明于寂寞之滨，乃忽闻曾皙浴沂归咏之言，若有得其浮海居夷之意，故不觉喟然而叹，盖其所感者深矣。

（黄震《黄氏日钞》）

六、课堂小结

正是得益于文章鲜活灵动的特点，我们才可以在千年之后依然能感受到古人生活的气息、生命的温度。一位热情而又严格的老师，一群性格各异的弟子，还有一场关于理想的生动对话，以及在理想的对话中闪耀光芒的孔子思想。

再次诵读文章，感受师生的风采及师生对话中传递的思想。

七、布置作业（选做其一）

1. 阅读本单元中的《项脊轩志》，勾画你认为"鲜活"的场景与同学分享。
2. 阅读《论语》中的《季氏将伐颛臾》，结合本课所学谈谈你对冉有和孔子形象的认识及其思想主张。

八、板书设计

一言一行见人物风采（鲜活）　　一哂一叹见人物思想（深刻）

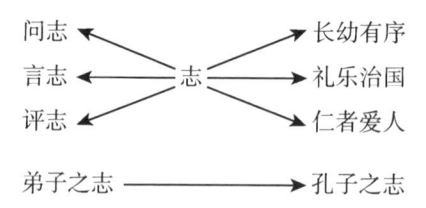

```
    问志 ←            → 长幼有序
    言志 ←    志     → 礼乐治国
    评志 ←            → 仁者爱人

    弟子之志 —————————→ 孔子之志
```

第二章　边走边唱读新诗

第一节　向新诗进发

教师的阅读兴趣对学生是有些影响的。比如我，喜欢新诗，收藏了一百多本有关新诗的书。

文言文学完后，学生终于开始高中语文人教版必修1第一单元新诗的学习了。这是高中语文五册必修教材中仅有的一个新诗单元。

高考不考新诗，所以学校不会选修《中国现代诗歌散文欣赏》，这就意味着，学完这个单元的新诗之后，很多学生就不会再接触新诗了。

新诗的发展不足百年，与古诗所取得的辉煌成就相比，新诗所取得的成就相对黯淡。但新诗的百年进程，正是中国文化转型、社会变革的百年，作为中国文化、中国文学由传统向现代转型的急先锋，新诗如实记录着一个民族的历史，传达着几代人不同寻常的心路历程。

对中学生进行新诗教学，既是对传统诗教的继承，又是对现代精神的发扬。从审美教育的角度来说，新诗教学能培养学生树立崇高的理想，能开启学生的心智，能激发学生的人生激情。从语言教学的角度来讲，新诗教学能帮助学生走出语言贫弱的困境，培养学生娴熟驾驭母语的能力以及增强学生对母语的热爱之情。中学语文新诗教学或许与诗人的培养无关，但一定是在培养优秀的读者和公民。

因此，新诗教学的意义不容低估。

第二节　来一点新诗启蒙

学生和新诗的隔膜，源于不会读，难以感受新诗的精彩。在正式上课之前，我需要进行预热，举办一次新诗讲座。

先从当下离我们最近的诗歌新闻说起。

从赵丽华的"梨花体"说起：

　　　　一个人来到田纳西
　　　　　毫无疑问
　　　　　我做的馅饼
　　　　　是全天下
　　　　　最好吃的

从余秀华的诗说起：

　　　　　我爱你
　　　巴巴地活着，每天打水，煮饭，按时吃药
　　　阳光好的时候就把自己放进去，像放一块陈皮
　　　茶叶轮换着喝：菊花，茉莉，玫瑰，柠檬
　　　这些美好的事物仿佛把我往春天的路上带

　　　所以我一次次按住内心的雪
　　　它们过于洁白过于接近春天

　　　在干净的院子里读你的诗歌。这人间情事
　　　恍惚如突然飞过的麻雀儿
　　　而光阴皎洁。我不适宜肝肠寸断

　　　如果给你寄一本书，我不会寄给你诗歌
　　　我要给你一本关于植物，关于庄稼的
　　　告诉你稻子和稗子的区别

告诉你一棵稗子提心吊胆的

春天

请学生读这些诗，并谈谈他们对新诗的认识。

学生的经验来源于他们在初中读过的诗：王家新的《在山的那边》、流沙河的《理想》、何其芳的《秋天》、郭沫若的《天上的街市》、光未然的《黄河颂》、牛汉的《华南虎》、郑愁予的《雨说》、江河的《星星变奏曲》、艾青的《我爱这土地》、余光中的《乡愁》、戴望舒的《我用残损的手掌》、舒婷的《祖国啊我亲爱的祖国》。但说到具体的经验又无从谈起。

于是我找了一些有趣的诗，希望改变学生对新诗的印象。

首先谈的是诗歌的形式。我让学生比较下面两段话：

第一段：

亲爱的，你放在冰箱里的两颗葡萄，我把它吃了

第二段：

亲爱的

你

放在冰箱里的

两颗葡萄

我

把它吃了

我让学生比较一下，看发生了什么变化。

学生说，好像有一些变化，尤其是"你""我"的独立成段。

诗歌的形式在新诗中的确很重要，形式里有作者的思想。

当然，新诗不只是简单的分行，新诗来自诗意和想象，如夏宇的《甜蜜的复仇》：

把你的影子加点盐

腌起来

风干

老的时候

下酒

又如郑愁予的《错误》、闻一多的《春光》。甚至像下面这首二毛的《他和烤鸭》：

> 烤鸭蜷缩在盘子里
> 他蜷缩在酒店里
> 烤鸭摆在他面前
> 他摆在老板面前
> 烤鸭冥想着春江水暖
> 他冥想着南方温柔的妻子
> 窗外是另一个世界
> 下着雪

读古诗要关注意象，读现代诗也是如此。我和学生一起探讨了艾青的《树》、王家新的《废墟》、舒婷的《思念》、林徽因的《你是人间的四月天》这几首新诗中的意象。

我和学生还探讨了新诗的语言。我通过下面的句子向学生解释新诗的语言特点：

1. 他坚强得像岩石。
2. 我感到思想坚实的重量。
3. 于是/你成为夜晚/坚定的部分/成为支撑墙的花岗岩。

这就是从普通的比喻句到散文表达，再到新诗表达的过程。又如：

1. 人像一只蜗牛。
2. 柔软的躯体，需要一个坚硬的城堡。
3. 当我们藏起伤口/我们从一个人/退缩到一个带壳的生命。

我和学生通过余光中的诗一起探究了新诗语言的陌生化问题，通过桑恒昌的《中秋月》、海子的《面朝大海，春暖花开》、李亚伟的《苏东坡和他的朋友们》、伊沙的《结结巴巴》一起探讨了诗歌的思想和情感。此外，我还和学生一起探究了新诗中经常用到的手法，如比喻、佯谬、象征、反讽、对比、通感等。两节课下来，学生学习的诗歌有三四十首。

我问学生，新诗有意思吗？

学生说，有意思。

有意思，就是最好的开始。

第三节　用问叩开诗歌之门

新诗教学第一课：《雨巷》。

这节课要着重讲解一下新诗讲座中的知识，让学生的注意力在新诗上多停留几秒，解决新诗阅读一读就懂、一看就过的问题。

我请学生对在阅读诗歌中遇到的问题整理提问，学生提出的问题主要涉及诗歌的语言、诗歌的意象、诗歌的形式、诗歌的手法、诗歌的主题等。

现将学生提出的问题梳理如下：

（1）为何希望逢着"结着愁怨"的姑娘？

（2）文章的开始是"希望逢着"，结尾是"希望飘过"，这里的重复有什么意义？

（3）文章选的意象很特殊，中国诗歌的传统是以花喻人，多用牡丹、荷花、梅花、幽兰、桃花等，但这首诗里为什么单单选取了"丁香"？

（4）和"丁香""姑娘"相呼应的是"油纸伞""颓圮的篱墙""雨巷"，它们有什么特殊的意义？

（5）诗中有整齐的"丁香一样的"，也有逐渐延长的"像我一样，像我一样地默默彳亍着""像梦一般的，像梦一般的凄婉迷茫""消了她的颜色，散了她的芬芳，消散了，甚至她的太息般的眼光，丁香般的惆怅"，这样写有什么意味？

（6）诗中有"丁香一样的忧愁""太息般的眼光""丁香般的惆怅"，这些比喻有什么意义？

（7）诗歌的主题是什么？是表达爱情还是有其他更深刻的含义？

"问题提得非常好，"我对学生说，"做学问就是要于无疑处存疑。"

第四节　感受诗歌语言的陌生化

上节课，学生们提的问题非常有质量，其中有几位学生这样问：期待邂逅美丽，期待与快乐相遇，这是人们普遍的心理，但在《雨巷》中，戴望舒如此描写自己的期待："我希望逢着/一个丁香一样的/结着愁怨的姑娘。"为何他希望逢着"结着愁怨"的姑娘？

问题提得非常好，我也产生过这样的疑问。英国诗人彭斯描写自己的爱人："我的爱人像朵红红的玫瑰，六月里迎风初开；我的爱人像支甜甜的曲子，奏得合拍又和谐。"普希金则写道："我的耳边长久地响着你温柔的声音，我还在睡梦中见到你可爱的倩影。"

戴望舒为何要写这样愁怨的形象？

第一步，带领学生感受诗中的"愁怨"。

在诗中，诗人反复描摹期待中的"她"：

　　她是有
　　丁香一样的颜色，
　　丁香一样的芬芳，
　　丁香一样的忧愁，
　　在雨中哀怨，
　　哀怨又彷徨；

　　她彷徨在这寂寥的雨巷，
　　撑着油纸伞
　　像我一样，
　　像我一样地
　　默默彳亍着，
　　冷漠，凄清，又惆怅。

这中间有哪些词是与"愁怨"相似的表达？我们可以找到"哀怨""彷徨""默默彳亍""冷漠""凄清""惆怅"等大量相似的词语。

在此基础上，我们来探究这种"愁怨"的原因。

从上面的诗句中我们可以看到，诗人在极力强化这种"愁怨"。

诗歌的逻辑诚然不能用生活的逻辑来解释，但我们依然能缘着诗句，找到荒谬的合理。

首先，请学生关注第一个句子：

> 我希望逢着
> 一个丁香一样的
> 结着愁怨的姑娘。

这一句诗的主干是"我希望逢着姑娘"。

和"愁怨"最近的动词是"结着"，和"结着愁怨"毗邻的是"丁香一样的"，这是从古典诗歌中走出来的诗句，让我们自然想起"丁香空结雨中愁"，和"丁香"的意象相呼应。

花既是人，人亦如花。

接着，请学生关注第二个句子：

> 撑着油纸伞，独自
> 彷徨在悠长，悠长
> 又寂寥的雨巷，
> 我希望飘过
> 一个丁香一样的
> 结着愁怨的姑娘。

诗句的主语是"我"，此时的"我"又是怎样的呢？

"独自""彷徨""寂寥"，这些词语告诉我们，此时的"我"也是"愁怨"的，这是"愁怨"的"我"对"愁怨"的姑娘的期待，可以说同气相求、同声相应。

那么，作者的忧伤又是缘何而来呢？结合时代背景，我们不难找出答案。

然后，请学生关注下面的句子：

> 她静默地远了，远了，
> 到了颓圮的篱墙，
> 走尽这雨巷。

在雨的哀曲里，

消了她的颜色，

散了她的芬芳，

消散了，甚至她的

太息般的眼光，

丁香般的惆怅。

"丁香一样的姑娘"从"逢着"到"飘过"，美而短暂，恍如一梦，让我们想起白居易的诗："花非花，雾非雾，夜半来，天明去。来如春梦不多时，去似朝云无觅处。"它传递的是一种消逝之感，好似"世间好物不牢坚，彩云易散琉璃碎"。

美而短暂，美而哀伤。

最后，请学生关注"寂寥的雨巷""颓圮的篱墙"。

这些是"丁香一样的姑娘"出现的背景，体现的是"意"与"境"的融合。

我们还可以把视野放得再开阔一些。

在中国古典诗文中，这种期待的"愁怨"并不少见。如屈原的《湘夫人》："帝子降兮北渚，目眇眇兮愁予。袅袅兮秋风，洞庭波兮木叶下。"萧瑟的秋天、忧郁的等待，屈原传递的也是一种忧伤的期待。

《红楼梦》中的理想人物黛玉，"两弯似蹙非蹙罥烟眉，一双似喜非喜含情目。态生两靥之愁，娇袭一身之病。泪光点点，娇喘微微"，也是忧郁之美的代表。

这种忧伤的甜蜜，不符合生活，却是审美的一种，是从中国文化中弥散出来的。

总之，诗人"希望逢着/一个丁香一样的/结着愁怨的姑娘"，这是时代背景之下的一种情绪、一种理想。有孤寂中咀嚼着大革命失败后的幻灭与痛苦，也有迷惘忧伤和朦胧的希望，是时代土壤中生出的忧郁和期盼，超越爱情，不能以爱情的眼光和寻常的逻辑去审视，是古典诗词中生长出的审美眼光。

以下为学生活动：谈一谈自己所读到诗歌中的陌生化表述（可以从本单元中寻找例子）。

学生一：

徐志摩《再别康桥》："软泥上的青荇，油油的在水底招摇。"

"招摇"给人的感觉总有那么一点点过分，如"你太招摇了""招摇过市"等。但徐志摩在这里公然用"招摇"一词来写，有招手、摇晃之意，写出了青荇的生机和水的波光潋滟。一个平常的动词，写出了看者、告别者的心神摇曳。这种写法给人的感觉是：我本心如古井无波，是你太吸引我。

学生二：

徐志摩《再别康桥》："悄悄是别离的笙箫。"

"悄悄"是无声的，"笙箫"是有声的。诗人在此却将有声和无声对等。无论是有声还是无声，都是离别的心绪。

"悄悄"是一种无语凝噎的沉默，"笙箫"是总也萦绕不去的主题。

学生三：

臧克家《有的人——纪念鲁迅有感》："有的人活着，他已经死了；有的人死了，他还活着。"

死和活是对立的，是非此即彼的状态，不可能有中间状态，死的不可能活着，活的不可能是死了。

但死与活又是可以并存的，这是精神和肉体的分离。

这世界上有凭借精神而不朽的，也有如行尸走肉般活着的。

学生四：

艾青《大堰河——我的保姆》："我做了生我的父母家里的新客了！"

词语的矛盾，源于生活的矛盾。

在"我"的保姆大堰河那里，"我"享受的是贫穷而温暖的生活，是非血缘却无尽的母爱。在"我"的亲生父母那里，富贵却有隔膜，有血缘却冷漠。这种感觉，只有用"新客"才能表达。

学生五：

海子《面朝大海，春暖花开》："从明天起，做一个幸福的人。"

"明天"是充满憧憬的，如同一个少年在向母亲倾诉梦想和未来。可以读出对未来的畅想，符合海子诗歌的特点，寓言、纯粹的歌咏和遥想式的倾诉。

101

遥望"明天"意味着今天不幸福，意味着今天对"粮食""蔬菜"不关心，意味着与亲人音信不通、情感疏离，从中可以读出今天的痛苦。

决心从明天起而不是从现在起，意味着迈向尘世幸福的迟疑、犹豫，从中可以读出迈步的艰难。

"明日复明日，明日何其多。我生待明日，万事成蹉跎。"把幸福交给明天，意味着幸福的不确定性。幸福是一种事后体验，而不是我决心幸福便能幸福的，从中可以读出幸福的渺茫。

第五节　用联想化开词语

读诗，自然是要关注语言的。

对《再别康桥》的阅读，我定位在感受语言上。

教师导引：

诗人王久辛说："诗歌之所以是稀有的元素，是因为它是语言之上的语言，是优美之上的优美，是朴素的朴素，是华丽之上的华丽，是形式的极端主义，是内容的高度概括，是绘画中的旋律，是音符中的画面，是令人绝望的语言，也是让人喜极而泣的文字，它是历史中的哲学呈形象挥洒的音符，又是哲学中的历史似骏马奔驰甩下的一路蹄声。"

诗歌语言带给我们丰富的联想，阅读诗歌，我们需要在词语的牵引下展开联想，从而进入诗歌的世界。

徐志摩的《再别康桥》是中国现代诗坛中最富盛名的诗篇之一，这和诗歌带给我们丰富的联想不无关系。

一、诵读诗歌，找一找你喜欢的句子

（1）那河畔的金柳，是夕阳中的新娘；波光里的艳影，在我的心头荡漾。

（2）软泥上的青荇，油油的在水底招摇；在康河的柔波里，我甘心做一条水草！

二、揣摩诗歌，发现特别的表达

> 轻轻的我走了，
> 　　正如我轻轻的来；
> 我轻轻的招手，
> 　　作别西天的云彩。

明确：

"轻轻的"出现了三次，从每一次重复中，你能感受到哪些情感？

（1）词语的反复使用。

（2）"轻轻的"的位置变化。

（3）"轻轻"得以突出，又使诗歌的"感伤"恰到好处。

> 那河畔的金柳，
> 　　是夕阳中的新娘；
> 波光里的艳影，
> 　　在我的心头荡漾。

明确：

"金柳""新娘""艳影"，第一次着色。

"河畔""夕阳""波光"，第二次着色。

着色，不仅突出了鲜明的形象，也表达了不尽的情意。圣洁、美丽而又邈远，俨然是情人的目光在深情注视。

> 软泥上的青荇，
> 　　油油的在水底招摇；
> 在康河的柔波里，
> 　　我甘心做一条水草！

明确：

每一个词语，都饱含着诗人对康桥的柔情。

林庚说："绿与青原是相近的绿色，所以春天又称碧落、碧空，碧也就是绿。绿草可以称为青草，绿柳却不能称为青柳，但是'天官动将星，汉地柳条青'却又正是好诗。'春晚绿野秀'，这绿野却很少称之为青野。

大概因为绿指的是具体的现实的世界，而青则仿佛带有某种概括性的深远意义。绿原是一种谐和的色调，在万紫千红的春天，绿乃是多样统一的典范。而青则更为单纯、凝净、清醒、永久，松树因此就都称为青松。"

徐志摩显然也深谙此道，他给荇的颜色是"青"，"青"让我们想起"青青子衿，悠悠我心"的深情。如此，犹觉不足，还要给"青荇"布置一个"柔软"的背景。

有色，有质地，还有亮度——"油油的"，它唤起的是告别者内心的波澜。

"招摇"，召唤，心神摇曳。

诗人想到，在康河柔波的轻抚下，若能化为一条水草，从此不需分离，生生世世相守，那又是怎样的一种幸福啊！

> 那榆荫下的一潭，
> 　　不是清泉，是天上虹；
> 揉碎在浮藻间，
> 　　沉淀着彩虹似的梦。

明确：

此处显示的是语言的跳跃：清泉—天上虹—梦。

一泓清泉，可以化为斑斓的梦，美丽而又缥缈。"梦"是飘忽的，却偏偏要用"沉淀"来修饰。

> 寻梦？撑一支长篙，
> 　　向青草更青处漫溯，
> 满载一船星辉，
> 　　在星辉斑斓里放歌。

明确：

"梦"若能沉淀，便有处可寻。谁谓河广？一苇杭之。谁谓梦远？一篙至之。"青草更青处"，写寻梦至深之处，"一船星辉"，是寻到的梦还是浮现于脑海的美丽往事？

星辉斑斓，梦耶非耶？唯有高歌。

>   但我不能放歌，
>   悄悄是别离的笙箫；
>   夏虫也为我沉默，
>   沉默是今晚的康桥！

明确：

这一节里用语言的矛盾写内心的矛盾："笙箫"是有声的，但偏说"悄悄是别离的笙箫"；夏夜虫鸣，偏说"夏虫也为我沉默"。无言和静默中，是不尽的留恋。

这三节中，上一节的尾是下一节的首：上有"沉淀着彩虹似的梦"，下有"寻梦？撑一支长篙"；上有"在星辉斑斓里放歌"，下有"但我不能放歌"。

>   悄悄的我走了，
>   正如我悄悄的来；
>   我挥一挥衣袖，
>   不带走一片云彩。

明确：

诗歌的结尾，须和诗歌的开头放到一起来读，在重复和变化中，再次感受别离的深情。"轻轻的"转为"悄悄的"，"轻轻的招手"转为"挥一挥衣袖"，"作别西天的云彩"转为"不带走一片云彩"。这中间有哪些意味？

三、课堂小结

《再别康桥》的语言仿佛小小的触角，悄悄伸出来，触动我们内心深处最柔软的地方，使我们在其所营造的诗境里流连忘返。

这些打动我们的语言有哪些规律呢？

(1) 语言的重复。

(2) 语言的修饰。

(3) 语言的反常。

(4) 语言的对比。

(5) 语言的回应。

四、拓展练习

由于诗歌的篇幅有限，很多诗人喜欢用修饰语来延伸诗歌的空间。下面师生一起来阅读食指的《相信未来》，关注其修饰语的使用。

当蜘蛛网无情地查封了我的炉台，
当灰烬的余烟叹息着贫困的悲哀，
我依然固执地铺平失望的灰烬，
用美丽的雪花写下：相信未来。

当我的紫葡萄化为深秋的露水，
当我的鲜花依偎在别人的情怀，
我依然固执地用凝霜的枯藤，
在凄凉的大地上写下：相信未来。
……

第六节 反复读"反复"

活动背景

反复修辞是为了强调某种意思、突出某种情感，而特意重复使用某些词语、句子或段落的。

高中语文人教版必修1的第一单元诗歌教学结束后，我提醒学生关注三首诗中反复的地方，这些反复有的是章节的反复，有的是句子的反复。

教师导引

《再别康桥》的开头：

轻轻的我走了，
　正如我轻轻的来；
我轻轻的招手，
　作别西天的云彩。

《再别康桥》的结尾：

悄悄的我走了，
　正如我悄悄的来；
我挥一挥衣袖，
　不带走一片云彩。

第一步，关注反复。

为什么要反复？重要的话说三遍啊！诗歌以"走"起笔，以"走"收笔。中间的若干诗节，呈现的是一个即将离去的人的告别。

诗人用这种反复做了一个封闭型的结构，在这样一个熟悉的地方，和熟悉的景致告别，放任自己的情感流淌，和往事告别。

第二步，关注反复中的变化。

从情感上看，诗人不仅仅是在原地转了一个圈。

开头说"轻轻"，结尾用"悄悄"，"轻轻"是一缕柔情，"悄悄"中有一份黯然。

因此，不仅要关注反复，还要看看反复中有无变化。

开头是"作别西天的云彩"，结尾却是"不带走一片云彩"，作别云彩是一种告别的姿态，不带走一片云彩是因为心中有满满的回忆。

当然，还要在反复中看出不重复的内容，重复是强调，不重复则是变化，是内容的扩展和丰富。

学生练习

学生一：

《雨巷》的开头：

撑着油纸伞，独自
彷徨在悠长，悠长
又寂寥的雨巷，
我希望逢着
一个丁香一样的
结着愁怨的姑娘。

《雨巷》的结尾：

> 撑着油纸伞，独自
> 彷徨在悠长，悠长
> 又寂寥的雨巷，
> 我希望飘过
> 一个丁香一样的
> 结着愁怨的姑娘。

这里反复修辞十分契合诗人此时的心境，以反复来写彷徨，以彷徨开始，以彷徨结束，人生似乎是走不尽的雨巷。

诗歌反复中变化的部分，开头是"希望逢着"，结尾是"希望飘过"，闭合的结构写出了理想从滋生到幻灭的过程。

学生二：

《大堰河——我的保姆》的开头两节：

> 大堰河，是我的保姆。
> 她的名字就是生她的村庄的名字，
> 她是童养媳，
> 大堰河，是我的保姆。
>
> 我是地主的儿子，
> 也是吃了大堰河的奶而长大了的
> 大堰河的儿子。
> 大堰河以养育我而养育她的家，
> 而我，是吃了你的奶而被养育了的，
> 大堰河啊，我的保姆。

短短的篇幅中，"大堰河，是我的保姆"重复出现了三次（第三次是"大堰河啊，我的保姆"）。反复的重复，是反复的确认，是深情的怀念，是人生无尽的感慨，反复的使用写尽了贫穷而温暖、卑微而伟大的保姆母亲。

学生三：

梁晓明的《各人》中运用了大量的反复。

"各人各拿各人的杯子""各人各喝各的茶""各人说各人的事情"，依旧是寻常语。"各人数各人的手指""各人带走意见""各人看着各人的眼睛",便有了诗的意味。

"各"是独立,"各"是孤独。

诗人对世界的评价都在寻常的生活场景中,在无数"各"字的隔膜里。众多的"各"聚拢了诗意。

学生四:

余光中的《春天,遂想起》在段首反复使用"春天,遂想起":

　　春天,遂想起

　　江南,唐诗里的江南,九岁时

　　采桑叶于其中,捉蜻蜓于其中

　　(可以从基隆港回去的)

　　……

　　春天,遂想起遍地垂柳

　　的江南,想起

　　太湖滨一渔港,想起

　　那么多的表妹,走在柳堤

　　(我只能娶其中的一朵!)

　　……

　　清明节,母亲在喊我,在圆通寺

　　喊我,在海峡这边

　　喊我,在海峡那边

　　喊,在江南,在江南

　　多寺的江南,多亭的

　　江南,多风筝的

　　江南啊,钟声里

　　的江南

　　(站在基隆港,想——想

　　想回也回不去的)

　　多燕子的江南

"春天,遂想起……"这是一句没说完的话。想起的内容很多,可以

想起江南、江南的湖、江南的柳、江南的亲人……因为相隔千里,只能停留在"想";因为想得太多,无法一一说出。诗人在反复中写出了绵绵不绝的思念。

第七节　培养朗读者

第一单元的诗歌课程上完,我安排了两个活动。

第一,收看《新年新诗会》节目。

第二,课外阅读新诗。

我把自己手头的诗集给学生发下去,使其人手一本,并让他们在课下阅读,每天摘抄一首,并写下30~50字的推荐语。然后学生从这些诗中找一首自己最喜欢的,在班里朗诵,可以小组朗诵,也可以单独朗诵。

学生说:"老师,您不朗诵吗?"

"当然朗诵。"我面无惧色。

朗诵会当天,学生的朗诵异彩纷呈,果然是下了功夫的。

朗诵会最后,学生们纷纷让我朗诵,于是我说:"好吧,我来给大家朗诵一首非名家的诗,和你们的生活有点关系,题目是《监考》。"

　　　　你
　　　　运筹帷幄纵横驰骋杀伐决断
　　　　与李白会晤
　　　　和史密斯交谈
　　　　跟牛顿切磋
　　　　同笛卡儿论剑
　　　　探寻未曾去过的海岸
　　　　和苏格拉底聊聊天
　　　　追问秦王朝为什么那么短
　　　　还要想想生命的起源
　　　　笔锋所指
　　　　黑色的蚁兵占领雪原

腕上的表

急切地敲打着鼓点

和那一道铃声展开争夺战

园子里的花

就是在那时笑翻了天

我

站或者立

思或者想

盯或者看

用目光丈量一块又一块的砖

又比较了一下一道一道分割线

想起很久很久以前的一支禅

认真设计一下午餐

研究完一件衣服上的图案

又发现一双鞋上的亮点

将考生衣服颜色的统计做完

再来一次考生鞋子样式的调研

墙上的钟

不动声色地看着我

打了第九个哈欠

一丝皱纹

趁机落在了额头上面

朗诵完,学生大笑。有学生说:"老师,是您写的?"我微笑道:"是的。"学生说:"老师,再来一首。"我说:"好,再来一首《春夜闻杜鹃》。"

这四月异乡的夜晚

就着淅沥的雨声

慢慢

入眠

一只布谷
闯入
啼红了满山杜鹃
山青花燃，我凑近了取暖
向那只布谷打听
久不来入梦的
故乡二月兰
布谷说，春意已阑珊
不如，回家看看

我乘云之马快马加鞭
我乘雾之船风正帆悬
只一篙
一篙啊，便能靠岸

忽一声，马路鸣笛
打落篙竿
眼帘轻挑
便推开了这——
万水——万水
还有——千山……

朗诵完，学生鼓掌，我说："只要你敢分行，你就会写诗。"学生大笑。"同学们，不试一试吗？"

学生听后果然认真思考他们的诗歌创作去了。

第八节 "诗人"往事

只要做好引导,好的诗歌在学生这里是有市场的。我一直认为,青春和新诗是相连的。

新诗教学要解决的问题是带领学生越过不读、不会读、不愿意读这"三座大山"。领略了诗歌的美好,他们自己会到这里来。

我所教两个班的学生中有很多"诗人"和诗歌爱好者。

如某班把《天狗》确定为传统保留节目,学生动不动就会在走廊里大吼一声:"我是一条天狗呀!"后面紧跟各种呼应:"我把月来吞了,我把日来吞了,我把一切的星球来吞了,我把全宇宙来吞了。我便是我了!……"新年联欢晚会上,他们给语文老师出的节目就是朗诵《天狗》,他们希望看到老师激情澎湃地朗诵诗歌的样子……

他们动不动就以主编自称,称他们曾经编过某某诗集……

他们会找出各种新诗设计成阅读理解题让同学来做,并号称网上绝无标准答案,充分体现了答案的开放性……

他们的文理分科告别会,成了一场新诗朗诵会……

每次写作文,他们都会问可不可以写新诗,并抱怨高考作文中的"文体不限,诗歌除外"就是对他们才思的扼杀……

课例：《山民》教学设计

一、新课导入

如果把阅读比作一次精神的旅行，今天，我们要去的不是"春来江水绿如蓝"的江南，也不是"风吹草低见牛羊"的塞北，我们探寻的将是别样的风景，它将带给我们别样的感受。就让我们一同去山里看一看，看看那里的山，看看那里的人。

二、知识链接

1. 韩东及其诗歌主张。

韩东，新生代诗人，主要作品有《白色的石头》《有关大雁塔》《你见过大海》等。他主张"诗到语言为止"。和许多新生代诗人一样，他坚持用口语讲述故事，虽然不精彩、不漂亮，但质朴、真实，洗净铅华。

2. 口语式叙述有哪些好处？

引导：教师出示一个丑陋的苹果。

"美丽的智慧之果呀，经历了春的梦想，夏的孕育。她集天地之精华，日月之灵气……"同学们，你们接受我的这种歌咏吗？不管我对这个苹果如何情有独钟，同学们都有自己的评判。同样，如果是一首诗，诗人在热情洋溢地歌颂或感伤抑郁地吟唱的时候，是不是也在把他的个人情绪强加给我们呢？

而零度叙述，摒弃了话语霸权，让我们有一份情绪的自由，让我们有一份评判的自由。

3. 让我们再读一遍课文，感受这零度的真实。

我们刚踏上诗歌的旅途，便听到了来自自然的天籁之声。接下来，让我们看看歌声中蕴含的内容。

三、阅读探究

1. 集体朗诵诗的第一节。

在诗的第一节中，你印象最深的诗句是什么？

2. "山"让你联想到了什么？"山，还是山"又让你想到了什么？

发散阅读：

材料一：从前有座山，山上有座庙，庙里有个老和尚。有一天老和尚对小和尚说，从前有座山，山上有座庙……

材料二：一个记者到山里采访，碰见一个放羊的孩子，她问孩子："放羊干什么？""挣钱。""挣钱干什么？""娶媳妇。""娶媳妇干什么？""生孩子。""生孩子干什么？""放羊。"

材料三：

三 代

臧克家

孩子

在土里洗澡

爸爸

在土里流汗

爷爷

在土里埋葬

3. 如何评价答话的父亲？如何评价发问的儿子？

发散阅读：

诗人用诗来阐释人生，我们可用历史来为诗做注脚。结合历史来解读对山那边的世界的发问。

第一个对树上生活发出疑问的猿，第一个对地上生活发出疑问的人，这些发问使人类的居住地发生了改变，向着无穷的未知空间挺进。

对地球形状的发问，对上帝造人的发问，对日心说的发问，对剥削有理的发问……推动着人类文明的进程。

4. 对山中生活的厌倦，由此而来的是对海的向往，"海是有的"，"海"

意味着什么？与山相比，海有什么特点？请一位学生朗读，其余学生边听边思考。

    山是静态的   海是动态的

    山是密封的   海是开阔的

    山是现实   海是理想

   山和海都是一种生存环境

5. 面对现实与理想的差距，山民的感受如何？你如何评价他的这种感受？

（1）他想，他这辈子是走不出这里的群山了。他只能活几十年。

① 山的沉重与人生的无望。

② 山的无穷与人生的短暂。

③ 问题的无限与人生的有限。

（2）所以没等他走到那里，就会死在半路上，死在山中。

人生解读：

"死在山中"即死在现有的人生状态中，既然如此，走还是不走呢？对山民来说，生命在于追寻的过程。对山民的子孙来说，山民多走一座山，子孙们便向大海更靠近一步，即使看不到大海，也留下能听到大海潮音的希望。

6. 读诗歌第三节。山民如何摆脱他的人生困境？你如何评价他的解决方案？

  解决方案：老婆—儿子—儿子的老婆—儿子的儿子—儿子的儿子的儿子……

  评价：

（1）有不同于前人的地方，不是一种孤独的追寻，"子又生孙，孙又生子，子子孙孙无穷匮也"，把它当作几代人来完成的事业。

（2）无意中又陷入了人生的循环，其中的枯燥、单调、重复、缓慢自不待言。况且，子孙是否会沿着他所设计的人生路来走尚未可知。由此看来，这种设计要取得成效也是十分渺茫的。

  从中可以读出悲壮，可以读出喜悦，也可以读出悲哀。

7. 山民本人对他的方案如何评价？

"不再想""儿子也使他很疲倦""他只是遗憾"。

8. 诗歌在山民的遗憾中收束全文，山民的生活状态会改变吗？

（1）不会改变：质问的疲倦—冥想的无望—思索的困顿—他只是遗憾。

（2）会改变：问—想—上路—遗憾（不满）—改变。

9.（1）文章讲的是谁的故事？

他——他们——我们——

在宇宙人生中，类似山民的追问、慨叹、怅恨，此起彼伏，也不知绵延了多少个世纪，并且还将继续绵延下去。《愚公移山》中的山不会再长高，而《山民》中的大海却仿佛遥远的地平线。我们脚下踩着的，也许就是前人瞻望中的地平线。我们今天泅泳其间的生活，也许就是祖先千百次幻想中的十分遥远的大海。然而，我们都是山民，我们有我们的大海。山—人—海，是永恒的故事！

（2）试举出社会中"我们"的故事。（生活在别处）

四、深入探究

作为一名旅行者，我们不仅应该看到别人看到的风景，也应该看到我们自己发现的风景。下面我们再读一遍诗歌的第三节，看看还有什么新的发现。

问题：这一节在用词及结构上有什么特点？

发现：

1. 用词的单调。

单调的用词阐释单调的人生。人的生命是流动着的，人生天地间，如沧海之一粟，寄天地之蜉蝣。从这个意义上说，人生是短暂的。而人的生命状态又是静止着的，无休无止的重复，没完没了的重复。从这个意义上说，人生又是漫长的。

2. 逐渐加长的句式。

显示时间的无限延展，追寻之路的漫长。

小结：山重水复的语言也是一道景观。

参照阅读：

野生植物

［菲律宾］云鹤

有叶

却没有茎

有茎

却没有根

有根

却没有泥土

那是一种野生植物

名字叫

华侨

参照目的：诗歌的结构形式如一株被齐根斩断从而脱离大地的野生植物，诗歌在反复"肯定—否定"的过程中情绪递增加浓至饱和。

五、方法归纳

如果说，我们平时读到的诗是色彩斑斓的，那么，韩东的诗则是还原了生活本色的。如果说，我们平时读到的诗是盛装出场的，那么，韩东的诗则是素面朝天的。如果说，我们平时读诗如喝味道不同的饮料，那么，韩东的诗呢？你渴了饮，那当是一杯水；你静了品，那当是一杯茶；如果你饮醉了，那就是一杯酒了。

比较：

传统诗歌	韩东诗歌
意境优美	客观陈述
情感炽热	零度情感
语言凝练	语言本色
思考深刻	哲理深藏

诗表	诗里
故事	风景
他	自然纯净的歌声
他们	富有意味的山水
我们	山重水复的景致

六、规律总结

突破语言障碍与原有的欣赏习惯，尝试一种全新的阅读。

用自己的人生经验去溶解结晶在诗中的盐，从貌似简单的语言中读出丰富的意蕴来。

诗歌的阅读就是一种追问。

读者是作品的再创作者，伟大的读者与伟大的作者共同创造伟大的诗篇。

第三章　寻胜探险话小说

高中语文教材人教版必修1~5中有两个单元的小说，共六篇。选修教材为《外国小说欣赏》《中国小说欣赏》。无论是从课程的开设还是从学生的课外阅读情况来看，小说都是学生接触得比较多的文学体裁。

但读得多，不代表会读。

在对学生的问卷调查中发现，学生喜欢小说，大多是喜欢其情节。

小说阅读的第一节课，我和学生一起梳理他们上初中时读过的小说，然后阅读一篇新的小说《十八岁出门远行》。这节课的关键词有两个：阅读经验和思维定式。目的在于告诉学生：我们的阅读，一是向后看，在经验的指引下探索新的阅读；二是向前看，突破既有的经验，获得新的阅读体验。

先说阅读经验。

初中语文人教版教材选入的小说有中国古代经典小说节选四篇《智取生辰纲》《杨修之死》《范进中举》《香菱学诗》、近现代小说七篇《故乡》《孔乙己》《芦花荡》《蒲柳人家》《孤独之旅》《心声》《爸爸的花儿落了》、外国小说五篇《最后一课》《荒岛余生》《我的叔叔于勒》《变色龙》《热爱生命》。

在近二十篇的小说阅读中，学生积累了怎样的阅读经验？

我让学生说一说他们最喜欢的小说及其原因。

学生的印象多集中在人物形象上，对小说的理解也多源于教师的讲解，没有多少自己的发现。

阅读小说时，每个人都有自己的读法。

作家毕飞宇谈自己在阅读时说："具体一点说，把自己假设成作者，主要是去找他的感受和他的思路。读小说是可以一目十行的，但是，写却不同，你必须一个字一个字地来，一个字你也不能跨过去。我是用自己写的心态去读的，这样我就可以抵达最细微的地方。作品的格局可以很大，但是，对写作的人来说，细微处没有了，一切就都没有了。"

曹文轩在他的《小说门》中列出了小说阅读的八个关注点：经验、虚构、时间、空间、悬置、摇摆、风景、结构。也有作家列出了小说阅读的更多关注点：人物、场景、对话、开场、性格、形式、故事、叙事者、叙事观点、聆听者、时间、迟滞效应、想象力、反常、障眼法、冲突、留白、因果等。

初中生在阅读小说时接触最多的是环境、情节和人物，沿着这些可以进行初步的追问。

以《故乡》为例：

这篇小说讲述了"我"回到故乡发现故乡人、事皆在变化的事，作者写了自己回忆中的故乡、眼前的故乡、将来的故乡，为什么要写这些"故乡"？作者写了闰土、杨二嫂、宏儿和水生，写这些人物的目的是什么？故事的讲述者是"我"，这个"我"有什么特殊性？《故乡》中的"我"是《孔乙己》中的"我"吗？如果换作闰土或宏儿、水生来讲这个故事，会怎样讲？这篇小说令你印象最深刻的地方是什么？重读这篇小说，你又有哪些新的发现？

每一位作家在写作时，都留下了让读者去理解的线索。我们的阅读之旅如同一次侦探之旅：作家讲述了一个什么样的故事？讲述这个故事的目的是什么？作者是怎样讲述的？其讲述有什么特色？哪些细节打动了你？

每一次阅读都是新的追问，带着既有的经验，但经验不是套路。培根说："没有经验，任何新的东西都不能深知。"但某些时候，经验是一剂毒药，不仅解决不了新知，还会误导人们对新知的理解。

读余华的《十八岁出门远行》，学生提出了很多问题，如：

（1）这个司机是好人还是坏人？

（2）汽车坏了，司机为什么漫不经心，还在公路中央做起了广播操？

（3）别人抢苹果，连作为旁观者的"我"都去保护苹果了，司机为什么不去？

（4）司机和抢苹果的人是什么关系？

（5）汽车是司机的吗？

（6）"我"帮助司机保护苹果，为什么司机还抢走了"我"的背包？

《十八岁出门远行》是一篇颠覆学生生活经验的小说。常规的故事情节，如少年出门远行，有两种情况：碰到了好人，于是我们赞叹这个世界的温情脉脉；碰到了坏人，于是我们感慨这个世界的人心唯危。但《十八岁出门远行》的故事却是这样的："我"出门远行，寻找旅店，需要汽车，货车司机先是拒绝了"我"搭载的请求，继而又答应了"我"的请求。走了一段，汽车抛锚，有人来抢车上的苹果，"我"奋力保护，被打得头破血流，司机不仅袖手旁观，还抢走了"我"的背包，和抢苹果的人一道离开，只剩下遍体鳞伤的"我"和遍体鳞伤的汽车。

阅读这篇小说，要提醒学生注意以下几点：

第一，要突破既有的阅读经验。

对于《十八岁出门远行》这篇既不属于浪漫主义风格也不属于现实主义风格的小说，用惯常的生活思维是解释不通的。既有的生活经验和小说呈现世界的错位，正是这篇小说的精彩之处。这或许才是文中的父亲所说的、"我"所看到的真实的"外面的世界"——不合逻辑，不可理喻，不按常理出牌。这个世界为什么一定要按照我们设定的故事情节发展呢？少年试图亲近世界，世界并不一定会温柔相待。

我们之所以会出现阅读障碍，是因为我们在用有限的生活经验而不是阅读经验来理解小说，有限的生活经验便成为理解的桎梏和障碍。

读一篇小说就如破一次案。作案人就是小说的作者，他在小说中隐藏了很多线索。我们要想破案，就不能主观臆断，凭空想象，而要看小说怎么说，生活经验可以给我们提供辅助，但不能喧宾夺主。

我们读小说，既需要生活经验，也需要阅读经验。但有时候经验会失灵，这有两个方面的原因：一是经验用错了地方，脱离了文本，用生活经验取代了阅读经验；二是经验不足，功力不够，不足以撞开小说的山门。

第二，要有更广阔的阅读。

一个生活在山里的人有对山的经验，一位走遍千山万水的旅行家也有对山的经验，但两者对山的经验是不同的。山里人的经验是关于这座山的，能走此山的大道和小径；旅行家的经验是关于更多山的，他知道更多山的特点和特色。

经验能否在阅读中起作用，一是看经验的丰富程度，只有经验足够丰富，才能应对千变万化的阅读世界；二是看经验之间的联系，判断经验这把钥匙和文本这把锁是否对应。如阅读传统小说的钥匙就难以打开先锋实验作品《十八岁出门远行》的锁。

视野狭窄的经验、生搬硬套的经验，都是有毒的经验。这时，你需要的是坐下来读更多的书，细细品位其中的道理。

第一节　在慢的地方兜兜转转

读小说，吸引眼球地方的往往是情节。但只关注情节，这也是大多数学生的阅读现状。怎样带着学生看到小说中更丰富、更精彩的世界，这需要我们从情节的狂奔中慢下来。

那么究竟怎样解决上述问题呢？当然还是从情节开始着手。

要看情节，那就先讲一个故事：

一个男人喜欢上了一个漂亮的姑娘，但这个姑娘喜欢一位英俊的护卫队队长。这个男人在姑娘和护卫队队长约会时刺伤了护卫队队长，姑娘被人当成凶手捉拿起来。丑陋的敲钟人曾受过姑娘的恩惠，于是救了姑娘，但姑娘还是被处以死刑，于是敲钟人把那个男人推下了钟楼。

乍一看这是三流言情小说的情节。

可这是压缩的《巴黎圣母院》中故事情节呀！

再讲一个故事：

一个老人独自在海边打鱼，他钓到一条马林鱼。这条鱼拽着鱼丝游到很远的海上，老人跟了它一天一夜，又一天一夜，最后鱼浮出海面，老人驾船过去绑住它。鲨鱼游过来袭击那条鱼，老人独自在小船上对付鲨鱼，用桨打，累得筋疲力尽，鲨鱼却把能吃掉的鱼肉统统吃掉了。两天后，渔民们在朝东30公里的地方找到了那条船，发现马林鱼的头和上半身绑在船边上，剩下的鱼肉不到一半。这位老人正在船上哭，损失了鱼，他快气疯了。鲨鱼还在船的周围打转。

毫不出彩的故事。

可这是《老人与海》的前身———则通讯。

看完干巴巴的情节，我告诉学生，故事追求的是曲折，如同漂流，重要的是漂流的刺激惊险，看船只如何在波涛中颠簸跳跃，看船只如何冲过了九道十八弯。小说也有故事，但小说往往大于故事，如同在河中航行，航程很重要，但更重要的是两岸络绎不绝的景色。河道也有九曲回肠，但有时候船会停下来，让我们看岸边的一棵树、一块石头，看天空的一朵流云、一只飞鸟。

做完比较，带着学生研读《老人与海》中那些慢慢讲来的部分：搏斗——五次和鲨鱼的搏斗——搏斗中老人的内心世界，如：

他想：能够撑下去就太好啦。这要是一场梦多好，但愿我没有钓到这条鱼，仍然独自躺在床上的报纸上面。（"这要是一场梦多好。"老人反复说，但残酷的现实就在眼前，老人提醒自己要撑下去。疲惫不堪的人生，需要"撑"，才能"撑"起一片天空。罗曼·罗兰说过："真正的光明绝不是永没有黑暗的时间，只是永不被黑暗所淹没罢了；真正的英雄绝不是永没有卑下的情操，只是永不被卑下的情操所屈服罢了。"）

"可是一个人并不是生来要给打败的，"他说，"你尽可把他消灭掉，可就是打不败他。"（这句话知名度很高，是小说的精髓，是照亮小说全篇阅读的明灯，读懂了这句话，也就读懂了老人拖着鱼骨回来的意义）

有了事儿就担当下来。（苦难不可逃避，命运的鲨鱼来临时，我们只能拿起船桨，去面对）

你生来是个打鱼的，正如鱼生来是条鱼。（命运赋予了我们每个人不同的角色，不可更改）

它跟你一样靠着吃活鱼过日子。它不是一个吃腐烂东西的动物，也不像有些鲨鱼似的，只知道游来游去满足食欲。它是美丽的、崇高的，什么也不害怕。（这世界上有不同的生存方式，"吃活鱼"的，"吃腐烂东西"的，吃是为了"过日子"，为了"满足食欲"。吃什么、怎么吃，代表的是不同的生存状态）

如果搏斗一次了之，这种叙述是快的，但作者用了五次。如果五次仅仅描写搏斗，这种叙述依然是快的，但作者在五次叙述中渗透了老人的内心世界。阅读《老人与海》时，大家的关注点都在老人和鲨鱼的五次搏斗上，认为和鲨鱼的五次搏斗表现了老人的勇敢、顽强、坚韧。这是没错的，但若止步于此，便错过了阅读最重要的风景。武侠小说中也有高手和众人的搏斗，经常是车轮大战，和一个人打，和众人打，和高手打，和仇人打……突出的就是一个"打"字，这是故事，是关于如何"打"过对方、武功盖世、手刃仇人、行侠仗义、英雄救美、拯救苍生的故事。

《老人与海》中反复的"打"不同于武侠小说中的"打"。它打的是有思想的鱼，打开的是一个内心的世界。孤寂无边的海上，老人的自言自语不就是关于人生命题的思索吗？

当我们不再急着跟着情节东奔西跑时，当我们慢下来去仔细体味这些慢慢的讲述时，我们才真正进入了小说的世界。

第二节　从"休提"的"闲话"里看匠心

高中语文人教版必修3的小说教学重点是对环境和人物的研读，必修5的小说教学重点是对情节和主题的研读。

《林教头风雪山神庙》的精彩莫过于情节的设计。如何让学生感受情节的精彩呢？

《林教头风雪山神庙》开篇讲林冲在沧州与故人李小二相遇。热热闹闹讲了近500字之后，文章说："且把闲话休题，只说正话。"

教学《林教头风雪山神庙》，我们就讲"闲话"和"正话"。

问题设计："闲话"是什么？既然是"闲话"，为什么还要讲这么多？"正话"是什么？"正话"和"闲话"之间是什么关系？

首先和学生一起讨论"闲话"。

探讨一："闲话"里说了哪些内容？

两人相交的过往，林冲对李小二的帮助；李小二对林冲来此原因的追问；李小二的现状；李小二夫妻二人对林冲的感激。

探讨二：如果不提这些"闲话"，下面的故事如何讲述？

没有"闲话"中的种种交代，就没有李小二发现陆虞候、偷听报恩的故事，就没有林冲买刀寻仇的故事，被派到草料场也会很突兀。没有和李小二的这段过往，英雄身上的光芒也会暗淡很多，侠义的成分缺少凸显。"仗义每多屠狗辈，负心多是读书人"，李小二的知恩图报也和陆虞候的卖友求荣形成对比。

因此,"闲话"不闲,"闲话"对丰富人物形象、情节的发展、主题的凸显都有着十分重要的意义。作者的"闲话"看似虚晃一枪,实则一石三鸟,闲中有忙。

"闲话"实乃精心设置的情节。

接着和学生一起探讨"正话"。

探究一:"正话"讲林冲复仇,林冲是怎样走向复仇之路的?

隐忍—苟安—惊闻真相—手刃仇人。

探究二:文章是怎样讲述这个故事的?

要讲得曲折有致、扑朔迷离、合情合理。

如何讲出这种效果呢?

安排两场偷听(隔墙有耳):一场偷听,有意而为之,却听得虚虚实实;一场偷听,无意为之,却真相大白。

安排一把尖刀,这把尖刀代表怒火,林冲买刀寻仇,怒火并没有燃烧起来,就"自心下慢了"。

安排了一个酒葫芦,所以有林冲天寒沽酒,沽酒遇山神庙,山神庙临时存身,山神庙惊闻阴谋。

安排了一个不会起火的火盆,来体现林冲的谨慎、缜密。

安排了一条花枪,这条花枪与林冲形影不离,是身份的象征,先是用来挑酒葫芦,后用来复仇,挑着仇人的首级。

安排了一场漫天的风雪,代表人物的处境和命运。

安排了一块巨石,揭示真相。

安排了一处山神庙,写英雄的沦落,也作为对恶人的审判之地。

安排风雪交加、大火冲天而起,代表林冲和这个世界的决裂。

这中间,有铺垫,有伏笔,有波澜,有烘托。"正话"写得波澜壮阔,"闲话"写得细针密线、严丝合缝、进退自如。二者珠联璧合,讲述英雄末路、英雄奋起的故事。

探究三:同样是走上梁山的路,作者是怎样讲述鲁智深的故事的?

这个问题的设计意在让学生在比较阅读中明白,情节都是沿着人物的性格逻辑发展的。

林冲的故事是忍到忍无可忍的故事，鲁智深的故事是从救人到自己失去一切的故事。

林冲不是要刻意做英雄的，但他在忍的过程中磨砺了自己。英雄，不是冲动，不是一时兴起，是心灵的磨砺和炼狱。正是由于林冲能忍，他才完成了向着英雄的蜕变，日后也就有了水泊梁山上那只凶猛的豹子。也正是他的能忍，使我们在他的身上很少能看到快意恩仇，但我们看到了一个普通人对现世安稳的渴求，因而更为真实，悲剧意味也更为深刻。

鲁智深不是林冲，"忍"不是他的性格，他行事历来是路见不平一声吼，虽然提辖做不成了，和尚做不成了，但鲁智深一直在做他自己。赤条条来去无牵挂，这是"佛"的境界。林冲对人世有眷恋，所以他会去"忍"，他是英雄，但他也有寻常人的七情六欲，在发配千里之外的沧州时，他还在想，哪一天能够回去。英雄的梦里，有妻子的容颜，有家的温暖。这是"人"的境界。

第三节　探寻小说情节发展的内在逻辑

小说的情节发展都有自己的逻辑，虽不同于生活逻辑，但和生活逻辑密切相关。

学生阅读作品时，经常将二者混淆。

读《装在套子里的人》，不理解小人物别里科夫何以有如此巨大的影响力，辖制全城的人十五年。读《边城》节选部分，不理解小说讲述三个端午节的意义，觉得故事节奏慢而不知所云。

要解决这两个难题，需要学生读懂小说中的"个"与"类"。学生的困惑之处，也正是小说研读的入口。

研读《装在套子里的人》，我设计了这样的问题：

别里科夫是个什么样的人？他的影响力体现在哪里？

这个问题旨在引导学生关注小说对别里科夫的影响力的渲染——

在教务会议上，他那种慎重，那种多疑，那种纯粹套子式的论调，简直压得我们透不出气。

我们教师们都怕他。信不信由您。我们这些教师都是有思想的、很正派的人,受过屠格涅夫和谢德林的陶冶,可是这个老穿着雨鞋、拿着雨伞的小人物,却把整个中学辖制了足足十五年!可是光辖制中学算得了什么?全城都受着他辖制呢!

这样一个小人物为什么有如此大的影响力?

这个问题旨在引导学生关注这类人的普遍性——

在别里科夫这类人的影响下,全城的人战战兢兢地生活了十年到十五年,什么事都怕。他们不敢大声说话,不敢写信,不敢交朋友,不敢看书,不敢周济穷人,不敢教人念书写字……

可是一个礼拜还没有过完,生活又恢复旧样子,跟先前一样郁闷、无聊、乱糟糟了。局面并没有好一点。实在,虽然我们埋葬了别里科夫,可是这种装在套子里的人,却还有许多,将来也还不知道有多少呢!

作为"类",别里科夫是强大的,小人物能够钳制全城人的思想;作为"个",别里科夫则是脆弱的、不堪一击的,华连卡兄妹的一推一笑便结束了别里科夫的生命。

小说中别里科夫异于常人——故事逻辑,又同于常人——生活逻辑。异于常人——对某种性格的放大,如别里科夫对现有秩序的维护、对新生事物的恐惧;同于常人——也有生活的需要,如恋爱、结婚等。两者的交织,便有了"于是他昏了头,决定结婚了"。

《边城》中,沈从文用三个端午节讲述了翠翠爱情的萌发,这种古老的爱情,是翠翠的,也是时代的,不同于现代言情剧的偶然、巧合,一切都是人性的顺理成章。它写在特定的时间,一个人怎样走进另一个人的生命里,走进另一个人的心里,为什么是傩送而不是天保呢。

小说的第一节讲渡口的爷爷和孙女,小说的第二节讲边城的风俗和顺顺一家人,小说的第三节讲边城的端午节。教材的节选部分从第三节开始。

小说的情节如同树木的生长,自然,顺"理"而成章。《边城》的精彩之处在于,沈从文在人物的故事开始前,讲故事背景、风土人情,这些东西讲好了,故事也就如风行水上,自然成文了。但这些内容往往是读者容易忽略的地方。

我带领学生读懂翠翠的爱情,需要从前三节读起。

孤寂的祖父:"他唯一的朋友为一只渡船与一只黄狗,唯一的亲人便只那个女孩子。"

悲剧的母亲:"女儿一面怀了羞惭一面却怀了怜悯,仍守在父亲身边,待到腹中小孩生下后,却到溪边吃了许多冷水死去了。"

单纯的翠翠:"翠翠在风日里长养着,把皮肤变得黑黑的,触目为青山绿水,一对眸子清明如水晶。自然既长养她且教育她,为人天真活泼,处处俨如一只小兽物。"

民风淳朴的边城、慷慨仗义的顺顺一家、热闹的节日等一起构成了故事发生的背景。

第四节把笔触放到两年前的端午,祖父同翠翠一起去城里到大河边看划船。"河边站满了人,四只朱色长船在潭中划着。龙船水刚刚涨过,河中水皆泛着豆绿色,天气又那么明朗,鼓声蓬蓬响着,翠翠抿着嘴一句话不说,心中充满了不可言说的快乐。"这是少女青春的觉醒。

当祖父反复问翠翠一个人到城里害怕不害怕时,翠翠的回答是:"人多我不怕。但是只是自己一个人可不好玩。""怎么不敢?可是一个人玩有什么意思?"这是少女青春的孤寂。在等待祖父的过程中,"假若爷爷死了"这样的担忧、恐惧挥之不去。暮色苍茫,内心的孤独达到一种极致。

这样的情境、这样的心境之下,一个人出现了,有误会,有关怀,这份关怀便这样适时地触动了少女的心,情因此而起,一往而情深。

小说写顺顺的两个儿子:"两个年青人皆结实如小公牛,能驾船,能泅水,能走长路。凡从小乡城里出身的年青人所能够作的事,他们无一不作,作去无一不精。年纪较长的,如他们爸爸一样,豪放豁达,不拘常套小节。年幼的则气质近于那个白脸黑发的母亲,不爱说话,眼眉却秀拔出群,一望即知其为人聪明而又富于感情。"

他们一样优秀,但在特定的情境下,注定走入翠翠生命的,是傩送,不是天保。

这样的写法,写出的是普遍的人性——类,也是特定的人物——个。

小说写出了故事的逻辑,也是生活的逻辑。

读懂这些,学生才能明白翠翠式的爱情,朦胧、模糊而又执着,无法表露,只能深藏于心,孤独而又无人能懂。

于是有了小说的第五节，第二个端午节，"翠翠为了不能忘记那件事，上年一个端午又同祖父到城边河街去看了半天船，一切玩得正好时，忽然落了行雨，无人衣衫不被雨湿透"。这个端午节，翠翠没有遇到傩送，却遇到了天保。

这个端午节，翠翠对往事回味不已，"翠翠同她的祖父，也看过这样的热闹，留下一个热闹的印象，但这印象不知为什么原因，总不如那个端午所经过的事情甜而美"。她只能暗暗听那个人的消息，"那水上名人同祖父谈话时，翠翠虽装作眺望河中景致，耳朵却把每一句话听得清清楚楚"。她只能遥想他所在的地方，"翠翠一面听着一面向前走去，忽然停住了发问：'爷爷，你的船是不是正在下青浪滩呢？'"

小说第五节、第六节，都在写爱情里孤寂的、无法自主的翠翠。这样的环境、这样的性格、这样的生活，于是有了这样的爱情。这就是为何没有恶势力的干扰，爱情一样是悲剧的原因。

读懂这些，学生也就明白，《边城》讲的是爱情故事，写的是人性。在翠翠和傩送之间，爱情似乎发生了，又似乎从来没有存在过。以我们今天的眼光来看，这份爱情是极淡的，爱情的悲剧似乎也是可以避免的，但放在这样的背景之下，悲剧又是符合逻辑的，无法阻拦的。

第四节　一起设计小说的人物命运

学生不喜欢《祝福》的女主人公祥林嫂这样的形象，不难理解，因为他们是看着《甄嬛传》《三生三世十里桃花》《楚乔传》这样的电视剧长大的。这些电视剧里的女主人公，强大、美丽、聪慧，其人生就是一部励志传奇，她们可以把控自己的人生，她们的背后还站着强大的男主人公——皇帝、阿哥，再不济也是个将军。祥林嫂呢？是社会中的弱者，所有的人都把她往死里推，人生就是毫无作用的挣扎。

在虚幻的圆满和真实的残酷之间，学生更喜欢前者的巧合，而不满后者的深刻。

读《祝福》时，我带着学生进行了这样几个层次的研读：

1. 祥林嫂一生事迹罗列。

2. 祥林嫂的好运研究。

3. 祥林嫂命运中的偶然因素。

4. 祥林嫂悲剧的必然性。

第1个问题的答案罗列如下：

(1) 嫁给比她小十岁的丈夫；

(2) 丈夫死；

(3) 出逃做工，被抓回去，卖到山里嫁给贺老六；

(4) 第二个丈夫死；

(5) 儿子被狼吃；

(6) 自家的房子被收，被大伯赶出家门；

(7) 到鲁镇做工，因为是寡妇而受到歧视；

(8) 花掉历年的积蓄捐门槛赎罪，依然被歧视；

(9) 被赶出鲁家，失去生活的来源，沦为乞丐；

(10) 怀着恐惧，追问死后一家人能不能团聚；

(11) 死在祝福的夜里，被骂死得不是时候。

这种罗列虽然非常简单，但放在一起，一个人命运的悲惨则让人触目惊心。她生无所依，死无所寄，生无快乐，死无希望，似乎集中了一个女人的所有苦难，似乎这些苦难都偶然聚集到她的周围。碰巧两次失去丈夫，碰巧儿子被狼吃掉。

这种命运似乎充满了偶然。

针对第2个问题，带着学生尝试给祥林嫂设计好运。文中，祥林嫂似乎是有过好运的。卫老婆子说："她到年底就生了一个孩子，男的，新年就两岁了。我在娘家这几天，就有人到贺家墺去，回来说看见他们娘儿俩，母亲也胖，儿子也胖；上头又没有婆婆；男人有的是力气，会做活；房子是自家的。——唉唉，她真是交了好运了。"

通过对这一段话的研读，引导学生关注好运的条件：

1. 生了一个孩子——男的。

2. 上头没有婆婆。

3. 男人有的是力气。

4. 房子是自己的。

作者似乎在谈祥林嫂的好运，但这好运是附加了非常苛刻的条件的，因为这些条件都是她自己无法控制的。所以，好运才如此脆弱。不到两年的时间，有力气的男人病死了，儿子被狼吃了，自己的房子被收了。一瞬间，命运变脸了，祥林嫂又成了一个一无所有的人。这个世界什么也没有给她——生存的权利、说话的权利……

此处，引导学生看清好运背后的东西。

好运只不过为了加大打击的力度。第二个丈夫的存在是为了让她成为"败坏风俗的人""有罪的人""不干不净的人"，如果说第一个丈夫的去世人们觉得还可以原谅她，再嫁后丈夫的去世则罪无可赦了。儿子的"有"是为了让她失去唯一的支撑。那是她生命里唯一值得惦记的东西，生不能一起，死也只能怀着不能相见和被锯开来的恐惧。房屋的"有"是为了让她被撵出去。自家的房子，自家是谁呢？贺老六死了，这个家自然也就不再是她的家。她是一个没有家的人。或许从来就没有过，如果有，何以嫁给了比她小十岁的丈夫呢？如果有，何以被卖掉呢？如果有，何以被驱逐呢？命运原来没有给她一个出口，所有的"有"都是为了失去得理直气壮。命运让她坠落，还要绑上巨石。

因此，《祝福》不是在讲一个集合了所有偶然的悲剧故事。

祥林嫂的命运看似偶然，但每一个偶然背后，都有必然的推手。似乎每一次，作者都告诉了我们"最不可能"，但往往又发生得"最为可能"。祥林嫂"手脚都壮大""整天的做，似乎闲着就无聊，又有力，简直抵得过一个男子"。这样的人无论到哪里都可以生存下去的，但最终沦为乞丐，饿死街头。饿死街头是偶然，但一个只有力气的人终究会失去力气，一个劳动工具的价值最终会被榨干，因此被撵出鲁家、沦为乞丐就成了必然，只不过是时间早晚的事。贺老六是老实人，年纪轻，有的是力气，这样的人，应该和早逝无缘的，竟然断送在了伤寒上。伤寒是偶然，但如果疾病和贫穷、愚昧一起上阵，早逝也就成了必然。阿毛听话，祥林嫂勤劳，春天不会有狼，但阿毛被狼吃掉了。阿毛在春天被狼吃掉是偶然，但一个寡妇的孤立无助，让阿毛生命的逝去成了必然。

鲁迅通过一个貌似集中了很多偶然的故事来讲一个人命运的必然。没有婚姻自主权，没有对自己生命的支配权，没有劳动权，没有财产权，没有说话权……只有一身力气，这样的人在这样的世界上活着，是没有出路的，也是不配在这个世界上活着的。这个世界没有给她提供一条生路，命运没有出口，棋局已定，怎样做都是徒劳。其实命运也不是命运，命运不过是借口。她生存的社会，戴着不同的面具——政权、神权、族权、夫权，夺走了她的一切。注定无处可逃，因为早已是笼中之物，所有的挣扎，不过是从笼子的这一边撞向那一边。

祥林嫂死了，连作者也无法阻挡。小说主人公的命运是不可修正的。这种不可修正正是小说的真实，也是小说的深刻之处。

第五节　做场景的设计师

网上流传的题目：为什么期末考试前会下雨？
答曰：
（1）渲染了一种阴郁压抑的气氛；
（2）暗示了人物的悲惨命运；
（3）烘托了内心的苦闷和悲凉；
（4）为回校被老师批评埋下伏笔；
（5）与学霸的成绩形成鲜明的对比。
满满的都是高中小说环境类题目的答题套路。

学生掌握了环境的套路，并不代表理解了。如《林黛玉进贾府》中，环境描写的作用是什么？对此，学生也能整出一套标准答案来，但标准答案和深刻的理解之间还隔着一段距离。

在学生的阅读中，环境经常被忽略。如读《巴黎圣母院》时，前面的环境描写往往是被学生跳过去的。小说阅读中，环境恰恰是需要慢下来阅读、真正去感受的。

《林黛玉进贾府》是曹雪芹借林黛玉这个外来者的眼睛第一次对贾府的环境进行浓墨重彩的描写，包括房屋的布局、家族背景的介绍、人物性格的暗示、人物地位的呈现、人物命运的揭示，集合了多种功能，是教学

的重点。

小说阅读的第二节课，我将教学目标锁定在对《林黛玉进贾府》中环境描写的研究上。

在对本文的环境描写进行探究之前，我带着学生对初中语文教材中小说的环境描写进行了系统的梳理。通过对这些经典片段的梳理，学生总结出了环境描写的作用：

环境与人物——交代人物身份；衬托人物性格；烘托人物心情；交代人物活动背景。

环境与主旨——交代背景；烘托主题；深化主题；象征和暗示。

环境与情节——营造氛围；展开、推动故事情节。

结论不是终点，规律指向运用。

为进一步感受环境的这些作用，我把学生的视线引向电视剧中的环境设置：武侠小说中，描写崇山峻岭，通常是为了表现侠客的轻功高绝，描写山中清幽，通常是为了体现隐士的性格高雅；爱情小说中，描写月色皎洁，通常是为了渲染男女主角约会的浪漫，描写绿树成荫，通常是为了渲染男女主角爱情的甜蜜；推理小说中，一条破旧的街道、几块碎裂的砖头，很可能隐藏了凶案的重要线索；历险小说中，沙漠、大海、原始森林，越艰苦的环境越能表现出主人公坚韧的性格。如果你是导演，你如何来进行场景设置？

要求学生设置一个场景，其他学生猜一猜他所要表达的内容。

有的学生设置了枯草连天的牧场、布满蜘蛛网的小屋，有的学生设置了瓢泼大雨，有的学生设置了细雨蒙蒙的小巷……

学生有了一定的体验后，我开始带领学生对《林黛玉进贾府》中的环境进行研读，研读时主要关注以下几个问题：

（1）环境的观察者（黛玉）。

（2）观察的对象（贾母居处、贾赦居处、贾政居处、贾府外街、贾府内部、贾府礼仪等）。

（3）环境的特点。

（4）环境的用意。

研读完毕，观看并比较1987年版电视剧《红楼梦》与2010年版电视剧《红楼梦》中"林黛玉进贾府"的环境呈现。

第六节　在追问中接近真相

阅读时充满疑问，是一个优秀阅读者的表现之一。真正的阅读，是从追问开始的。

一个没有疑问的读者，是被情节牵制着的人，经常在情节阅读完毕之后便匆匆宣告阅读结束。

读小说只看到情节，是把小说仅当故事来读了。小说中有故事，但小说又不同于故事，故事只是小说中很少的一部分，是小说要"说"的借口。

阅读要关注情节，更要关注细节。作家的心思往往藏在细节里，一个有经验的读者往往沿着作者设置的障碍一路追问下去。

高中语文人教版必修3的三篇小说课上完之后，我带着学生读鲁迅的《药》。《药》的阅读难度较大，容易让学生读起来不明所以，但也可以激发学生的探索兴趣，其精心的构思是最容易让学生通过探索而有所获的。

和学生共读《药》，旨在促使学生在追问中找到答案。

第一步，学生提问。学生提出的问题梳理如下：

（1）《药》写的是谁的药？

（2）文章的主人公为什么叫华小栓和夏瑜？

（3）两家的姓为什么单取了"华"和"夏"？

（4）文章开头先写没有光的世界："秋天的后半夜，月亮下去了，太阳还没有出，只剩下一片乌蓝的天；除了夜游的东西，什么都睡着。"然后写亮起一盏灯，让屋子里弥满了青白的光。这里的描写有什么作用？

（5）鲁迅对秋天似乎并无好感，"曾惊秋肃临天下""世味秋荼苦"……这一篇文章起笔也是秋天，而且是秋天的后半夜。为什么这样写？

（6）作者对华老栓装钱的动作写得很仔细，为什么？

（7）作者为什么不厌其烦地写看客看杀人？

（8）"黑的人"很可疑，他是什么身份？

（9）为什么整篇小说华小栓一句台词都没有，只是咳嗽？

（10）为什么每当康大叔说"包好，包好"时，华小栓的咳嗽就更加厉害？

（11）华老栓去买药的路上，"有时也遇到几只狗，可是一只也没有叫"。这里的描写有什么作用？

（12）华老栓的路，买药前是灰白的路，买药后是一条大道，为什么路会不同？

（13）从"太阳还没有出"到"太阳出来了"，这样写有何用意？

（14）为什么写士兵的衣服？

（15）写"药"的现身过程：碧绿的包、红红白白的破灯笼、红黑的火焰、红的馒头、黑色的东西、窜出一道白气、两半个白面的馒头。这样写有什么作用？

（16）写华家所用道具——遍身油腻的灯盏、茶桌（滑溜溜的发光）、满幅补丁的夹被，作用是什么？

（17）驼背五少爷的身份是什么？

（18）没有出场的夏三爷是什么身份？

（19）写二十多岁的年轻人的"气愤"有何用意？

（20）写茶客们的聊天有何用意？

（21）发疯的是谁？可怜的是谁？

（22）坟地的那条细路有何蹊跷？

（23）"两面都已埋到层层叠叠，宛然阔人家里祝寿时的馒头"，此处写馒头有何用意？

（24）作者安排吃药者和被吃者的两位母亲相遇在坟场，是何用意？

（25）坟场意味着什么？

（26）华老栓为什么没有出现？

（27）为什么夏四奶奶的圆篮是朱漆的和破旧的？

（28）夏瑜的坟上有一圈红白的花，而其他人的坟上只有几点青白小花，作者这样写有何用意？

（29）文末为什么写"微风早经停息了"？

(30) 小说最后描写乌鸦飞走是何用意？

第二步，研究学生提出的问题。

这些问题中，第一类问题是很多研究者已经提及的经典问题，如关于"华夏"、文中主人公的名字、刑场的看客、"黑的人"的身份、夏瑜坟上的花环、两位母亲相遇于坟场、文章结尾的乌鸦等。

第二类问题是学生自己的发现，如药的现身过程，学生关注到了其色彩的使用："碧绿"—"红红白白"—"红黑"—"红"—"黑色"，这些都充满了神秘感，直到"窜出一道白气"，原来是两半个白面的馒头，神秘感消失，从故弄玄虚到真相显现，预言了这种"药"的无效，不管如何包装，馒头还是馒头，不是药。

又如，驼背五少爷的身份，"驼背"和"少爷"，一个是苍老、畸形，一个是年轻、富贵，作者将二者放到一起，显然是大有深意的，思想的畸形、精神的病态可见一斑。

第三类问题体现了学生阅读的打通，如关于秋天的提问。没有广泛的阅读，便没有这类问题的诞生，由一篇文章到一个作家，研究一个作家的风格、词汇的偏好，是一种很好的阅读习惯，是"挑出来"的阅读。

第三步，探寻发问的发现。

问题的层次，就是学生对小说的思考深度。

小说可追问的地方很多，最简单的就是对"重复"和"反常"的追问。

读小说如同猜谜语。小说的作者既要让读者知道其意图，又不能轻易地让读者发现，所以经常将意图掩盖起来，同时留下蛛丝马迹。

一个人想说明白的事，会反复说。小说也是如此。如《十八岁出门远行》中多次出现的"旅店"，《祝福》中反复出现的"祝福"场景，对故乡人的描写"他们也都没有什么大改变，单是老了些"。

小说的"机关"，就隐藏在这些地方。

学生提出的问题十分精彩，但我们的课堂不能被这些问题淹没。课堂毕竟不是答记者问。没有主干问题的确立，课堂就是一盘散沙。因此，教师需要梳理这些问题，让学生依据这些问题进行思考，明确清晰的阅读路径。

主问题是通向文章中心的大道，小问题是辅路。

我需要带着学生进行几个大的问题的追问：

（1）文章写的是谁的故事？故事的特殊性体现在哪里？（人物和情节）

（2）作者想要表达什么？（主旨）是借助什么来表达的？

（3）作者通过什么手段赋予了故事更多的信息？（讲述的技巧）

小说阅读教学的几个观点：

（1）提出问题的学生，是好的读者。

（2）深入追问的学生，问题已是答案。

（3）从哪里发问，是阅读的关键。

（4）小说的重复和反常处，常常有机关。

（5）在众多的问题中，确立主道，沿着问题抵达小说的"心窝"。

第七节　流连在小说的开头

我让学生读了几部小说的开头：

莫言的《红高粱》：一九三九年古历八月初九，我父亲这个土匪种十四岁多一点。他跟着后来名满天下的传奇英雄余占鳌司令的队伍去胶平公路伏击日本人的汽车队。

莫言的《檀香刑》：那天早晨，俺公爹赵甲做梦也想不到再过七天他就要死在俺的手里；死得胜过一条忠于职守的老狗。

郭敬明的《幻城》：很多年以后，我站在竖立着一块炼泅石的海岸，面朝大海，面朝我的王国，面朝臣服于我的子民，面朝凡世起伏的喧嚣，面朝天空的霰雪鸟，泪流满面。

加西亚·马尔克斯的《一桩事先张扬的凶杀案》：圣地亚哥·纳赛尔在被杀的那天，清晨五点半就起床了，因为主教将乘船到来，他要前去迎候。

加西亚·马尔克斯的《纯真的埃伦蒂拉与残忍的祖母》：当那场给埃伦蒂拉终生带来不幸的灾风刮起来的时候，她正在给祖母洗澡。

李锐的《旧址》：事后才有人想起来，1951年公历10月24日，旧历九月廿四那天恰好是"霜降"。

中编 打通一类：四通八达的文体教学

....
学生看了说，这些小说的开头好像啊！

我问哪里像，学生说都是站在将来的角度叙事。

我继续追问，这样叙述有什么好处？

学生说，既像回忆，又像预言；既是故事的开端，又是故事的结局，时空交替；有悬念，也有未来对过去的俯视。

我说，是的，这种叙述的母版是加西亚·马尔克斯的《百年孤独》的开头：

许多年之后，面对行刑队，奥雷良诺·布恩地亚上校将会回想起，他父亲带他去见识冰块的那个遥远的下午。

这个天才的开头影响了无数的作家，我问同学们能否试一试。

学生讲：

很多年以后，站在帝国大厦，他回想起那场改变了他命运的考试……

很多年以后，在距离故乡的万里之外，她想起那年春天洛城纷飞的柳絮……
....

我说道："一部经典的小说，总是很重视它的开头。好的小说的开头有开天辟地之功，也让阅读的人欲罢不能，请各位同学推荐你喜欢的小说开头并陈述理由。"

我推荐了《我是范雨素》的开头：

我的生命是一本不忍卒读的书，命运把我装订得极为拙劣。

又推荐了自己喜欢的作家张爱玲的两篇小说的开头：

《沉香屑第一炉香》：请您寻出家传的霉绿斑斓的铜香炉，点上一炉沉香屑，听我说一支战前香港的故事。您这一炉沉香屑点完了，我的故事也该完了。

《茉莉香片》：我给您沏的这一壶茉莉香片，也许是太苦了一点。我将要说给您听的一段香港传奇，恐怕也是一样的苦——香港是一个华美的但是悲哀的城。

两篇小说开头的特点是：都营造了一种讲故事的氛围，淡淡的熏香、微苦的茉莉香片，把人带到了过去的时光中。

学生推荐的有《追风筝的人》的开头：

我成为今天的我，是在1975年某个阴云密布的寒冷冬日，那年我十二岁。我清楚地记得当时自己趴在一堵坍塌的泥墙后面，窥视着那条小巷，旁边是结冰的小溪。许多年过去了，人们说陈年旧事可以被埋葬，然而我终于明白这是错的，因为往事会自行爬上来。回首前尘，我意识到在过去二十六年里，自己始终在窥视着那荒芜的小径。

学生说，这是一种回忆式的写法，有对人生的审视，这种叙述往往主观情感比较浓烈。我又给大家推荐了三个这样的开头：

一是老舍的《月牙儿》：

是的，我又看见月牙儿了，带着点寒气的一钩儿浅金。多少次了，我看见跟现在这个月牙儿一样的月牙儿；多少次了。它带着种种不同的感情，种种不同的景物，当我坐定了看它，它一次一次的在我记忆中的碧云上斜挂着。它唤醒了我的记忆，像一阵晚风吹破一朵欲睡的花。

二是达芙妮·杜穆里埃的《蝴蝶梦》：

昨晚，我梦见自己又回到了曼陀丽庄园。恍惚中，我站在那扇通往车道的大铁门前，好一会儿被挡在门外进不去。铁门上挂着把大锁，还系了根铁链。我在梦里大声叫唤看门人，却没人答应。于是我就凑近身子，隔着门上生锈的铁条朝里张望，这才明白曼陀丽已是座阒寂无人的空宅。

三是玛格丽特·杜拉斯的《情人》：

我已经老了，有一天，在一处公共场所的大厅里，有一个男人向我走来。他主动介绍自己，他对我说："我认识你，永远记得你。那时候，你还很年轻，人人都说你美，现在，我是特来告诉你，对我来说，我觉得现在你比年轻的时候更美，那时你是年轻女人，与你那时的面貌相比，我更爱你现在备受摧残的面容。"

我继续引导学生，一些开头是饱含情感的，如盛夏充足的雨水；还有一些开头是饱含哲理的，如秋天的果实。

我以海明威的《丧钟为谁而鸣》的开头为例：

谁都不是一座岛屿，自成一体；每个人都是欧洲大陆的一小块，那本土的一部分；如果一块泥巴被海浪冲掉，欧洲就小了一点，如果一座海岬，如果你朋友或你自己的庄园被冲掉，也是如此；任何人的死亡使我有所缺损，因为我与人类难解难分；所以千万不必去打听丧钟为谁而鸣；丧钟为你而鸣。

我问学生能联想到哪部小说，有学生提到了考琳·麦卡洛的《荆棘鸟》的开头：

传说中有一种荆棘鸟，一生只唱一次，那歌声比世界上所有一切生灵的歌声都更加优美动听。从离开巢窝的那一刻起，她就在寻找荆棘树，直到如愿以偿。然后，她把自己的身体扎进最长、最尖的刺上，在那荒蛮的枝条之间放开歌喉。在奄奄一息的时刻里，她超脱了自身的痛苦，那歌声使云雀和夜莺都黯然失色。这是一曲无比美好的歌，曲终而命竭，然而，整个世界都在静静地谛听，上帝也在苍穹中微笑。因为，最美好的东西只能用深痛巨创来换取。

一起探讨到这里，我让学生课后继续研究和推荐自己喜欢的小说开头。

朱熹说："读书须读到不忍舍处，方是见得真味。"

小说中风景连绵，很多人奔向结局而去。在小说的开篇之处，我们能否驻足流连一会儿？当一部书读完，我们能否再回到开头，看一路连绵而来的风景？

出发地本来也是风景。

第八节　抓住小说的尾巴

故事总有讲完的时候，这就是小说的收尾。

小说到哪里收尾，这是个值得探讨的问题。

如鲁迅的小说《祝福》，按照常规的思路，祥林嫂之死应该是小说的结尾可不是。祥林嫂死了，鲁四老爷大骂"不早不迟，偏偏要在这时候，——这就可见是一个谬种"，短工漠然答"怎么死的？——还不是穷死的？"才是结尾。这样的结尾才有悬念，这样的结尾才会让人在悲凉中深思。还有鲁迅的《药》，吃药者和被吃者同归于坟场可以作为小说的结局，作者偏偏还要延长一段，写两位母亲上坟，写逝者的悲哀及生者的无知无觉。

完整的一篇小说如此，即便是节选的文章，编者在选择时也是特别注重小说的收尾的。如《边城》结尾写送亲远去的队伍和在船头睡去的祖父、躺在岸上的翠翠与黄狗，《老人与海》结尾写回到茅棚躺下的老人，都是余韵悠长，既有完整感，又让人读之欲罢不能。

小说的结尾往往影响着主旨的表达。

高尔基的小说《丹柯》的结尾写丹柯带着族人走出了丛林，如果故事到此为止，便是传统的英雄故事。但小说的最后还有一段文字："充满了希望的快乐的人们并没有注意到他的死，也没有看到丹柯的勇敢的心还在他的尸首旁边燃烧。只有一个仔细的人注意到这个，有点害怕，拿脚踏在那颗骄傲的心上……那颗心裂散开来，成了许多火星，熄了……在雷雨到来前，出现在草原上的蓝色火星就是这样来的！"这一段文字的延长，将小说的方向从对英雄的歌颂转向了对民众遗忘、践踏英雄的批判。

志贺直哉的小说《清兵卫与葫芦》的结尾，父亲砸了清兵卫的葫芦，而清兵卫被教员没收的葫芦，从清兵卫买的一毛钱，到校役以五十块钱的价格卖掉，再到古董店老板以六百块钱的价格卖掉，身价倍涨。葫芦的价值就是清兵卫独特的眼光，是清兵卫兴趣被扼杀的明证。故事至此可以结束了，但小说的最后还有一段话："……清兵卫现在正热衷于绘画，自从有了新的寄托，他早已不怨恨教员和怨恨用槌子打破了他十多只葫芦的父亲了。可是他的父亲，对于他的喜欢绘画，又在开始嘀咕了。"这个结尾预示着新的爱好有被扼杀的危险。从热衷到无言，从无言到屈服，绘画的爱好是否也是这样收尾？周而复始的命运，无法挣脱的束缚，故事讲的哪里只是一个葫芦的故事？这个结尾的延长，让人物陷入命运的循环，命运的循环又指向束缚者的专制与被束缚者的懦弱。

艾萨克·什维斯·辛格的小说《山羊兹拉特》，写迫于生活不得不被赶去卖掉的兹拉特，在暴风雪里救助了自己的小主人，故事的结尾，兹拉特免于被卖掉的命运，真正成为这个家庭的一员。故事温暖而让人深思。故事至此，也可以结束了，但最后还有一段话："有时，阿隆问它：'兹拉特，你还记得我们一起度过的那三天三夜吗？'兹拉特用角搔搔颈背，摇摇长着胡子的脑袋，发出它那唯一的声音：'咩——'"兹拉特一如既往，变化的是我们。如果我们不曾被救助，不曾被感动，山羊兹拉特在哪里？

《装在套子里的人》的结尾，别里科夫死了。如果故事至此结束，我们读到的是一个人企图束缚别人，结果却束缚自己、丢了自己的人的命运。然而，小说的最后还有一段话："我们高高兴兴地从墓园回家。可是一个礼拜还没有过完，生活又恢复旧样子，跟先前一样郁闷、无聊、乱糟糟了。局面并没有好一点。实在，虽然我们埋葬了别里科夫，可是这种装在套子里的人，却还有许多，将来也还不知道有多少呢！"别里科夫一个人的死不是终点，因为这种土壤之上有无数的这种恶之花；别里科夫的死不是故事的结束，专制之下委曲生存、蜷缩的灵魂才是专制的维持者。这才是小说最深刻的地方。

小说的尾巴，言简意赅，戛然而止，有一种简洁之美。

余韵悠长，欲说还休，也是一种风景。在这种延长里，常常潜藏着作者的心机，从这个意义上说，小说结尾的长度通常也影响着小说的深度。

第九节　集中研究一点

小说阅读，有一路繁花相伴式的阅读，随处皆有惊喜；也有集中于一点的研读。以高中语文人教版选修教材《外国小说欣赏》中《牲畜林》的教学为例。

这一课我主要带领学生研究一个点——延迟手法的运用。

延迟是很多小说和电影都喜欢用的一种手法，这种手法的运用，常常使让人一眼可以看到底的故事充满变数，横生出许多枝节。虽然延迟能让故事曲折生动，但如果构思不够缜密，就有可能沉闷乏味，漏洞百出。

卡尔维诺在讲到小说的快慢时说："叙述时间也可以是延缓式、循环式或静止式的。不管怎样，一个故事就是一次行动，在相关的时间长度上展开；是一种魔法，左右时间的流逝——要么把时间收缩，要么把时间稀释。"综观《牲畜林》全文，作者巧妙地稀释了时间，在延迟中让读者慢慢欣赏，渐入小说深处，不仅延迟得必要，而且延迟得合理，延迟得意味深长。

在讲授这一课时，我设计了如下问题：

（1）《牲畜林》的故事并不复杂。它讲的是德国大扫荡期间，农民朱阿的母牛被德国兵抢走，朱阿一路跟踪德国兵的故事。故事的结局，母牛得以保全，德国兵和一只凶恶的野猫一起滚下了石崖，农民朱阿受到了"像全村最伟大的游击队员和猎手一样的欢迎"，被打死的母鸡的主人吉鲁米娜也得到了一窝小鸡仔的补偿。这个故事非常简单，小说讲述的重点在哪里？

（2）小说中设计了六次瞄准，你觉得合理吗？

（3）小说中设计的六次瞄准，有什么不同？

一、关于六次瞄准的合理性的探究

故事没有大偶然，但有小巧合。情节虽然荒诞，却又真实可信。为射击德国兵，朱阿先后六次瞄准。这六次瞄准，即为延迟手法。此处的延迟，反复而不重复，符合人物的设置，符合环境的设置，延迟得合情合理。

首先，符合人物身份。农民朱阿"是村子里最蹩脚的猎手，从来瞄不准，不要说野兔子，就连一只松鼠也没打到过。当他朝树上的鸟儿开枪时，它们甚至动也不动。没人愿和他一起去打猎，因为他会把铁砂粒打到同伴的屁股上"。蹩脚的枪手自然不能一枪命中、百发百中。

蹩脚的枪法，让他不得不一次又一次瞄准。

然而，蠢笨的朱阿又是善良的。因此，即便他的母牛逃脱了之后，他也无法超脱地端起枪；因此，无论是孩子的请求，还是胖姑娘的条件，抑或老人的叮嘱，都是他犹豫的理由。

其次，符合人物性格。文中还有一个人物，那就是对手德国兵。延迟也符合"敌情"。"这是一个长得农民模样的德国兵，短短的制服遮不住那长胳膊、长脖子，他的腿也很长，拿着一杆像他一样高的破枪。他离开了同伴，想独自捞点什么。"德国兵的愚蠢和贪婪让他不停地在林子里跑来跑去：牛跑了，去抓猪；放下猪，去抓羊；放开羊，去抓火鸡；火鸡跑了，去抓兔子；兔子溜走了，又去抓鸡……

目标的变化，让朱阿不得不一次又一次瞄准。

再次，符合故事发展之理。牲畜林，这个动物们的聚集地，是这样热闹非凡，"山间小路以外的灌木丛和树林中，赶着母牛和小牛的人家，牵着山羊的老太婆和抱着大鹅的小姑娘比比皆是"。热闹的牲畜林给朱阿提供了隐蔽的地方，也提供了多个替换对象的可能。

生命的来来往往，让他不得不一次又一次重新瞄准。

这种情境之下，作者讲的不是一个英雄的传奇故事，更不是一个蹩脚枪手逆袭的故事。两个高手遭遇，会是武功的切磋；两个智者遭遇，会是智慧的较量。而两个不太聪明的人呢，没有传奇，没有一招制敌的可能，没有百发百中的神勇，有的只是蹩脚枪手朱阿一次又一次端起枪。因此，朱阿的六次瞄准，符合身份的逻辑；朱阿没能打死德国兵，符合生活的逻辑；德国兵滚下石崖，符合故事的逻辑。在这必然、果然和真实中，来了个合情合理的阴差阳错。真实和阴差阳错的合力，诞生的不是传奇，而是寓言或童话。

二、关于六次瞄准的必要性的探究

真实性是延迟的前提，而必要性则是延迟的目的。作者为什么要让朱阿瞄准六次？对于朱阿来说，当母牛得到了自由，一头钻进树林跑了时，朱阿的初衷就已经完成。但作者让朱阿又瞄准了五次。多次的瞄准，反复的延迟，危机的一次次设置，是人物塑造的需要，是情节发展的需要，也是主题表达的需要。

首先，六次瞄准是展示人物的舞台。

故事的开头，农民朱阿正在树林深处砍柴。和"热闹非凡"的逃难毫不搭调，他穿着五颜六色的衣服从田间地头"丢下木柴、斧头和蘑菇篮子，撒腿就跑"。作者设计了六次瞄准，让朱阿这个人物由远至近而来，立体地呈现在我们面前。如果说，朱阿的出场是这样毫无思想准备，就像一个没有准备好台词的演员一样匆匆上场，那么，接下来的六次瞄准就像六次特写，让我们逐渐看清人物。

第一次瞄准，是为了捍卫自己的财产——母牛。对朱阿来说，财产重于生命。第二次瞄准，出现了小猪。"朱阿手中的猎枪又跳起了塔兰泰拉

舞……这倒不是因为他要杀死那个德国鬼子,而是为了那两个可爱孩子的猪担心。"这是写朱阿的善良。第三次瞄准,出现了小羊。"朱阿简直给搞糊涂了,连扳机在什么地方也不知道了",再来一笔朱阿枪法的蹩脚。第四次瞄准,出现了火鸡。一位年轻的、戴红头巾的胖姑娘说:"如果你打死德国人,我就嫁给你。要是打死了我的火鸡,我就割断你的脖子。"德国兵的价值=娶回一个姑娘,朱阿的价值=火鸡。多么奇怪的逻辑!此时的朱阿"羞得满面通红",不仅不够从容,不够淡定,还难过美人关!第五次瞄准,出现了兔子,再次被阻止。"朱阿,别打死我的兔子,反正德国人已经把它拿走了。"这是孩子的价值观。在小姑娘的眼中,兔子活着就好,生命高于占有。第六次瞄准,出现了"一只光秃秃没剩几根毛的母鸡,人们再也不可能见到比它更老、更瘦的鸡了"。现在朱阿"可以毫无顾忌地开枪了"……

枪法蹩脚的朱阿、胆小的朱阿、爱财如命的朱阿、善良的朱阿……就这样真实地呈现在我们面前。他不是高大威猛的英雄,也不是百步穿杨的神枪手,他只是无数普通民众中的一员。谁也无法摆脱无处不在的战争,但在战争的阴霾之下,人们仍这样顽强地活着,为一头牛、一只鸡而锲而不舍,为一只羊、一只兔子而放心不下。他们又是这样乐观地活着,母鸡死了,可以替换成一窝小鸡仔。他们这样淡定地活着,大扫荡的时候,不像是逃难,更像是去赶集或走亲戚。不仅是朱阿,每个人都从这个舞台上走过,让人过目难忘。

其次,六次瞄准是情节发展的需要,情节在延迟中波澜起伏、曲折有致。

平凡、胆小、懦弱、蹩脚的枪手朱阿要完成这样一项艰巨的任务——打死德国兵,保护好那些小动物。于是,能力和目标的错位,让我们看到了这样的反复:举枪、被劝阻、犹豫、放弃……一次次的努力,一次次必然的失败……失败也这般曲折。就是在这曲折中,蕴含着喜剧的因子,积累着笑声的力量。第一次,朱阿的战战兢兢触动了我们笑的神经;第二次,朱阿的笨拙让我们忍俊不禁;第三次、第四次、第五次、第六次,我们终于再也无法控制我们的大笑。

而在这笑声中,故事也顺理成章地到达了其必然而又出乎意料的结局：母牛跑了，德国兵去追赶小猪；小猪跑了，德国兵去追赶小羊；小羊跑了，德国兵去追赶火鸡；火鸡跑了，德国兵去追赶兔子；兔子跑了，德国兵去追赶母鸡……德国兵就这样被牲畜林里的这些精灵引导着，跑向乱石崖，跑向自己命运的结局——和一只凶恶的野猫相遇，人和野猫在厮打中一起滚下了石崖。

就这样，在多次的延迟中，小说的主旨浮现了出来。

在这样一个生命的海洋里，德国兵像一个幽灵。朱阿六次瞄准德国兵，德国兵何尝不是六次伸出了魔掌呢？但最终洋溢着生命欢乐的精灵们把德国兵引向了石崖，引向了灭亡之境，与"专门捕食飞禽，有时甚至到村子里偷鸡吃"的野猫同归于尽。恶与恶一起消亡，动物的公敌与人民的敌人一起消失。故事里没有英雄的理性和超自然的力量，有的是日常生活的琐碎和普通人的爱，并在爱中得到救赎。如果我们一定要找出是什么战胜了侵略者的话，那应该是善良，是象征着生命之境的牲畜林。

在阴云密布的战争时期，这样一个轻松的胜利的故事如一缕阳光，撕开了阴霾天空的一角，让希望的光芒照进人们压抑的内心。战争是存在的，战争是血腥的，但我们内心的信仰和乐观总会带着我们走出黑暗，走出阴霾。作者就是这样以笑声对抗苦难，以乐观对抗绝望，以友爱对抗残酷，朝战争投去轻蔑的一瞥，向人们传递了一种信念。

正如意大利小说家伊塔洛·卡尔维诺所说："每当人类似乎被宣告罚入重的状态，我便觉得我应当像珀尔修斯那样飞入另一个空间。我不是说逃进梦中或逸入非理性。我是说，我必须改变方法，换一个角度看世界，运用不同的逻辑和崭新的认知、核实方法。我所寻求的轻的形象，不应该像被现在和未来的现实所粉碎的梦那样消失……"

《牲畜林》中描写的六次瞄准就这样让我们从另一个角度去观察这个世界，审视战争，以及战争中的民众与生命。结构是一个容器，它负载起了对人物的塑造、对情节的推动、对主旨的揭示。

六次瞄准，是结构的设计，也是意义的表达。沿着六次瞄准提供的暗示和路径，我们能领略途中的风景，也能抵达小说的心脏。

第十节　小说课，放松一点

学生在课下读小说时是放松的，而在课堂上读小说则是紧张的。

《汉书·艺文志诸子略》说："小说家者流，盖出于稗官。街谈巷语，道听途说者之所造也。"

最初的小说，是世俗的。小说课，也可以不那么一本正经。

教《林教头风雪山神庙》时，我和学生一起研究小说中的两次偷听：李小二夫妻偷听陆虞候与管营、差拨的谈话，林冲在山神庙无意中偷听到草料场失火的真相。

我和学生分享了一篇文章《小议当今国产电视剧的惯用套路》，其中有这样一条：

偷听法：情节深入赖偷听。大到宫廷密谋、国家机密，小到情人幽会、妯娌不和，电视剧情节如何深入全要仰仗"偷听"。或有意偷听，或无意听到，都有一个共同点，即需要听到的对话，刚巧不早不晚，让人清楚听到。于是剧情为之一变，矛盾顿时展开，两国因此交恶，朋友因此翻脸，晴空转而阴云密布，当然亦可风雨转化晴空万里。这一切没有偷听，断不可出现。

我问学生：偷听法不仅是当今国产电视剧的惯用套路，古人也喜欢用。《林教头风雪山神庙》中用了两次，《三国演义》写曹操误杀吕伯奢用过，《红楼梦》中写林黛玉无意中听到宝玉的婚事也用过。你们读过的哪些书中有这样的情节？你们怎样看待这一情节？

学生在研读之后得出结论：偷听源自生活，符合情节的真实，可以推动情节的发展。所谓无巧不成书，这是巧合的一种。用得好，满篇生辉；用不好，则显编造生硬。因此，偷听不可滥用。

探究了《林教头风雪山神庙》中的两次偷听后，我让学生尝试用偷听法来讲述一个故事。

在高中语文人教版教材里，必修1作文专题有"记叙要选好角度"，必修3《林黛玉进贾府》的讲述视角很有特色，选修《外国小说欣赏》有

"叙述"话题。

学生习惯用第一人称来讲故事，阅读时对叙述角度不够敏感。

讲《林黛玉进贾府》时，我引导学生集中学习叙述的角度。

第一步，从小学时学过的《狐狸和乌鸦》的故事讲起，让学生尝试以"狐狸"和"乌鸦"的口吻各讲一遍故事。

以"狐狸"的口吻：

"辘辘——辘辘——"这声音像天边的雷声，我被自己肠胃蠕动的声音惊醒了，梦中的大餐随着我的醒来消失不见了，我有些懊丧。

阳光照进我的洞口，又是美好的一天，如果不是饥肠辘辘的话。我走出洞口，一股奇异的、熟悉的味道吸引了我。肉！肉！我的嗅觉牵引着我的目光找到了那美妙味道的所在——我的邻居乌鸦的嘴里，此时她正站在树上休息。

哈哈，真是天助我也，亲爱的乌鸦，你的就是我的，我的还是我的。我心里暗自高兴。

于是，我将自己的嘴巴弯出一个美丽的弧度，用最甜美的声音说："亲爱的乌鸦，您好吗？"乌鸦淡漠地看了我一眼，没有回答。我调整了一下自己嘴巴的弧度，让它看起来更迷人些："亲爱的乌鸦，您的孩子好吗？"看来乌鸦还是没有打算搭理我。我是谁，我是一只永不放弃的狐狸呀！于是我笑得更迷人了，我能感受到自己脸上要流淌下来的蜜意，我用蘸着蜜汁儿的声音说："亲爱的乌鸦，您的羽毛真漂亮，麻雀比起您来，可就差多了。您的嗓子真好，谁都爱听您唱歌，您就唱几句吧。"我知道，没有谁能抵抗得了这恭维的杀伤力。果然，"哇——"，乌鸦唱歌了。伴随着这天籁般的声音，那块肉从乌鸦嘴里落下，它属于我了！

以"乌鸦"的口吻：

最近，日子越发艰难了。树上的果子、林间的飞虫都已经成为稀罕之物，甭说一块肉了。因此，在得到这块肉时，我感觉自己真的是太幸运了。

在我们这个世界里，老虎、鹰凭借力量获取食物，我们乌鸦只能靠自己的耐心和智慧了。这不，我跟踪了一只捕食的老虎，目睹了羊怎样挣扎，最后成为老虎的腹中之物。在一个小时的等待之后，我凭借耐心得到了它吃剩下的一块肉。

嘴里叼着肉，感觉到肉汁的甜美，但我要延迟一下自己的幸福。高高的树枝让我飘飘然。

"亲爱的乌鸦，您好吗？"一个声音打断了我的遐想，是我的邻居——狐狸。

他是在和我嘴里的肉打招呼吧？我心里冷笑。

"亲爱的乌鸦，您的孩子好吗？"狐狸并没有因为我的冷淡而离开，他的声音里满是友好。也许，是我误解了他呢？

"亲爱的乌鸦，您的羽毛真漂亮，麻雀比起您来，可就差多了。您的嗓子真好，谁都爱听您唱歌，您就唱几句吧。"狐狸说。

真是一只善解人意的狐狸呀！我感动得差点儿掉下泪来。让那些天天批评我唱歌的人见鬼去吧！我该为知音唱上一曲。于是，我开口了。

后面的结局你们都知道了。直到现在，人们还在教育孩子说，看，那是一只虚荣的乌鸦！

不同的视角，讲出了不一样的感觉。

第二步，探究《红楼梦》为何选定林黛玉来写贾府的环境和人物。

第三步，比较《冷子兴演说荣国府》《林黛玉进贾府》《刘姥姥进大观园》三篇文章对贾府不同的讲述。

第四步，读相关小说。

（1）爱伦·坡的《一桶白葡萄酒》（第一人称）。

（2）福克纳的《纪念艾米丽的一朵玫瑰花》（第一人称）。

（3）茨威格的《一个陌生女人的来信》（第二人称）。

（4）伊塔洛·卡尔维诺的《如果在冬夜，一个旅人》（第二人称）。

（5）海明威的《白象似的群山》（第三人称）。

（6）海明威的《老人与海》（第三人称）。

（7）芥川龙之介的《竹林中》（多个角度）。

第五步，比较不同的叙述人称。

第六步，更为深入和细致地探索，比较同一叙述人称中的不同视角。

同样是以第一人称讲述，《孔乙己》的第一人称讲述不同于《祝福》的第一人称讲述，这两个"我"是不同的。《一桶白葡萄酒》中的"我"

不同于《纪念艾米丽的一朵玫瑰花》中的"我"。同样是以第二人称讲述，《一个陌生女人的来信》不同于《如果在冬夜，一个旅人》。同样是以第三人称讲述，《老人与海》中的"他"不同于《白象似的群山》中的"他"。

第七步，尝试用新的视角来讲述一个故事。

小说课应该是好玩的、可亲的，这并不妨碍我们对文章的深度解读。在小说课堂，我们经历的，是温暖而百感交集的阅读旅程。

第十一节　写，也是一种阅读的方式

写是阅读的更高境界，阅读是旁观，写作是应用。在教高中语文人教版选修教材《外国小说欣赏》时，我用写作带动阅读。

《外国小说欣赏》中的每一单元包括三个板块：阅读、话题、思考与实践。这三个板块在教学实践中受到的重视程度各不相同。"阅读"通常是课堂的主体；"话题"是不同于必修教材的部分，为学生提供了知识的储备；而"思考与实践"则常常被忽略。

曹文轩在《外国小说欣赏》前言中说："从某种意义上讲，这些思考题是本教科书最有特色也最为紧要的部分，可帮助学生走出已习惯的阅读陈见，发现另样的进入作品的方式。另外，还安排有与本单元所讲的小说元素相关的实践活动。通过这些活动，一方面进一步加深学生对外国小说的体会以及对小说这种文体的感悟，另一方面也是对学生写作能力的锻炼。"在"选文原则"中，他认为：所选文本在写作方面有可说之处，供学生在写作时借鉴。

由此我们可以看出，小说教学不仅应引导学生关注写了什么、怎样写和为什么这样写。还应让学生尝试自己写。写既是阅读的结果，也是阅读的方式、阅读的姿态。

在《外国小说欣赏》"写"的实施上，我主要从以下几方面进行了尝试：

一是对教材中"思考与实践"资源的有效利用。

以第一单元为例，这一单元的话题是"叙述"，不同的讲述者，侧重点不同，传递的信息不同。"思考与实践"一："《桥边的老人》中，法西斯的威胁近在咫尺，老人却还在挂念着自己照看的小动物，表现出人性的光辉。试用第三人称或第一人称，描写老人的心理世界。"学生在不同视角的叙述中，要增加或删减相应的信息，从而抵达人物的内心世界。

第二单元的话题是"场景"，教材中总结了"场景"的功能：给全篇"定调"，营造意境与渲染气氛，导引人物出场，揭示人物的性格，作为象征。"思考与实践"一："勇气、责任心等，常常是表现人物的最好窗口。试由《炮兽》中人与大炮搏斗的场面，分析小说中的人物性格。""思考与实践"与"话题""阅读"环环相扣，让学生感受到"场景"在小说中的作用。

二是对教材中"思考与实践"资源的再度整合。

"思考与实践"的设计有的围绕单元话题和篇目，有的进行了相应拓展，因此，这些练习并不是在单元结束后简单地布置下去，有的练习可以重新组合，换一个角度来使用。

如第三单元的"思考与实践"三："假如你就是跟随丹柯走出黑暗的人之一，在林子里遇到了大雷雨，想象你可能见到的景象和困难，写一篇600字左右的文章。"

第四单元的"思考与实践"三："想象你在夜空下的一片荒野上，用内心独白的方式写出你当时的感受（字数在500字至800字之间）。"

第八单元的"思考与实践"二："设想《骑桶者》里的主人公是拎着木桶，而不是骑着木桶去讨煤，小说将会有怎样不同的艺术效果？""思考与实践"三："想象有一天，你突然变成了一只鸟，写出你飞翔的感受。"

这些设计中都有一个关键词"想象"，我们可以把这些写作练习放到一起，与学生一起探讨一种阅读方式——想象——置身于情境中去感受小说。

再比如第三单元的"思考与实践"四："从你已经学过的课文中，分别选一篇论说性文章和一篇小说，比较它们在表达主题方面的差异。"

第六单元的"思考与实践"三："试用100～300字描述自己最喜爱的一部中长篇小说的结构。"

第七单元的"思考与实践"四："你读过的小说中最使你感动的是哪

一篇？你为什么感动？请在班上朗诵相关章节。"

这些写作练习共同体现的是对既有阅读资源的利用。学生已有的阅读沉睡在那里，遇到相应的练习后会被唤醒。

三是结合班级实际情况设计相应的题目。

这些可以是对"思考与实践"练习的改造。

如第一单元的"思考与实践"二："就《墙上的斑点》说说意识流小说的基本特征。"在结合《墙上的斑点》感受了意识流的特征之后，我让学生以"走神"为题进行写作练习，从而把"走神"的无主题变奏写出了主题。

第二单元的话题是"场景"，我设计了分阶练习。第一步是对教材场景的感受，让学生把《炮兽》改编成四幕剧。第二步是场景设计的写作。复习《作为生物的社会》的开头："从适当的高度往下看，大西洋城边青天白日下的海滨木板路上，医学家们为举行年会从四面八方聚集而来，就像是群居性昆虫的大聚会。同样是那种离子式的振动，碰上一些个急匆匆来回乱窜的个体，这才略停一停，碰碰触角，交换一点点信息。每隔一段时间，那群体都要像抛出钓鳟鱼的钓线一样，准确无误地向恰尔德饭店抛出一个长长的单列纵队。"这是一个场景感极强的画面。第三步是有主题的场景练习，对接教材后面的练习。学生分组，每组四人，由我命题，每个学生选择一个角度来写一个场景，然后把四个场景组织成一篇小说，全班评出优胜小组。

如第六单元的话题是"结构"，我让学生结合《牲畜林》的学习，练习"延迟"，通过一个动作的重复讲一个故事。

仅仅有阅读，往往会走马观花，浮光掠影，所见不全，所感不深。小说的写作练习，有分解动作，有专题练习，有套餐组合，在这种练习中，学生不仅丰富了自身的阅读体验，也掌握了更多的讲述方式。

第四章　戏里戏外谈戏剧

快节奏的时代，我带着学生慢慢读戏剧。

这种行为有点奢侈。高中的戏剧教学，是被教师们总结为"考试不考、教师不教、学生不学"的。对于学生来说，既然到目前为止高考还没有考过，那么读戏剧还不如刷题更有用；对于教师来说，在自己的阅读经历中，戏剧知识也是不完备的，戏剧怎么教是个难题，既然高考不考，是可以绕行的。

然而，戏剧是对人生的排演。戏剧是我们阅读中不应缺失的一角。

还记得小时候，每逢春节，总有戏曲排演，大人们忙着看戏，小孩子们在戏曲的咿咿呀呀里玩耍，对那些从舞台上走出的"古人"好奇不已，常常偷偷掀开幕布的一角，希望看到粉墨背后的秘密。偶尔一两句唱词入耳，戏剧的种子就这样在心中慢慢种下。

2005年，白先勇的青春版昆曲《牡丹亭》在全国高校巡演，我有幸在北京师范大学观看了完整的《牡丹亭》演出。那优美的唱腔多少年来一直萦绕耳边，挥之不去。也是在北京师范大学的这段时间，我和我的同学们一起去北京人民艺术剧院观看了濮存昕等人表演的话剧《李白》。

这些经历引导着我慢慢走近戏剧，我希望自己的学生也能去探知戏剧的一角。都说当今戏剧冷落，实际上，不是戏剧的世界不够精彩，而是我们没有给自己走近戏剧的机会。在初中、高中的语文教材里，戏剧的篇目有限，高中开设戏剧选修课的学校不多，选修这门课的学生不多。

为弥补教材内容的不足，我放慢了戏剧教学的进度。在慢中，我们安静地感受戏剧设计的艺术，去发现潜台词背后的世界，去感受人物内心的丰富情感。和电视剧、电影相比，戏剧的背景单一，舞台上的风景就是人，它更考量演员的表演功底。由于舞台的空间有限，演出的时间有限，戏剧更见设计的智慧。戏剧的表达方式主要靠语言，更考量语言的艺术。戏剧，是戴着镣铐跳舞的艺术，在各种限制里演出艺术和人生的精彩。

不看戏剧，不足以领略艺术的精彩。

有对联这样说戏剧：戏中有文文中有戏识文者看文不识文者看戏，音里藏调调里藏音懂调者听调不懂调者听音。

我们既看戏也识文，既听调也听音。我们读戏、看戏、入戏、演戏，试着去走进戏剧的世界。

在两周的时间里，学生一直沉浸在阅读戏剧的快乐中。

如此看来，不是学生不爱读戏剧，而是以往我们没有给学生读戏剧的时间。话剧市场冷落，戏曲节奏太慢，学生的注意力都被美国大片牵引着。

高中语文人教版必修教材中的戏剧只有三课，而我们人生的舞台，却是一辈子，有多少戏可以慢慢上演？

第一节　认识戏剧：在各种剧之间穿行

戏剧作为文学的重要形式，是影响力很大、学生却不常接触的一种文学体裁，其选入教材的比重远低于散文、诗歌和小说。人教版和苏教版的初中语文教材，均只有一个单元选入戏剧；人教版和苏教版的高中语文教材，也都只有一个单元选入戏剧。

在这有限的篇目教学中，戏剧教学又常常出现戏剧特征不突出、主要表现手法被轻描淡写等问题。以高中语文人教版必修4中的戏剧单元教学为例，教师们常将《窦娥冤》的教学重点定为人物形象分析，将《雷雨》的教学重点定为人物形象分析，将《哈姆莱特》的教学重点依然定为人物形象分析。戏剧中的人物形象分析确实是必要的，但戏剧和小说在人物形象的塑造手法上有什么不同，则被忽略了。

教师教戏剧不能入"戏"，学生读戏剧不觉有"戏"，戏剧教学收效甚低。

开展戏剧教学，首先应让学生对戏剧有所认识。

认识的途径有两条：

一是对既有的戏剧经验进行梳理。

初中语文人教版教材中的戏剧有莎士比亚的《威尼斯商人》、郭沫若的《屈原》、孙鸿的《枣儿》、勒曼的《音乐之声》。既有话剧，也有电影剧本。

二是有戏剧知识做支撑。

戏剧知识的呈现，不是干巴巴的概念。如有教师在多媒体课件上直接呈现这样的内容。

戏剧分类：

（1）表现形式的不同：话剧、歌剧、舞剧、诗剧、歌舞剧。

（2）剧情的繁简和结构不同：多幕剧、独幕剧。

（3）题材反映的时代不同：历史剧、现代剧。

（4）情节主题的不同：悲剧、喜剧、正剧。

（5）地域色彩的不同：京剧、豫剧、越剧、川剧、汉剧、楚剧、晋剧、黄梅戏等。

对一些知识的理解，是需要学生在感知、归纳中完成的，如戏剧的特征。

开始教学戏剧单元之前，我带领学生做了关于戏剧阅读的准备活动。

结合必修2的名著阅读巴金的小说《家》，我带着学生又阅读了曹禺的戏剧《家》，把两者放到一起比较，让学生感受小说和戏剧讲述方式的不同。

在两者的比较中，学生感受到戏剧表现手段的丰富性——可以通过语言、动作、舞蹈、音乐等形式达到叙事目的，同时也具有局限性，表现在剧本上，只有戏剧语言。

接下来，我设计了两个问题：

（1）如果只能用对话的形式来讲述一个故事，我们该怎么讲述？以《负荆请罪》为例。

（2）是不是有对话就构成了戏剧？海明威的小说历来以对话见长，阅读《桥边的老人》，抽离小说中叙述的部分，说一说对话能否构成戏剧。

以下面一段文字为例：

"什么动物？"我又问道。

"一共三种，"他说，"两只山羊，一只猫，还有四对鸽子。"

"你只得撇下它们了？"我问。

中编 打通一类：四通八达的文体教学

"是啊。怕那些大炮呀。那个上尉叫我走，他说炮火不饶人哪。"

"你没家？"我问，边注视着浮桥的另一头，那儿最后几辆大车正匆忙地驶下河边的斜坡。

"没家，"老人说，"只有刚才讲过的那些动物。猫，当然不要紧。猫会照顾自己的，可是，另外几只东西怎么办呢？我简直不敢想。"

对话版：

我：什么动物？

老人：一共三种，两只山羊，一只猫，还有四对鸽子。

我：你只得撇下它们了？

老人：是啊。怕那些大炮呀。那个上尉叫我走，他说炮火不饶人哪。

我：你没家？（浮桥的另一头，最后几辆大车正匆忙地驶下河边的斜坡）

老人：没家，只有刚才讲过的那些动物。猫，当然不要紧。猫会照顾自己的，可是，另外几只东西怎么办呢？我简直不敢想。

通过比较，学生发现，海明威的小说十分接近舞台，但并不是有了对话就能构成戏剧，矛盾的集中才是戏剧的突出特点。

全媒体时代，学生经常接触电视剧、电影，那么电视剧、电影与戏剧又有哪些区别？

为了让学生感受它们之间的区别，我播放了《雷雨》的话剧片段（明星版）和电影片段（1984年孙道临导演）。

结合学生关注的当下热点，我选取了小说《甄嬛传》中的一段文字和剧本《甄嬛传》，也选了网友们改编的戏曲《甄嬛传》。

【二道幕外，皇上上】

皇上：【原板】除夕夜合宫里通宵饮宴，却不知因何故郁郁寡欢。无奈何出门来消解愁烦——

苏培盛：皇上，您去哪儿啊？

皇上：嘟，站定了！忽想起倚梅园花开嫣然。

【皇上下，二道幕拉开，倚梅园】

甄嬛：【闷帘导板】除夕夜倚梅园祈福还愿——

【甄嬛上】

甄嬛：【慢板】飞雪飘梅香绕沁人心田。似是有似还无引人向前，梅

157

映雪雪映梅无际无边。枝头上羞答答偷人半面，汪洋情恣意态开在篱边。暗香动黄昏时月正淡淡，疏影横落花斜水色清浅。忙取出小像挂梅枝前——【转快板】心挚诚诚祝告上天，一愿宫中保此身，二愿家人皆平安，三愿一心人白头相伴——【转慢板】只盼是似花好如月团圆。

【皇上上】

甄嬛：【念】香中别有韵，清极不知寒。逆风如解意，容易莫摧残。

皇上：梅边何人？

【甄嬛不语】

皇上：何人？

甄嬛：我……我是宫中不得宠的贵人，除夕之夜出门祈福，惊扰尊驾，望君海涵。

皇上：哦，不得宠的贵人，哈哈哈哈哈哈……

皇上：【唱快板】除夕夜，雪成片，梅花美人并比肩。梅也输你香一段，万岁焉能不喜欢？

甄嬛：宫中美人皆红颜，比人容易比花难。君子既觉花娇艳，何不去向万岁言？【生气状】

《普通高中语文课程标准（征求意见稿）》在学习任务群"跨媒介阅读与交流"中指出："本任务群旨在引导学生学习跨媒介的信息获取、呈现与表达，思考、探索不同媒介语言文字运用的现象、特点和规律，提高理解、辨析、评判媒介传播内容的能力和利用多种媒介进行分享与交流的能力。"

从另外一个角度来说，丰富的媒体信息，也可以服务于教学。戏剧课堂，尽管研究的只是剧本，戏剧的天地却是无比辽阔的，大可不必端坐在剧本前纸上谈兵。

第二节　感受戏剧：抓住戏剧特征教戏剧

《普通高中语文课程标准（实验）》指出："在阅读鉴赏中，了解诗歌、散文、小说、戏剧等文学体裁的基本特征及主要表现手法。了解作品所涉及的有关背景材料,用于分析和理解作品。"了解戏剧文学体裁的基本特征和表现手法,是戏剧学习的目标,也是研读作品的方法。紧扣戏剧特征来教学,既可带领学生入"戏",领略戏剧的精彩,也可带领学生出"戏",学会戏剧这一类文学体裁的阅读。

以《窦娥冤》的教学为例,由于语言的障碍和审美的隔膜,这篇文章学生读起来有一定的难度。如何越过这个障碍让学生领略到这部戏剧的精彩之处?我以元杂剧的结构形式为切入点,从以下几个方面进行了教学探索。

一、认识宾白:片言只语有故事

作为一种诞生于民间、服务于民众的艺术,元杂剧在娱乐大众的同时,也需要让老百姓看懂。因此,人物的出场至关重要。

在带领学生阅读剧本时,我和学生一起探讨了每一个人物出场的宾白,总结出人物出场词的几个任务:自我介绍、角色定位、相关情节提示等。

如蔡婆出场的定场诗:"花有重开日,人无再少年。不须长富贵,安乐是神仙。"这其中包含着蔡婆的人生态度,关注了这一点,就不难理解后文蔡婆行为的逻辑。窦天章出场的定场诗:"读尽缥缃万卷书,可怜贫煞马相如,汉庭一日承恩召,不说当垆说子虚。"这是对人物窘迫处境的介绍。"行医有斟酌,下药依《本草》。死的医不活,活的医死了。自家姓卢,人道我一手好医,都叫作赛卢医。在这山阳县南门开着生药局。在城有个蔡婆婆,我问他借了十两银子,本利该还他二十两;数次来讨这银子,我又无的还他。若不来便罢,若来呵,我自有个主意!我且在这药铺中坐下,看有甚么人来。"赛卢医的出场词里既有对人物自身情况的介绍,也有对相关情节的交代。

不仅如此,有的人物还会有多次的出场介绍,如蔡婆和赛卢医。楔子中蔡婆出场,提及窦天章欠高利贷,打算用女儿来抵押;第一折中蔡婆出场,提及窦娥嫁到蔡家、儿子死去的事实。这些交代有助于观众了解故事的前因后果。

人物的出场介绍体现了戏剧和小说在角色定位上的不同。对人物的性格特征，小说常常采用"隐"的方式，让读者自己去从情节和描写中发现；而戏剧则常常采用"显"的方式，不回避脸谱化和标签化，为的是便于观众理解。

二、认识人物：矛盾之处显深度

《窦娥冤》的情节清晰明了，在阅读上没有太大的挑战性。剧中的人物形象也十分鲜明，但若教学仅仅停留在通过哪些事件体现人物的哪些性格这样简单的分析上，是远远不够的。关汉卿在人物的设计上，在鲜明之外还写出了人物真实、丰富而复杂的一面。只有认真研究人物的丰富性及其产生的土壤，我们才能感受到作品对现实的深刻揭示。

怎样让学生感受到戏剧在通俗之中的深刻？依托专家对《窦娥冤》的相关研究成果，我提出了围绕《窦娥冤》一直有争议的四个问题：

（1）蔡婆和窦娥对待改嫁的态度是否一致？

（2）恶人张驴儿父子的自信来自哪里？

（3）桃杌有没有收过张驴儿的贿赂？他为什么会判窦娥死刑？

（4）窦娥是善良的吗？我们如何看待她发的楚州亢旱三年的誓愿？

我们通过对这些看似蹊跷之处的探寻感受作品的深刻之处。

蔡婆在改嫁的态度上是积极的、合乎人性的，但也更衬托出遵从规则（尽管这是一个不人道的规则），也遵从自我的窦娥的无过错。窦娥，这个听从父亲、孝敬婆婆、对丈夫从一而终的道德完人，何以被冤屈致死呢？到底是哪里错了？既然不公会降临到窦娥这样的无辜者身上，也会无端降临到每一个正常人的身上，这才是最可怕的地方。

张驴儿父子是一无所有的，但他们是自信而又理直气壮地去强娶、强取，他们的自信来自这个男权社会对他们制度和舆论上的支持，这种支持力度远胜于处于社会底层的女性蔡婆的财产的力量。窦娥悲剧的诞生是有其深厚的社会土壤的。

桃杌是贪官，这一点是没有异议的，桃杌出场时就已经自我表明。但窦娥一案凸显的并不是他的"贪"。这次没有贪的官按照正常的司法程序何以判出了冤案？这一结果让我们不由得深思：昏，如果再加上贪，冤案会有多少？桃杌的正常审判中显示的恰恰是冤案的普遍性。

窦娥是善良的，这一点也是没有异议的。她怕婆婆受刑而主动揽下罪责，她怕婆婆难过而绕路去刑场，这是一个善良到极致的女子。但其发的楚州亢旱三年的誓愿又是极其残酷的、惨烈的，一个冤案的昭雪是以无数生灵的涂炭为代价的。

这些人物看似毫不相干，也不具有伤害性，但在恶的制度之下，他们就会彼此绞缠，生长出恶之花，吞噬、牺牲掉弱者。他们每个人的行为又呈现了他们动态复杂的一面。蔡婆没有按照她的时代所要求的规则走，张驴儿父子没有按照我们的逻辑思维方式走，桃杌没有按照他一向认钱的断案规则走，窦娥也没有按照她一贯的善良走。在正常的反常中，恰恰体现的是真实的人生和真实的社会，反映的是悲剧的普遍性。

三、感受冲突：对抗之处见光辉

在整出戏中，窦娥始终处在矛盾冲突的中心：被父亲卖掉，被蔡婆逼着改嫁，被张驴儿威胁，被桃杌屈打成招。

窦娥和父亲的矛盾冲突、和蔡婆的矛盾冲突、和张驴儿的矛盾冲突、和桃杌的矛盾冲突，戏剧在这些连绵不绝的冲突中走向高潮。

更重要的是，在这场反抗中，窦娥其实是毫无力量的。她既无法反抗她的父亲将她卖掉，也不能反抗蔡婆逼她嫁给张驴儿。她既无力量反抗恶人，更无力量对抗一纸审判。刑场上，在回顾自己悲惨的一生时，她只能将一切归结于命，只能对着虚幻的天地控诉："地也，你不分好歹何为地！天也，你错勘贤愚枉做天！"

这个一无所有的女子，这个毫无力量的女子，她的反抗是徒劳的，是悄无声息的，但又是惊天动地的。窦娥所抗争的，不过是顺从自己的意愿，遵从社会的规则，与人无害地活着。但她的善良和倔强都成了悲剧的诱因。试想，如果她不是那么善良，也不会那么快被屈打成招；如果她不是那么倔强，也还可以苟活下去。但正是因为善良和倔强，她走向了悲剧的宿命；也正是因为这善良和倔强，才凸显出人物个性的光辉。同时，也让悲剧悲得如此彻底。无边暗夜的一缕光，弱小而又明亮。

在这一板块的教学中,学生看到了人物性格中这种抗争的光辉,这是弱者的呼号,尽管微弱,却显示了人"不自由,毋宁死"的尊严。

四、品味曲词:情深之处歌咏之

寻常一样说故事,因有曲词便不同。

如果说《窦娥冤》的宾白是一条河流,承载着情节向前方奔流,其曲词则是两岸的风景,让人驻足流连。一出戏,宾白讲述故事,以吸引观众,曲词凸显、烘托,以打动观众。曲词,体现出元杂剧的抒情特色和特殊的美感。

在教学中,大家的注意力大都在第三折指天斥地和三桩誓愿的曲词上。其实,《窦娥冤》中的曲词不是孤立的,而是如连绵起伏的山脉。第一折中窦娥感慨自己命运的凄苦,第二折中对婆婆招赘的担忧、不满和被屈打成招的悲愤,第三折中对天地的控诉和最有力量的三桩誓愿,这些共同构成了一个挣扎在命运谷底的女子的内心世界,非曲词无以传递其浓郁的情感。

需要一提的是,《窦娥冤》是旦本,以女主角的唱为主,但在楔子中,冲末窦天章也有一段唱词:

【仙吕】【赏花时】我也只为无计营生四壁贫,因此上割舍得亲儿在两处分。从今日远践洛阳尘,又不知归期定准,则落的无语暗消魂。

这是整出元杂剧中唯一一段正旦之外的曲词。窦天章走投无路,卖掉了和自己相依为命的女儿,心中悲苦,唯有"唱"能表达。没有这一段曲词,故事就少了些温度,第三折也就不会如此悲凉感人。

曲词,是最具"点穴"功夫的语言。

以上是紧扣文本、围绕戏剧特点对作品进行的研读。在四个板块的探究中,学生感受到我国古典戏曲的精彩之处:明白而又深刻,通俗而又感人;既负载起娱乐大众的功能,也承担着文以载道的使命。

紧扣戏剧特点的文本研读,加上对戏剧特点感知的活动,让学生紧扣戏剧读戏剧,既能入其里,也能出其外,爱看热闹,也能看出戏里的门道。

第三节　探究戏剧：发现潜台词背后的世界

一、先预热再入戏

说到要学戏剧，学生热情高涨，我想这可能是这一代学生的特点——喜欢参与。与戏剧冷落的市场相比，学生阅读的热情却是出乎意料的高。

此次的教学计划是阅读整部剧，研读节选片段。

第一步，安排学生阅读《雷雨》整部剧。学生们的阅读热情很高，大多数学生顺利读完了整部剧，课下的话题里《雷雨》占了主角。在诸多的人物中，学生最不喜欢的人物是周萍，最喜欢的人物是繁漪。

第二步，带领学生研读《雷雨》节选片段。这一板块的计划是研读、表演和观看明星版话剧《雷雨》。无论是表演还是观看话剧，都是研读的手段，因此，我决定把这些放到研读之前。

我把学生的表演放在了前面，希望在学生的表演中看到他们对文本的初步理解。

第一阶段的表演，是我指定的。看着看着，其他学生也开始跃跃欲试。

第二阶段，学生自行组合，主动进行表演。

学生表演完毕，我提醒学生观看话剧表演时注意其和剧本不同的地方。以达式常、濮存昕、潘虹为代表的一批老艺术家的表演，让学生看得如痴如醉。

如此，在进入节选片段的研究之前，我们已经在文本里走了好几个来回：

第一个来回，整部剧的阅读；

第二个来回，表演节选片段；

第三个来回，观看话剧。

二、加减中看人物心机

对话剧语言的研究从哪里开始呢？

为提醒学生关注话剧语言，我提出了几处明星版话剧《雷雨》中省略的地方：

鲁侍萍：（泪满眼）我——我——我只要见见我的萍儿。

周朴园：你想见他？

鲁侍萍：嗯，他在哪儿？

周朴园：他现在在楼上陪着他的母亲看病。我叫他，他就可以下来见你。不过是——（顿）他很大了，——（顿）并且他以为他母亲早就死了的。

鲁侍萍：哦，你以为我会哭哭啼啼地叫他认母亲么？我不会那样傻的。我明白他的地位，他的教育，不容他承认这样的母亲。这些年我也学乖了，我只想看看他，他究竟是我生的孩子。你不要怕，我就是告诉他，白白地增加他的烦恼，他也是不愿意认我的。

上文中画线的部分，是明星版话剧《雷雨》中省略掉的。我提醒学生，周朴园的话中有"他的母亲""他母亲"，这里的两个"母亲"，一处指繁漪，一处指侍萍，其言外之意是什么？周朴园是在提醒鲁侍萍现在的身份，从现实的角度讲，繁漪才是周萍的母亲。鲁侍萍想要见自己的儿子可以，但是不能相认。两个"母亲"道出的是因为地位、阶级等因素而母子不能相认的现实。

在这一启发之下，学生纷纷提出了比较后的发现，如：

鲁侍萍：哼，我的眼泪早哭干了，我没有委屈，我有的是恨，是悔，是三十年一天一天我自己受的苦。你大概已经忘了你做的事了！三十年前，过年三十的晚上我生下你的第二个儿子才三天，你为了要赶紧娶那位有钱有门第的小姐，你们逼着我冒着大雪出去，要我离开你们周家的门。

周朴园：从前的旧恩怨，过了几十年，又何必再提呢？

鲁侍萍：那是因为周大少爷一帆风顺，现在也是社会上的好人物。可是自从我被你们家赶出来以后，我没有死成，我把我的母亲可给气死了，我亲生的两个孩子你们家里逼着我留在你们家里。

明星版话剧《雷雨》中省略了"你们"。其实，在鲁侍萍的心中，"你"和"你们"分得还是非常清楚的。"你"是周朴园的个人行为，"你们"是集体行为。"你们"揭示出周、鲁两人的悲剧不仅仅是个人的始乱终弃，更有社会家庭的因素。

词语的改变往往是情感的改变。在比较中，我们聚焦到语言的研读上来。

三、发现语言的富矿

我们为什么读潜台词？为了感受丰富的情感世界，丰富的痛苦里有丰富的人性。

我进一步引导学生，戏剧要靠语言和动作来表现人物，怎样做到语言里有情感，有弦外之音，有故事？需要看语言的来往中人物语意和情感的指向。

如下面一段对话：

周朴园：嗯，（沉吟）无锡是个好地方。

鲁侍萍：哦，好地方。

表面上看，这段话波澜不惊，其实鲁侍萍的心里早已经洪波涌起。无锡，对周朴园来说，是青春、爱情、浪漫，可以怀旧，可以缅怀；对鲁侍萍来说，却是不堪回首，是痛苦、耻辱和一辈子也无法愈合的创伤。

又如：

周朴园：我问过许多那个时候到过无锡的人，我也派人到无锡打听过……不过也许你会知道。三十年前在无锡有一家姓梅的。

鲁侍萍：姓梅的？

周朴园：梅家的一个年轻小姐，很贤惠，也很规矩。有一天夜里，忽然地投水死了，后来，后来，——你知道么？

鲁侍萍：不敢说。

周朴园：哦。

鲁侍萍：我倒认识一个年轻的姑娘姓梅的。

在这段对话中，当年故事的经历者、受害者鲁侍萍，耳闻周朴园的谎

言，目睹周朴园的表演，这是一种什么样的感觉？"我倒认识一个年轻的姑娘姓梅的"，故事怎么和"你"讲述的完全不一样呢？

多次的预热、提示之后，学生纷纷有了自己的发现，如：

周朴园：我看过去的事不必再提了吧。

鲁侍萍：我要提，我要提，我闷了三十年了！你结了婚，就搬了家，我以为这一辈子也见不着你了；谁知道我自己的孩子偏偏要跑到周家来，又做我从前在你们家做过的事。

周朴园：怪不得四凤这样像你。

周朴园：我伺候你，我的孩子再伺候你生的少爷们。这是我的报应，我的报应。

周朴园：你静一静。把脑子放清醒点。你不要以为我的心是死了，你以为一个人做了一件于心不忍的事就会忘了么？你看这些家具都是你从前顶喜欢的东西，多少年我总是留着，为着纪念你。

鲁侍萍：（低头）哦。

在鲁侍萍和周朴园的对话中，错落着"说"和"不说"的矛盾。当话题要中断时，鲁侍萍问："哦。——老爷没有事了？""老爷，您想见一见她么？""老爷想帮一帮她么？""老爷，没有事了？"当周朴园对鲁侍萍的身份充满疑虑时，鲁侍萍说："我姓鲁。""我姓鲁，老爷。""我是这儿四凤的妈，老爷。"对周朴园来说，往事是用来缅怀的，他宁愿为鲁侍萍修一座坟，却不愿意见到她这个人。当真实的鲁侍萍站在他面前时，他不愿再提起往事，悲愤交加的鲁侍萍却说"我要提，我要提"。是什么使鲁侍萍的满腔悲愤化作了一个"哦"字？通过前后文的研读可以看出，鲁侍萍所要的，并不是周朴园的补偿。当周朴园提及钱时，她说："三十年我一个人都过了，现在我反而要你的钱？"她要的是什么呢？是一个说法。"你不要以为我的心是死了……"当周朴园表达出忏悔时，鲁侍萍满腔的怨愤化作了一个"哦"字，虽只有一个字，却蕴含着丰富的情感。

又如：

周朴园：那更好了。那么我们可以明明白白地谈一谈。

鲁侍萍：不过我觉得没有什么可谈的。

周朴园：话很多。我看你的性情好像没有大改，——鲁贵像是个很不老实的人。

鲁侍萍：你不要怕，他永远不会知道的。

这段文字跳跃性非常强。周、鲁两人对"谈"什么的理解显然是不一样的。鲁侍萍还沉浸在往事的痛苦中，周朴园已经非常迅速地切换到了现实。鲁侍萍以为要谈的是往事，而周朴园要谈的是现实的了断；鲁侍萍以为要谈的是感情，而周朴园要谈的是钱。此处传递的是鲁侍萍对周朴园的"不懂"。周朴园接下来的话更为跳跃，一句话谈"你的性情"，一句话谈鲁贵的"不老实"。这两句看起来没有丝毫联系的话被很快清醒过来的鲁侍萍迅速读懂——担心秘密被鲁贵知晓。这是一个清醒而又多情的女人，苦难磨砺出的是对自己尊严的维护，她的命运让我们悲叹，她的人格却让我们敬重。

在后文的阅读中，学生还发现了周朴园三个儿子的同时在场，这是意味十分丰富的一幕。周冲只有一句台词，周萍有三句台词，更多的是鲁大海和周朴园的对话，但性格都十分鲜明生动。这三个都流淌着周家血脉的年轻人，周萍软弱，周冲单纯、善良，鲁大海鲁莽、正直、勇敢、无私。他们或作为这个周公馆的寄生者、维护者，或者是反叛者、对立者，一个家就是一个社会。周萍在维护着父亲的尊严，周冲不满父亲的不公平，鲁大海诅咒父亲"绝子绝孙"。

四、从语言出发去抵达

在对潜台词的探究中，作品中人物的内心情感世界得以发现。依据对潜台词的解读，梳理出剧本中主要人物的形象。

以周朴园为例，这是个历来争议非常多的形象。依托对潜台词的解读，学生尝试从以下几个方面去把握这个人物。

（1）作为董事长的周朴园："你们的钱这次又灵了。""你故意淹死了两千二百个小工，每一个小工的性命你扣三百块钱！"

（2）作为一家之长的周朴园：认为自己的家庭是最圆满、最有秩序的。

（3）三十年前的周朴园：为了要赶紧娶那位有钱有门第的小姐，抛弃了侍萍和儿子。

（4）三十年后的周朴园：怀念着侍萍，记得侍萍的生日，关窗，保留旧家具……

但三十年后的周朴园，面对着站在眼前的侍萍，严厉地质问："你来干什么？""谁指使你来的？""痛痛快快的！你现在要多少钱吧！""以后鲁家的人永远不许再到周家来。"

说周朴园是资本家的嘴脸，未免太过单一，说周朴园还有一丝真情，未免太过天真。三十年前，他不能够自主选择时，迫于家庭的压力，抛弃了侍萍；三十年后，面对侍萍，他显示的仍然是对自己地位、利益的维护。

和他相比，饱经岁月磨砺的侍萍更让我们敬重。被抛弃的、在苦难中生存的侍萍，始终没有抛弃自己作为一个人的尊严，她辛辛苦苦伺候人挣一年八块钱的薪水，却可以毫不犹豫地撕掉五千块钱的支票。

但是，当年的悲剧没有随着侍萍的离开而结束。昨日的悲剧是今天更深一重悲剧的因，这个悲剧的结果，不仅始作俑者周朴园要承受，受害者鲁侍萍同样也要承受。

那么，这是一场什么样的雷雨呢？

自然的雷雨，家庭的雷雨，社会的雷雨，命运的雷雨。

没有人能够幸免，除了三十年前被周公馆抛弃的鲁大海。

经由潜台词，我们终于抵达。

第四节　深入戏剧：寻找戏剧中的"知情者"

一、关注秘密：秘密是个火药桶

矛盾冲突是戏剧的动力。一部《雷雨》，人物关系错综复杂，剧情跌宕起伏，其矛盾冲突是怎样表现的？运用知情者视角，是一个很好的选择。

周公馆是一个有着太多秘密的地方，在秘密被揭开之前，一切都有序地进行着。周朴园说："我的家庭是我认为最圆满、最有秩序的家庭，我的儿子我也认为都还是健全的子弟，我教育出来的孩子，我绝对不愿叫任何人说他们一点闲话的。"

但这貌似平静的圆满之下,早已危机重重。

秘密是个火药桶,随时可能会引爆,于是就有了"戏"。

周公馆的人,有秘密的知情者,如鲁贵知道周公馆的太太繁漪和大少爷周萍之间的关系,繁漪知道周萍和四凤之间的关系,再后来,鲁侍萍来到周公馆,知道周朴园当年的事,周朴园知道了鲁大海是自己的儿子,鲁侍萍知道了女儿和儿子乱伦,周萍知道了自己和繁漪的关系、和四凤的关系。

每个人都固守着自己的秘密,但阴差阳错,秘密不断在暴露,并且一步步走向真相大白的结局。

二、初探秘密:节奏在知情者手中

知情者和秘密之间的矛盾,让"戏"有了可能。

教材中的《雷雨》节选部分讲述的是三十年后周朴园和鲁侍萍这对曾经的恋人的相见、周朴园和自己的儿子鲁大海的相见。两场戏波澜起伏,精彩迭出,知情者和不知情者的对话是两场戏的共同特点。在这个过程中,作者很好地利用了知情者的视角来带动故事的情节发展。

这两场戏中,周朴园和鲁侍萍相见,鲁侍萍是认出了周朴园的知情者,周朴园是不知情者;周朴园和鲁大海相见,周朴园是认出了儿子的知情者,鲁大海是不知情者。

这种视角的错位,为戏剧的发展提供了多种空间。

知情者和不知情者的对话很好地把控了戏剧的节奏。

以鲁侍萍和周朴园的相见为例,在两人的对话中,知情者鲁侍萍在周朴园每次要结束谈话时,都有一句问话:"老爷,没有事了?"于是,话题继续。但当每次周朴园要认出她时,她又把话题引开。

第一次:

周朴园:(看她关好窗门,忽然觉得她很奇怪)你站一站。(侍萍停)你——你贵姓?

鲁侍萍:我姓鲁。

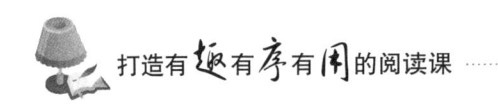

第二次：

周朴园：（抬起头来）你姓什么？

鲁侍萍：我姓鲁，老爷。

第三次：

周朴园：（忽然立起）你是谁？

鲁侍萍：我是这儿四凤的妈，老爷。

她冷眼看着三十年前这个抛弃她的人在她面前表演深情、怀念，她怀着复杂的心理，既想相认，又犹豫重重。短短的对话中，故事的真相和"不可靠的叙述"参差错落，让剧情风云变幻、跌宕起伏。

周朴园和鲁大海的相见也是如此。周朴园矿上罢工的工人已经复工，鲁大海这个工人代表本没有什么好谈的了，但因为知晓了鲁大海就是自己的儿子，周朴园和鲁大海的对话便有了不同的意味。周朴园是以董事长的身份见鲁大海的，两人的谈话别有一番意味。

我们可以看这中间周朴园的问话：

周朴园：（打量大海）你叫什么名字？

周朴园：你有什么事吧？

周朴园：哦，——那么，那三个代表呢？

周朴园：哦，——他们没有告诉你旁的事情么？

周朴园：你以为你们那些代表们，那些领袖们都可靠么？

周朴园：矿上的工人已经在昨天早上复工，你当代表的反而不知道么？

周朴园：（低声向大海）你就这样相信你那同来的几个代表么？

在这场对话中，周朴园的对话多用问句，不急不躁，慢慢启发鲁大海明白复工真相，并且不忘给一个教训式的提醒："对了，傻小子，没有经验只会胡喊是不成的。"这不俨然就是一个谙于世故的父亲对涉世未深、不知人心险恶的儿子的教导吗？

三、再探秘密：不知情者具有杀伤力

知情者和不知情者的同时在场，加剧了戏剧的冲突。

在周朴园和鲁大海相见的这场戏中，旁边还站着两个不知情者——周萍、周冲,一个知情者鲁侍萍。这是周朴园的三个儿子最齐的一场见面,尽管他们彼此并不知情。

不知情的周冲表示的是他的不平:"爸爸,这是不公平的。"然后被瞬间赶下:"你少多嘴,出去!"不知情的周萍表达的是他和父亲的同一立场:"你混账!""你这种混账东西!""打他!"于是,冲突走向高潮。

知情者鲁侍萍眼睁睁看着自己的儿子周萍打儿子鲁大海,却不能以一个母亲的身份去阻止兄弟相残。

鲁侍萍:(大哭)这真是一群强盗!(走至周萍面前)你是萍,……凭——凭什么打我的儿子?

周萍:你是谁?

鲁侍萍:我是你的——你打的这个人的妈。

这依然是知情者和不知情者的对话。不知情者茫然无知,知情者痛苦万分,处在不能相认、不能明言的撕裂中。

在旁观者看来,这是不同立场、不同利益、不同阶层的陌生人之间的对立冲突,但在知情者看来,这是手足相残、骨肉相残的悲剧。

知情者、不知情者的错位,才有了人物这样痛苦的体验,才有了向着真相走去的曲折。

四、深究秘密:命运是最大的知情者

知情者的视角丰富了戏剧的主题。

在《雷雨》这部戏剧中,有大量的知情者,也有不知情者,如周冲,他不知道母亲和哥哥的关系,也不知道父亲真实的面目,不知道四凤和哥哥的关系,不知道父亲和四凤的母亲的关系。在周公馆里,他是一个对秘密一无所知的人,是那样单纯、善良、热情。

还有一个半知情者鲁大海,他只知晓妹妹四凤和周公馆的周大少爷周萍之间的恋情,却并不知晓他们是兄妹。三十年前,他被周公馆抛弃,一直生活在周公馆之外。这个周家的少爷在社会的底层挣扎,成为周公馆的对立者,诅咒他的父亲"绝子绝孙"。他是周公馆故事的过客,最终又弃周公馆而去,不知所踪。

故事的结局是不知情者死了，知情者也未逃过或死或疯的命运。年轻的死了，年老的在痛苦中活着。

《雷雨》讲父子相残、兄弟相煎、夫妻不和、兄妹相恋。谁是最大的知情者呢？连作者都不是，是命运。曹禺说："一名被称为'雷雨'的好汉，他几乎总是在场，他手下操纵其余八个傀儡，而我总不能明显地添上这个人。"

命运是知道秘密最多的人，它冷眼打量着这些小心翼翼地守护着秘密的人，但在命运的巨大车轮之下，个人又是何其渺小。稍微有一点风吹草动，命运的轮盘就急速转动，把怀着秘密和恐惧的人都甩离了生活的轨道——故事的结局来临。

三十年前，周朴园在家庭的逼迫下抛弃侍萍，娶了一位有钱有门第的小姐，门第的悬殊是悲剧的因。三十年后，周朴园用不正当的手段离间工人代表，维护自己的利益，阶级的立场依然在起作用。这些合起来，造就的是社会的悲剧。而三十年后的相遇，就是命运这只无形的手在起作用了。曹禺说："宇宙像一口残酷的井，落在里面，怎样呼号也难逃脱这黑暗的坑。"这些让《雷雨》在对现实人生思考的基础上，又多了一层对命运主题的深究。

第五节　体验戏剧：不做编剧不足以谈戏剧

在当时的阅读榜中，《雷雨》高居榜首，《哈姆莱特》紧随其后，《窦娥冤》门庭冷落。

学生不喜欢阅读《窦娥冤》的理由如下：

1. 语言是拦路虎。尽管《窦娥冤》使用的是元代口语，但学生的阅读障碍仍然不小，一路读下来磕磕绊绊，难以顺利理解。

2. 审美差异。学生们往往认为女主角太悲苦，和现在的虐心剧相比，缺乏主宰的力量感。现在的虐心剧中，女主角大多聪明、强大，尽管也历经苦难，但背后总有强大的男主角可以随时出手相助，这些男主角往往还地位了得。女主角尽管危机重重，但最终上演的必定是一部励志大剧。

我细细想来，以前教这一课时，浮光掠影，其实也未深入，学生记住的也就是窦娥的形象，而更多的精彩往往被忽略了。

胡适说："醉过方知酒浓，爱过方知情重。"不做编剧不足以谈戏剧。编什么呢？《鸿门宴》剧情紧张，扣人心弦，可以一试。怎样实施呢？分步研究《窦娥冤》，一步步分解写作。

一、让出场惊艳全场

做编剧，每一步的研究必不可少。人物怎样出台亮相？我们汇集了《窦娥冤》中所有人物的出场，看看每个人物的出场有什么规律，然后尝试对《鸿门宴》中人物的出场进行设计。

（一）研究《窦娥冤》中人物的出场

蔡婆第一次出场：

花有重开日，人无再少年。不须长富贵，安乐是神仙。老身蔡婆婆是也。楚州人氏，嫡亲三口儿家属。不幸夫主亡逝已过，止有一个孩儿，年长八岁，俺娘儿两个，过其日月，家中颇有些钱财。这里一个窦秀才，从去年问我借了二十两银子，如今本利该银四十两。我数次索取，那秀才只说贫难，没得还我。他有一个女儿，今年七岁，生得可喜，长得可爱，我有心看上他，与我家做个媳妇，就准了这四十两银子，岂不两得其便。他说今日好日辰，亲送女儿到我家来，老身且不索钱去，专在家中等候，这早晚窦秀才敢待来也。

研究结论：包含定场诗、人物状况，交代窦天章卖女还贷的故事。

蔡婆的定场诗易被忽略："花有重开日，人无再少年。不须长富贵，安乐是神仙。"理解了这几句话，也就不难理解后文蔡婆的行为逻辑。

窦天章出场：

读尽缥缃万卷书，可怜贫煞马相如，汉庭一日承恩召，不说当垆说子虚。小生姓窦名天章，祖贯长安京兆人也。幼习儒业，饱有文章；争奈时运不通，功名未遂。不幸浑家亡化已过，撇下这个女孩儿，小字端云，从三岁上亡了他母亲，如今孩儿七岁了也。小生一贫如洗，流落在这楚州居住。此间一个蔡婆婆，他家广有钱物，小生因无盘缠，曾借了他二十两银子，到今本利该对还他四十两。他数次问小生索取，教我把甚么还他，谁想蔡婆婆常常着人来说，要小生女孩儿做他儿媳妇。况如今春榜动，选场开，正待上朝取应，又苦盘缠缺少。小生出于无奈，只得将女孩儿端云送与蔡婆婆做儿媳妇去。

研究结论：包含定场诗、人物处境，交代窦天章卖女、进京赶考的故事。

赛卢医第一次出场：

行医有斟酌，下药依《本草》。死的医不活，活的医死了。自家姓卢，人道我一手好医，都叫作赛卢医。在这山阳县南门开着生药局。在城有个蔡婆婆，我问他借了十两银子，本利该还他二十两；数次来讨这银子，我又无的还他。若不来便罢，若来呵，我自有个主意！我且在这药铺中坐下，看有甚么人来。

研究结论：包含定场诗、人物特点，引出蔡婆讨债、意欲谋杀蔡婆的故事。

蔡婆第二次出场：

老身蔡婆婆。我一向搬在山阳县居住，尽也静办。自十三年前窦天章秀才留下端云孩儿与我做儿媳妇，改了他小名，唤做窦娥。自成亲之后，不上二年，不想我这孩儿害弱症死了。媳妇儿守寡，又早三个年头，服孝将除了也。我和媳妇儿说知，我往城外赛卢医家索钱去也。

研究结论：蔡婆再次出场，已时隔十三年，点出故事发生的时间以及这中间的变故和窦娥的命运，引出下面的讨债。

窦娥出场：

妾身姓窦，小字端云，祖居楚州人氏。我三岁上亡了母亲，七岁上离了父亲。俺父亲将我嫁与蔡婆婆为儿媳妇，改名窦娥，至十七岁与夫成亲。不幸丈夫亡化，可早三年光景，我今二十岁也。这南门外有个赛卢医，他少俺婆婆银子，本利该二十两，数次索取不还。今日俺婆婆亲自索取去了。窦娥也，你这命好苦也呵！

研究结论：回述情节，交代人物的经历及内心感受，即人物的生存状况。

赛卢医第二次出场：

小子太医出身，也不知道医死多人。何尝怕人告发，关了一日店门？在城有个蔡家婆子，刚少的他二十两花银，屡屡亲来索取，争些撅断脊筋。也是我一时智短，将他赚到荒村，撞见两个不识姓名男子，一声嚷道："浪荡乾坤，怎敢行凶撒泼，擅自勒死平民！"吓得我丢了绳索，放开脚步飞奔。虽然一夜无事，终觉失精落魂；方知人命关天关地，如何看作壁上灰尘？从今改过行业，要得灭罪修因。将以前医死的性命，一个个都与他一卷超度的经文。小子赛卢医的便是。

研究结论：回述上文情节，引出张驴儿买药。

桃杌出场：

我做官人胜别人，告状来的要金银。若是上司当刷卷，在家推病不出门。下官楚州太守桃杌是也。今早升厅坐衙，左右，喝撺厢。

研究结论：交代人物特点——贪、昏。

奇怪的是，本文并没有写张驴儿行贿的事。

汇集上述研究，我们得出经验：元杂剧中，人物出场交代自身信息——姓名、特点、经历、相关故事，让观众有所了解，引出后面的情节。

和小说的"隐"不同，戏剧是极力要让大家明白。小说的"隐"是为了凸显层次感、厚度、深度，是为了体现故事的曲折，"隐"给了人品味、想象的时间。戏剧用"显"，因为观众的注意力有限，开场需要交代各种信息，为观众能看明白情节扫清障碍。

(二) 设计《鸿门宴》中人物的出场词

研究完《窦娥冤》中人物的出场词，我和学生着手设计《鸿门宴》中人物的出场词。首先，需要对剧情再次进行梳理。节选部分有曹无伤告密、范增劝谏、项羽犒师、项伯夜访、刘邦赴宴、项庄舞剑、樊哙闯帐、刘邦出逃、张良辞谢、刘邦锄奸等情节。

不同的情节中，人物出场带着哪些使命？

以范增为例，在《鸿门宴》中，他是个非常活跃的人物，尽管足智多谋，但苦于孤立无援，最终只能眼睁睁地看着项羽放虎归山，预见"夺项

王天下者必沛公也"。文中关于他的情节有文章开始对项羽的劝谏，鸿门宴中指使项庄刺杀刘邦，文章结尾得知刘邦逃走时掷玉斗于地。他的出场，既有对背景的介绍，也推动了剧情的发展。

我先给学生做了示范。

范增第一次出场：

深谋远虑好奇计，凤翱九天栖梧枝。一心事主忠不二，老骥伏枥志千里。老臣范增是也，居曹人也，年七十，项王尊我为亚父。

今刘邦入关，志向不在小处，我且劝项王早做打算，斩草除根，勿留后患。

范增第二次出场：

项王为人不忍，三言两语就被刘邦这厮给糊弄住了，现在居然已经把酒言欢了。我今若不想办法，让刘邦逃回军营，无异于把天下拱手让与刘家。不行，我且让人在座上杀了沛公。

启发之下，学生佳作诞生。

项羽第一次出场：

神力自天生，幼年能扛鼎。万军有吾在，百战无不胜。吾乃项籍是也，表字一个羽字，人称西楚霸王。今闻刘邦小儿欲王关中，兀的不气杀我也么哥。众将士听令，犒师三军，明日杀那刘邦片甲不留。

刘邦第一次出场：

秦氏王气已将终，争夺王座待英雄。休笑屈身不丈夫，无恃的莽夫易把江山送。某刘季，号沛公是也。自打入关以来，封府库，拒财色，约法三章，煞费苦心，本可拒关而王。惊闻项羽军中来人说欲发兵攻打，不知何故。我且会会他。

项羽第二次出场：

少年锦带挂吴钩，不肖酸儒轻权谋。跃马何惧万夫当，岂不骄矜霸王侯。本王姓项名籍，单字一个羽，楚将项燕之后也。自与怀王与各路人马定攻秦之约，遇秦主力，好一通恶战。不料竟被那刘邦占了先。项伯道他今日前来谢罪，我且看他如何说辞。

刘邦第二次出场：

画龙画虎难画骨，知人知面不知心。善恶到头终有报，只争来早与来迟。某乃刘邦是也。只为帐下不知何人告密，将我拒关之事报与项羽。幸得有项伯来报，我与项伯已结为亲家，今日前往鸿门，只为暂且稳住项羽。此番前往，凶吉未卜，好在有子房、樊哙相伴。

曹无伤出场：

小生本姓曹，现事刘主朝。财缺年岁老，只能投大佬。在下曹无伤是也。项羽兵强马壮，看得我心惊肉跳，不如早日告密，也可换个功名，切不可随着刘邦白白丢了性命。

张良出场：

素书一卷天与吾，仁义为椎多智谋。报韩偶得明主用，帷幄唯留佐沛公。吾乃张良是也。替韩王送沛公，今有故人项伯深夜来访，不知何事。

樊哙出场：

屠狗贩缯市井中，南征北战随沛公。吾乃樊哙是也。今日随沛公赴项羽小儿鸿门宴，不知主公如何。

二、为人物量身定制宾白

出场词设计完毕，接下来就是人物对话了。

我问学生：同样一个故事，戏剧和小说的讲法有什么不同？

为让学生感受这种不同，我让他们把课文《林黛玉进贾府》和越剧剧本《宝黛初会》进行比较阅读。

《宝黛初会》越剧剧本

丫鬟：林姑娘来了，林姑娘来了。

（众声合唱）乳燕离却旧时窠，孤女投奔外祖母。记住了，不可多说一句话，不可多走一步路。

贾母：啊，我的外孙女来了吗？在哪里呀？在哪里呀？外孙女儿。

黛玉：外祖母！

贾母：我的心肝宝贝啊！（唱）可怜你年幼失亲娘，孤苦伶仃实堪伤。又无兄弟共姐妹，似一枝寒梅独自放。今日里接来娇花依松栽，从今后在白头外婆怀里藏。（白）这是你的二舅母，快过去见过。

黛玉：二舅母。

王夫人：啊，快起来，来这旁坐下。看你身体单薄，弱不胜衣，却是为何？

黛玉：外甥女自小多病，从会吃饭时起，便吃药到如今了。

熙凤：什么？林姑娘来了吗？啊！真的来了。啊呀呀，来迟了，来迟了。啊呀呀，老祖宗，我来迟了。（唱）昨日楼头喜鹊噪，今朝庭前贵客到。

贾母：你呀，不认识她，她是我们这里有名的泼皮破落户儿，南省俗谓作"辣子"，你叫她"凤辣子"就是了。啊哈哈！

王夫人：这是你琏二嫂子。

黛玉：二嫂子。

凤姐：起来起来。啊呀，好一个妹妹呀。（唱）哪像个老祖宗膝前的外孙女，分明是玉天仙离了蓬莱岛。（白）妹妹，来，坐下坐下。你如今来到这里啊，（唱）休当作粉蝶儿寄居在花丛，这家中就是你家中，要吃要用把嘴唇动，受委屈告诉我王熙凤。

黛玉：多谢二嫂子。

熙凤：坐下坐下。你们把房间打扫了，让林姑娘带来的人歇歇去。

周瑞家的：妈妈，姑娘，随我来。

贾母：这带来的小丫头太稚嫩了吧，把我身边的那个紫鹃丫鬟给了黛玉，好使唤呀。

紫鹃：是。见过林姑娘。

（众声）宝二爷回来了，宝二爷回来了。

宝玉：老祖宗安。太太安。

贾母：宝玉，家里来了客人，快过来见过你林妹妹。

宝玉：林妹妹——（唱）天上掉下个林妹妹，似一朵轻云刚出岫。

黛玉：只道他腹内草莽人轻浮，却原来骨格清奇非俗流。

宝玉：娴静犹如花照水，行动好比风扶柳。

黛玉：眉梢眼角藏秀气，声音笑貌露温柔。

宝玉：眼前分明外来客，心底却似旧时友。（白）咦，这个妹妹好像是看见过的。

贾母：啊呀呀！又要胡说了，你何曾见过啊？

宝玉：虽没见过，看起来面熟，心里好像相识的一般。

贾母：哦，好啊，这样嘛，以后在一起，就和睦了。啊哈哈！（对黛玉）坐下坐下。

宝玉：妹妹，你读过书吗？

（黛玉点头）

宝玉：尊名？

黛玉：名唤黛玉。

宝玉：表字呢？

黛玉：无字。

宝玉：无字？

（黛玉看见宝玉佩戴的玉）

宝玉：妹妹，你有玉没有啊？

黛玉：我没有玉，你那件玉也是件稀罕之物，岂能人人都有！

宝玉：（摘玉、扔玉）什么稀罕的东西，人之高下不分，还说灵不灵，我可不要这东西。

贾母：孽障。你生气啊，要打骂人容易，何苦去摔你那命根子！

宝玉：家里姐姐妹妹都没有，今天来了神仙似的妹妹也没有，她也没有，哼，可见不是好东西。

贾母：宝玉，把它戴上。

熙凤：宝兄弟。

王夫人：哎呀，宝玉，你快戴上。

贾母：宝玉。

王夫人：宝玉。

贾母：宝玉。

王夫人：宝玉，当心你爹知道，快戴上。

（熙凤给宝玉把玉戴上）

熙凤：宝兄弟，老太太不是常常说的嘛，这富贵家私，就指望着这个命根子呢。

这一部分在原著中有七千多字，而这里只剩一千多字，省去了什么内容？省去了那些详尽的细节描写和生动的场景描写。

小说和戏剧在讲述上有何不同？小说可以缓缓道来，戏剧需要靠人物对话带动，人物的对白有前后的勾连，带动情节往前发展。

在古典戏曲中，唱词何时出现呢？在情感需要抒发处，往往有画龙点睛和强化情感的作用。

研读完毕，我要求学生再次写作，分节设计。基础要求是宾白设计，曲词说明何处需要即可，有余力的学生可以尝试曲词的创作。

经过研讨，学生确定了《鸿门宴》剧本中角色需要唱的地方：

犒师一节，范增需要唱，劝谏情真意切，非唱不足以表达其忠心和深谋远虑。

夜访一节，项伯需要唱，以抒发其报恩之意；张良需要唱，以表达其不能离开的理由；刘邦需要唱，以表达他的善变和权谋。

舞剑一节，范增需要唱，以表达他对项羽坐失良机的忧虑。

闯帐一节，项羽需要唱，以表达他对英雄的爱惜之意。

出逃一节，刘邦需要唱，以表达他出逃时的紧急、出逃后的喜悦及对今后的谋划。

辞谢一节，范增需要唱，以表达他对项羽放虎归山的愤怒。

曲词的分配，体现的是对人物内心感受的把握。以下是学生作品：

犒　师

（项羽拍案科，正末云）明日犒赏士卒，为击破沛公军。（唱）莫不是志高反云天？财物无取女无怜。那美娇娥怎敌江山远？人道是云气龙虎见，一刻不急欲拔剑。刘邦也，你霸上军兵有十万，霸王啊，咱精兵锐卒四百千。雄赳赳犒师把那沛公撑，美滋滋行军要把关中占。端的个孰胜孰负，孰王孰寇两下见。

（小生唱）离汉营时操兵习武忙备战，至楚帐酒肉犒赏烂醉如泥。看桌上杯盘狼藉喝酒博弈，瞧地下酒足饭饱醉眼迷离。香喷喷的鸡鸭鹅鱼，美滋滋的温酒香气。还吃哩，明日如何应战哩！

赴　宴

【正宫】【滚绣球】忠言里万丈城府，笑面下三尺刀锋，最毒里是谋士心肠，拟刀锋，胜过刀锋。他道是斩草除根鸿门宴，我想着闭关称王咸阳城。罢罢罢,不过是强者恃兵,弱者凭谋,走一趟暗里波涛虎山行,把命也争上一争。

【呆骨朵】从百骑入那鸿门,只管把心思肚里吞,眼儿含笑抬,口里含蜜吐,好似不曾有兵戈相向虎师霸上屯。将军也,你疑我心怀不忠,可真乃冤煞我一片赤诚。

(项羽云)哦?

(正末唱)我非为那柳下惠,我非为那贤孔丘,看美女如烟金钱如粪。今女不纳一人,财不动分文,匆忙忙几十万吏民册上名,惟愿将军大驾临能把江山坐稳。将军也,这大乱方平,锁关门只为把鸡鸣狗盗辈镇一镇,谁想那蠢东西不识命令吃豹子胆拦了贵人尊,我今已把罪魁枭首挂在了城门。将军也,我草莽汉如何敢背君上恩,一片忠肝赤胆耀日月下可照昆仑。

三、穿行曲词花间

元曲能与唐诗、宋词相提并论,其实力自然不容小觑。读元杂剧,其中的曲词是不可忽略的"风景"。

宾白推动元杂剧故事的情节,曲词抒发元杂剧故事的情感。

研读《窦娥冤》中的曲词之后,我推荐学生阅读其他一些曲词。为引起学生的兴趣,我从本学期阅读的名著《红楼梦》中选了两段引入。

《红楼梦》第二十二回:

至上酒席时,贾母又命宝钗点,宝钗点了一出《鲁智深醉闹五台山》。宝玉道:"只好点这些戏。"宝钗道:"你白听了这几年的戏,那里知道这出戏的好处,排场又好,词藻更妙!"宝玉道:"我从来怕这些热闹。"宝钗笑道:"要说这一出热闹,你还算不知戏呢。你过来,我告诉你这一出戏热闹不热闹。是一套北《点绛唇》,铿锵顿挫,韵律不用说是好的了,只那词藻中有一支《寄生草》,填的极妙,你何曾知道?"宝玉见说的这般好,便凑近来央告:"好姐姐,念与我听听。"宝钗便念道:"漫揾英雄泪,相离处士家。谢慈悲剃度在莲台下。没缘法转眼分离乍。赤条条来去无牵挂。那里讨烟蓑雨笠卷单行。一任俺芒鞋破钵随缘化。"宝玉听了,喜的拍膝画圈,称赏不已,又赞宝钗无书不知。林黛玉道:"安静看戏罢，还没唱《山门》，你倒《妆疯》了。"说的湘云也笑了。于是大家看戏。

《红楼梦》第二十三回：

这里林黛玉见宝玉去了，又听见众姊妹也不在房，自己闷闷的，正欲回房，刚走到梨香院墙角上，只听墙内笛韵悠扬，歌声婉转。林黛玉便知是那十二个女孩子演习戏文呢。只因林黛玉素习不大喜看戏文，便不留心，只管往前走。偶然两句吹到耳内，明明白白，一字不落，唱道是："原来姹紫嫣红开遍，似这般都付与断井颓垣。"林黛玉听了，倒也十分感慨缠绵，便止住步，侧耳细听，又听唱道是："良辰美景奈何天，赏心乐事谁家院。"听了这两句，不觉点头自叹，心下自思道："原来戏上也有好文章。可惜世人只知看戏，未必能领略这其中的趣味。"想毕，又后悔不该胡想，耽误了听曲。再侧耳时，只听唱道："则为你如花美眷，似水流年……"林黛玉听了这两句上，不觉心动神摇。又听道"你在幽闺自怜"等句，亦发如醉如痴，站立不住，便一蹲身，坐在一块山子石上，细嚼"如花美眷，似水流年"八个字的滋味。忽又想起前日见古人诗中有"水流花谢两无情"之句，再又有词中有"流水落花春去也，天上人间"之句，又兼方才所见《西厢记》中"花落水流红，闲情万种"之句，都一时想起来，凑聚在一处。仔细忖度，不觉心痛神痴，眼中落泪。

对于高中生来说，要读的东西太多，戏剧尤其是中国古典戏剧，往往在学生的阅读范围之外。《西厢记》里的《长亭送别》，《桃花扇》中的《哀江南》，《汉宫秋》里的《梅花酒》，《梧桐雨》中的《夜雨闻铃》，都是文学百花园中的奇葩，只因偏于一隅，未进入许多学生的视野。我想通过戏剧教学向学生呈现中国古典戏剧中最美的风景，带动学生的阅读。

第六节　演绎戏剧：体验丰富的意义世界

高中语文人教版必修4中的《哈姆莱特》节选的是第五幕第二场，即全剧的结尾部分。主要剧情有哈姆莱特讲述历险逃回的经历、调侃国王派来的奥斯里克、和雷欧提斯比武。

这一课，我们用表演的方式来进行。但表演不是念台词。这三个场景中，情节最曲折的是逃回，矛盾冲突最激烈的是比武，对话最有趣味的是调侃。三个场景，学生演起来都热热闹闹，却未必能够读懂。因此，教师在指导学生表演时，对不同的部分需各有侧重。

（一）第一个场景：提醒学生关注戏剧中叙述部分的处理艺术

舞台上，一个人的独白是相对单调的，要让这种讲述变化多姿，就需要有人应和、提示、导引、提问。

在这一幕中，上场的有哈姆莱特和霍拉旭。哈姆莱特是讲述者，讲述的内容是重要的，讲述的技巧需要他人的配合。哈姆莱特讲述了自己逃回的过程，讲述的配合者是霍拉旭。在这一幕的阅读中，除了要感受哈姆莱特的处境和哈姆莱特的机警，霍拉旭语言的动作性——对情节的带动性也是值得重点研究的。我把霍拉旭的台词单独提取出来给学生看。

霍拉旭：记得，殿下！

霍拉旭：这是无可置疑的。

霍拉旭：有这等事？

霍拉旭：请您告诉我。

霍拉旭：嗯，殿下。

霍拉旭：可是国书上没有盖印，那怎么办呢？

霍拉旭：这样说来，吉尔登斯吞和罗森格兰兹是去送死的了。

霍拉旭：想不到竟是这样一个国王！

霍拉旭：他不久就会从英国得到消息，知道这一回事情产生了怎样的结果。

霍拉旭：不要作声！谁来了？

这些台词，有的是对事件的评价，起画龙点睛的作用；有的是对讲述者的呼应，避免了讲述的单调；有的是对讲述者的疑问，也正是读者的疑问。

戏剧的讲述和小说的讲述不同，小说可以通篇由一个人来讲述，如契诃夫的小说《套中人》，布尔金的讲述基本是完整的，兽医伊凡·伊凡内奇的评点只有这样几处：

第一次，布尔金提到"可是这个希腊语教员，这个套中人，您能想象吗，差一点还结婚了呢"时，伊凡·伊凡内奇很快回头瞧瞧堆房说："您开玩笑！"

第二次，布尔金讲到别里科夫要和华连卡结婚时，伊凡·伊凡内奇说："这下该有人夺走他的套鞋和雨伞了。"

第三次，布尔金讲到大家从别里科夫的墓地回来，生活没有改变，感慨这世界上还有多少别里科夫时，伊凡·伊凡内奇说："问题就在这儿。"并点起了烟斗。"将来还会有多少套中人啊！"布尔金重复道。

这些评点连同兽医伊凡·伊凡内奇在高中语文人教版必修 5 选编的《装在套子里的人》中统统没有。

我们也可以把这种对白和《雷雨》中鲁侍萍向周朴园讲述自己经历时的一段对白进行比较。

鲁侍萍：这个梅姑娘倒是有一天晚上跳的河，可是不是一个，她手里抱着一个刚生下三天的男孩。听人说她生前是不规矩的。

周朴园：（苦痛）哦！

鲁侍萍：她是个下等人，不很守本分的。听说她跟那时周公馆的少爷有点不清白，生了两个儿子。生了第二个，才过三天，忽然周少爷不要她了。大孩子就放在周公馆，刚生的孩子她抱在怀里，在年三十夜里投河死的。

周朴园：（汗涔涔地）哦。

鲁侍萍：她不是小姐，她是无锡周公馆梅妈的女儿，她叫侍萍。

周朴园：（抬起头来）你姓什么？

鲁侍萍：我姓鲁，老爷。

周朴园：（喘出一口气，沉思地）侍萍，侍萍，对了。这个女孩子的尸首，说是有一个穷人见着埋了。你可以打听到她的坟在哪儿么？

鲁侍萍：老爷问这些闲事干什么？

周朴园：这个人跟我们有点亲戚。

鲁侍萍：亲戚？

周朴园：嗯，——我们想把她的坟墓修一修。

鲁侍萍：哦，——那用不着了。

周朴园：怎么？

鲁侍萍：这个人现在还活着。

在《哈姆莱特》的讲述中，哈姆莱特讲述的内容是重点，无论是从情节的发展还是从人物的塑造上来看，这一段讲述都至关重要。讲述者和听者是主次关系。

但在《雷雨》的讲述中，我们可以看到，讲述者和听者同样重要。尽管听者的语言同样很少，但从某种程度上来说，听者甚至比讲述者还要重要，呈现的内心世界更加丰富。如果说《哈姆莱特》中的矛盾冲突在讲述的内容之内，是哈姆莱特和国王之间的，那么在《雷雨》的这一幕中，矛盾冲突则在讲述者和听者之间。

这种讲述也不同于小说中对等的对话，以海明威的《白象似的群山》为例：

"我们本来可以尽情欣赏这一切，"她说，"我们本来可以舒舒服服享受生活中的一切，但一天又一天过去，我们越来越不可能过上舒心的日子了。"

"你说什么？"

"我说我们本来可以舒舒服服享受生活中的一切。"

"我们能够做到这一点的。"

"不，我们不能。"

"我们可以拥有整个世界。"

"不，我们不能。"

"我们可以到处去逛逛。"

"不，我们不能。这世界已经不再是我们的了。"

"是我们的。"

"不，不是。一旦他们把它拿走，你便永远失去它了。"

"但他们还没有把它拿走呵。"

"咱们等着瞧吧。"

"回到阴凉处来吧，"他说，"你不应该有那种想法。"

"我什么想法也没有，"姑娘说，"我只知道事实。"

"我不希望你去做任何你不想做的事——"

"或者对我不利的事，"她说，"我知道。咱们再来杯啤酒好吗？"

"好的。但你必须明白——"

"我明白，"姑娘说，"咱们别再谈了好不好？"

这一段对白非常单调，没有什么描述，几乎全部是两人的对话，并没有故事的讲述，但人物情感世界的错位就是故事本身。男人的心不在焉，女人的心事重重；男人对未来的幻想，女人对未来的清醒；男人的逃避，女人的迷茫。这些可以通过对白直接呈现在舞台上，具备了戏剧的形式。在语言的海面下，有未讲的故事，包括过去、现在，也可以预见将来。

（二）第二个场景：提醒学生关注戏谑中所呈现的哈姆莱特的精神世界

学生在读到这一部分内容时，阅读状态是轻松的、开心的，因为其中充满了插科打诨，刚才还严肃的哈姆莱特也变得油嘴滑舌起来。

哈姆莱特：谢谢您，先生。（向霍拉旭旁白）你认识这只水苍蝇吗？

哈姆莱特：（向霍拉旭旁白）那是你的运气，因为认识他是一件丢脸的事。他有许多肥田美壤；一头畜生要是做了一群畜生的主子，就有资格把食槽搬到国王的席上来了。他"咯咯"叫起来简直没个完，可是——我方才也说了——他拥有大批粪土。

哈姆莱特：先生，我愿意恭聆大教。您的帽子是应该戴在头上的，您还是戴上去吧。

哈姆莱特：不，相信我，天冷得很，在刮北风哩。

哈姆莱特：可是对于像我这样的体质，我觉得这一种天气却是闷热得厉害。

哈姆莱特：请您不要这样多礼。（促奥斯里克戴上帽子。）

哈姆莱特：先生，他对于您这一番描写，的确可以当之无愧；虽然我知道，要是把他的好处一件一件列举出来，不但我们的记忆将要因此而淆乱，交不出一篇正确的账目来，而且他这一艘满帆的快船，也决不是我们失舵之舟所能追及；可是，凭着真诚的赞美而言，我认为他是一个才德优异的人，他的高超的禀赋是那样稀有而罕见，说一句真心的话，除了在他的镜子里以外，再也找不到第二个跟他同样的人，纷纷追踪求迹之辈，不过是他的影子而已。

对于学生来说，阅读这一部分内容时，需要追问为什么有这样一个反常的哈姆莱特。

如果仅仅是奥斯里克送信，让哈姆莱特和雷欧提斯比武，大可不必这样不厌其烦，这是阴谋实施的需要，是情节张弛的需要，是大悲剧结局来临之前的反衬，是坟墓前的鲜花、死亡唇边的微笑。

这种写法在《哈姆莱特》的其他部分也有体现，如哈姆莱特知道奥菲丽娅的死讯之前，有一段和小丑甲的对话：

哈姆莱特：一个人埋在地下，要经过多少时候才会腐烂？

小丑甲：假如他不是在未死以前就已经腐烂——就如现在有的是害杨梅疮死去的尸体，简直抬都抬不下去——他大概可以过八九年；一个硝皮匠在九年以内不会腐烂。

哈姆莱特：为什么他要比别人长久一些？

小丑甲：因为，先生，他的皮硝得比人家的硬，可以长久不透水；倒霉的尸体一碰到水，是最会腐烂的。这儿又是一个骷髅；这骷髅已经埋在地下二十三年了。

哈姆莱特：它是谁的骷髅？

小丑甲：是个婊子养的疯小子；你猜是谁？

哈姆莱特：不，我猜不出。

小丑甲：这个遭瘟的疯小子！他有一次把一瓶葡萄酒倒在我的头上。这一个骷髅，先生，是国王的弄人郁利克的骷髅。

哈姆莱特：这就是他！

小丑甲：正是他。

这样的对话对于故事主题来说没有太大的意义，却是在故事的树干上生出的思想的花朵，它和前文哈姆莱特关于生死的思考是一脉相承的。

从情节的发展来说，这是反常的。哈姆莱特在这之前从英国逃回，在这之后要面临一场关系生死的格斗，前后都是死亡，中间却荡漾着笑声。而从人物的发展来看，逻辑又是正常的。哈姆莱特此前的装疯、此处的卖傻，一以贯之。

这种反常是呈现人物的内心世界和生存的外部环境的需要，这种正常确保了故事逻辑的稳定性。

经历亲人——母亲、叔父、恋人的背叛,哈姆莱特对现实已经有了足够清醒的认识,无处不在的恶意,防不胜防的陷阱,一切都坦然接受。在奥斯里克上场之前,哈姆莱特是真实的自己;在奥斯里克上场之后,哈姆莱特不再是他自己,他把自己当作小人的一面镜子,让他们照见自己。这面镜子又从反面照出了哈姆莱特的高贵、疾恶如仇。

(三)第三个场景:提醒学生关注人物的内心世界

在这一部分里,除去死去的人,大多重要的人物都上场了:国王、王后、哈姆莱特、雷欧提斯、霍拉旭、奥斯里克……在此,我们可以看到每个人物命运的走向,看到人物之间的矛盾冲突,看到人物的心灵世界。这是文章研读的重点。

尤其值得研读的是,这里的比武不同于其他小说中的比武,它更注重人物内心世界的呈现。

下编

超越一篇：辽阔有边的阅读课堂

越来越多的人在呼吁阅读。

"当你爱上了阅读，世界就爱上了你。""阅读，最简便的修为。""阅读，是门槛最低的高贵。""阅读，是为了遇到更好的自己。""阅读就是回家。""阅读，是别处的生活。"

阅读的价值自不待言。

对于高中生来说，阅读必要，但阅读的时间有限；需要阅读，但更需要引导。没有系统的阅读课程，阅读是低效而盲目的；没有课外阅读的补给，课堂阅读的教学是乏力的。

在有限的时间和空间里，我试着构建系统的阅读课堂，于是便有了这样的尝试：从课本出发的拓展式阅读，即从一篇文章的阅读到多篇文章的阅读，打通课本和世界的联系；写作型阅读，为写作提供相应的范本，让学生从"有"处借鉴，学会走自己的路；整本书的名著阅读，带学生努力"啃一啃"大部头，走出阅读的舒适区，看一看和单篇阅读不同的"风景"，这也是对阅读毅力的挑战……

我试图构建的，是一个有趣、有序、有用的阅读世界。它辽阔，但有边。这是由高中生的特殊时间决定的，也是走向未来的需要。

对于学生来说，阅读终将变成他们个人生活的一部分，但在最初，教师需要在场。因此，我和学生一起经历了那些温暖而百感交集的旅程，我看着他们从抗拒，到沉浸，再到收获无尽的欢喜，成为一生的读书人。

学生读书，教师读人。大家一起读自己，读世界。

里尔克说："不能计算时间，年月都无效，就是十年有时也等于虚无。艺术家是：不算，不数；像树木似的成熟，不勉强挤它的汁液，满怀信心地立在春日的暴风雨中，也不担心后边没有夏天来到。夏天终归是会来的。但它只向着忍耐的人们走来；他们在这里，好像永恒总在他们面前，无忧无虑，寂静而广大。"

这是阅读者的信念。

穆旦说："我冷眼向过去稍稍四顾，只见它曲折灌溉的悲喜，都消失在一片亘古的荒漠。这才知道我全部的努力不过完成了普通生活。"

阅读，是语文的回归。

第一章　阅读的风景

第一节　单篇拓展阅读：云与云相激荡

叶圣陶先生说，课文只是个例子。

但课文是谁的例子？如果是某一知识的例子，是否需要更丰富的例子（文章）去阐释？

课堂的价值在于从课内走向课外，但从课内走向课外的桥梁是什么？

教师在课堂上精雕细琢，寻找每一句的微言大义，学生常常是一听了之，并没有反复感受和演练的机会。举一隅还需以三隅反，将大量的课外主题阅读与课内的精读相呼应可收到较好的效果。

在这一点上，人教版高中语文选修教材《外国小说欣赏》做了很好的示范。第一单元的话题是"叙述"，既有《桥边的老人》作为精读篇目，也有《墙上的斑点》作为自读篇目。第二单元的话题是"场景"，既有《炮兽》作为精读篇目，也有《安东诺夫卡苹果》作为自读篇目。《中国古代诗歌散文欣赏》则从赏析指导、赏析示例，到自主赏析，再到推荐作品引导学生阅读。一种方法的背后，是若干篇文章的呼应。

依据这一阅读思路，我们也为人教版必修的 5 册教材编写了相应的拓展阅读文章，用这些文章来强化教材中的某一个知识点。

以必修 1 为例，拓展类型有以下几种。

第一种是同一话题的比较阅读。如读《雨巷》，可以拓展阅读相关的文章，让学生感受中国文人雨中的情思，余光中的《听听那冷雨》《等你，在雨中》，周作人的《苦雨》，汪曾祺的《昆明的雨》，汪国真的《雨的随想》，蒋捷的《虞美人》，《红楼梦》中的《秋窗风雨夕》……用同一话题的不同主题，打开学生的世界，唤起学生更丰富的内心体验。

第二种是手法的强化阅读。这种拓展既可以强化学生对某种手法的感知，也可以锻炼学生举一反三的应用能力。如很多诗歌中运用了反复手法，学生读《再别康桥》《雨巷》之后，可以拓展阅读《教我如何不想她》《祈祷》《你是人间四月天》《我是一个任性的孩子》等。学生读《奥斯维辛没有什么新闻》，感受零度叙述，而后可以拓展阅读《地震中，一头自由的猪》《原子弹坠落长崎目击记》《香港度过最黑暗的日子》。

第三种是阅读背景材料的提供。如读了毛泽东的《沁园春　长沙》，学生可以补充阅读《毛泽东传》《商鞅徙木立信论》等。

在这些拓展阅读文章的编写过程中，我们凸显了课文的某一知识或主题。

如同一滴水放到大海里，对一篇课文的活学活用，也需要迁移到庞大的阅读材料里。阅读，是读者与文本的对话、读者和自我的对话，也是文本和文本在读者这里的相互打通、碰撞。阅读过程中，众多的篇目聚而成汽，汽而成云，云而成雨，从而打造阅读的气候区。

从阅读方法的运用上来说，阅读需要以一当十；从阅读的强化上来说，阅读也需要以十来阐释一。

拓展阅读，从教师的角度看，是把对教材的理解通过另一种方式呈现出来。

以《中国文化经典研读》的教学为例，文化经典的阅读和赏析式的阅读有别，更侧重于对经典的理解。而对经典的理解，上须"摸得着天"，下得"着得了地"。所谓"摸得着天"，即能够达意，接近古人的思想；"着得了地"，即学会和生活现象接轨，能够用经典理解和解释生活。因此，在这本教材的教学过程中，如果仅仅把目标定位在对字句的翻译和理解上，势必是单薄的、乏味的。经典和社会生活接轨，是语文生活化的体现。

以"科学之光"单元为例，这一单元选的文章是《天工开物》中的两则短文——《稻》《冶铁》，难度不大，但离学生的生活遥远。经典原文在本单元的学习中并不占主导位置，占主导的是单元主题"科学"。由此我们延伸出的话题是"科学历程""科学素养""科学精神""科技利弊"等，和学生一起探讨了相关新闻事件，如日本核泄漏事件发生时中国的抢盐风潮，屠呦呦获得诺贝尔奖后关于中医、西医之争，阿尔法狗战胜人类棋手，换头手术成功，朋友圈里的伪养生文等，阅读了丁肇中的《应有格物致知精神》、梁启超的《科学精神与东西文化》、邱仁宗的《克隆技术的含义》，这些话题的探讨让学生对"科学之光"不仅有直观的感知，也进行了深入的思考。

以《中国古代诗歌散文欣赏》为例，教材的编写以"知人论世""缘景明情""因声求气"等诗歌阅读方法为体例，这样的好处是主题比较集中，但时间线索不清晰。因此，拓展阅读可以以时间为线索，编写成诗歌历史的读本，选文如下：

第一单元　诗人和他生活的时代

《古典之殇》

《横穿的〈诗经〉河流》

《屈原：无路可走》

《北朝　北朝》

《古诗十九首：多余人的爱与死》

《走向盛唐》

《烟雨桃花堂》

《明月清泉自在怀》

《姑苏城外的钟声》

《江南烟雨〈琵琶行〉》

《宋朝的雨》

《苏东坡突围》

《生命中的土地》

《李清照：乱世中的美神》

《辛弃疾：把栏杆拍遍》

《辛弃疾：郁孤台之魂》

《纳兰性德：不是人间富贵花》

《李叔同：今宵别梦寒》

第二单元　现代诗人笔下的古代诗人

《淡水河边吊屈原》

《颂屈原》

《漂给屈原》

《念李白》

《寻李白》

《戏李白》

《与李白同游高速公路》

《杜甫》

《与李贺共饮》

《苏东坡和他的朋友们》

第三单元　古诗今读

《春晓》

《采莲曲》

《临江仙》

《苏幕遮》

《醉花阴》

《一剪梅》

（上述几首诗的今读作者为曾冬）

结语：

《一篇文章读懂中国诗歌史》

在《古典的诗意》校本教材的前言中，我写下了这样一段话：

第一次，古典的诗歌这样密集地向我们走来，如春日繁花，让人目不暇接；如春风拂来，温暖着我们的内心。我们徜徉在这古典的世界里，感受着这份古典所带来的美好与诗意，欲言又止，欲说还休。诗歌的世界如此美好，让我们流连忘返。诗意的世界如此深邃，让我们不忍浅尝辄止。于是，我们选取了一些名家的文章，意在引发更多的思考和探究。古诗选修即将结束，古诗的阅读刚刚开始。阅读，是一生的事。诗歌，是我们一生的陪伴。

了解一部作品，了解一位作家，两者是共生的。诗意的解说为我们对文本的理解提供了帮助，对文本的理解让我们走近了作家。

教材的拓展阅读在于我们把一篇文章放进了阅读的海洋中，故而有云蒸霞蔚的景观。

第二节　写作型阅读：千江有水千江月

作文难，难在写作素材的缺乏，学生不知道该写什么；也难在不知道怎样写，写作方法单一。无米之炊难做，有米也不一定能做出一锅好饭来。写作策略的匮乏导致学生写人千人一面，写事千篇一律，讲故事平铺直叙，讲道理枯燥无味。小学如此写，初中依然如此写，高中也没有什么改变。

刘勰在《文心雕龙·知音》中说："凡操千曲而后晓声，观千剑而后识器。故圆照之象，务先博观。"写，需建立在丰富的阅读之上。阅读是写作之源，但漫无目的的阅读并不能改变写作的低水平状态。写作教学的任务不是简单对学生发布阅读的命令和写作的指令，更重要的是建立阅读和写作之间的联系。学生既需要自由的阅读来打开视界，也需要主题明确的阅读来搭建台阶。中学写作教学的一个重要任务实则是为学生提供主题明确的阅读，将阅读转化成写作的源泉、写作的范例。

高中语文教材已为写作教学搭建好了框架，而多文本的阅读则可以将写作主题明确化、具体化，为写作搭建切实的台阶。

以高中语文人教版必修1"黄河九曲　写事要有点波澜"为例，如何才能写得有波澜呢？教材中具体介绍了悬念、抑扬、意外三种方法，一笔带过了巧合、张弛、虚实等。有了这些写作知识，是否就可以讲好一个故事呢？这远远不够，仅提概念不过是纸上谈兵，具体的阅读才真实可感。聂华苓的《人，又少了一个》让我们看到对比的力量；林双不的《枪》将误会法运用到极致；爱伦·坡的《夜归人》让意外惊心动魄；欧·亨利的《双料骗子》悬念迭起；新星一的《聪明的鹦鹉》超乎想象，让人脑洞大开；卡·何·塞拉的《求求你们，别开玩笑》虚虚实实；雨果·克里兹的《报复》张弛有度。这些文章都是"写事有波澜"的最好注脚。

如何用阅读搭建写作的台阶？一是阅读材料的选取要注意与写作的关联度，二是阅读材料要能为写作提供充足的范例，即范例的准确性和丰富性至关重要。

首先是阅读与写作之间的关联度，即阅读中所呈现的写作知识是否具有典型性。

以人教版必修1"园丁赞歌　记叙要选好角度"为例，教材中呈现的"写法借鉴"如下：采用第一人称的，可以让主要人物自述，可以让次要人物侧叙；采用第二人称的，可以让读者旁观，面对写作对象；采用第三人称的，可以是全知视角，即叙述者无所不知，包括人物的心理活动在内，可以是半知视角，虽然用第三人称，却没有写人物的心理。

用哪一种人称并不难，关键是怎样用得精。从知道到创造性运用之间的距离，还需要阅读来连接。教材上人称示例较为单一，第二人称的使用学生接触得又很少。除不同人称使用之间的区别外，我们还需要看到每一种人称在运用上的多种可能性。怎样感受不同人称，甚至同一人称的不同效果呢？只能通过丰富多样的文本来阐释。

同样是第一人称的讲述，《孔乙己》的第一人称讲述不同于《祝福》的第一人称讲述，作者同为鲁迅，这两个讲述者"我"却是不同的。《孔乙己》中的"我"——"小伙计"既有年轻讨生活者不谙世事的旁观，又有成年后的疏离和冷静；《祝福》中的"我"则有更多的思考、激愤和悲悯。同样是一桩谋杀案，同样是第一人称讲述，爱伦·坡《一桶白葡萄酒》中的"我"接近全知视角，让读者了解事情的前因后果，福克纳《纪念艾米丽的一朵玫瑰花》则采用半知视角，带着不完全知情者的猜测，故事讲得扑朔迷离。这些细微的区别都是作者依据小说内容量身定制的。也正是因为人称使用上的这种差异，才造就了小说不同的风景。如果没有这些相应的足够的文本作为例子，学生就无法感受叙述角度带来的精彩，并尝试采用不同叙述角度。学生需要通过阅读明白，角度不是风景，角度的恰当使用才是风景。读的示例指向清晰，写的目标指向具体，读写环环相扣，才能让学生在写作中不流于简单粗糙。

其次是阅读的充足与否，即写作范例是否充足，提供写作示范的多种可能性。

对写作而言，阅读的意义就在于为学生，尤其是为阅历不足的中学生，间接提供了生活的经验。丰富的阅读可与学生既有的生活经验产生对话，启发学生思考，也可提供可资借鉴的写作方法。范例不仅要有，而且要有多个，这样才能从不同角度示范。

以必修2"想象世界　学习虚构"为例，教材提供的内容有例文前南斯拉夫作家伊·布德洛的《程序控制的丈夫》，总结了虚构应该注意的问题——要明确虚构的目的，虚构要以真实为基础。这里虽然也有指导和例文，但不足以支撑对学生写作的引导。围绕"虚构"，我们还可以提供下列文章作为虚构的例子：卡尔维诺的《黑羊》、宫泽贤治的《要求太多的餐馆》、圣·埃克苏佩里的《小王子》、卡夫卡的《变形记》、郝景芳的《北京折叠》等。这些文章想象新奇、有趣、精彩，激发了学生创造的冲动。

推荐阅读资料，一方面是为学生提供方法的借鉴，另一方面也是在激活学生的思维，为学生提供同一话题的多样性思考。以必修2"直面挫折　学习描写"为例，我们推荐了史铁生的《我与地坛》、筱敏的《山峦》、周国平的《论苦难》、王开岭的《我们无处安放的哀伤》、余秋雨的《苏东坡突围》、斯蒂芬·金的《肖申克的救赎》等文章。

一般的写作教学，大多只有枯燥的知识介绍，这样较为抽象。范例走马观花，学生则蜻蜓点水。阅读对写作产生作用，关键在多文本的"阅读""研读"和"应用"三个环节上。"阅读"是具体感知，"研读"是会意妙处，"应用"则是方法的具体演练。经历了大量阅读之后的写作知识的应用，则如枝上生花，妙而可言。

叶圣陶说过：阅读是吸收，写作是倾吐，倾吐能否合于法度，显然与吸收有密切的关系。单说写作程度如何如何是没有根的，要有根，就得追问那比较难捉摸的阅读程度。阅读搭配合理，才能更好地吸收；写作找到源头，才能更好地倾吐。阅读和写作之间，隔着未知的山，多文本的阅读无疑是登山的台阶，是提升阅读教学有效性的一条重要途径。

第三节　自由阅读：向青草更青处漫溯

真正喜欢阅读的人，总有一些自己读来爱不释手的书。对于学生来说，不是缺乏好书读，而是每一本书都泛泛而读，没有发现，没有感悟。

书不一定要读得多，但最好有几本自己特别喜欢反复去读的书。

我的一位学生，作文中所体现出来的思想深度、文字的功力，非同龄人所能达到。有一次我们聊到写作的经验，他说得益于高中期间的《红楼梦》阅读和鲁迅杂文阅读。和同班同学相比，他读书并不多，但《红楼梦》他翻过多遍，还曾经就《红楼梦》的金陵十二钗写过系列文章，鲁迅杂文每读一篇总要做评点。

读书如同植物对养分的吸取，有的人长于精读，立于一隅，把根牢牢扎进深深的地层用力汲取；有的人长于泛读，广泛吸收，清晨的露水、山间的雾气、不定期降落的雨水，都是他们吸收的对象。

学生的自由阅读，是每个人独特经历的一部分，是教学之外他们自己的空间，最新的阅读总能很快地进入他们的视野中，我的很多新鲜的阅读都是通过学生的推荐更新的。从韩寒，到郭敬明，到刘慈欣，到郝景芳，学生的推荐让我跟上了他们的阅读节奏。从这一点来说，我是阅读的受益者。

但怎样让学生的阅读发挥最大的作用呢？这里可分为两种情况。

一种是学生的群体阅读。如在对班上学生阅读状况的调查中发现，54名学生中，居然有33人读过《白夜行》，15人读过《追风筝的人》，还有不少学生读过莫言、刘慈欣的作品。

这些阅读中，经典与流行并存。经典且不必说，单以流行而论，可以说构成了不同时代的人的中学时代很重要的阅读。从金庸、古龙，到琼瑶、三毛，到韩寒、郭敬明，再到刘慈欣、莫言等，可以说，江山代有才人出，各领风骚若干年。

对于这类阅读，学生之间经验的交流非常重要。如对《白夜行》，我们组成了《白夜行》探究小组，并和电影《白夜行》结合起来，共同探究了其中的人物、文中的场景描写以及推理小说的套路和创新等。

另一种是学生的个体阅读。学生的阅读往往不是走马观花，而是反复研究。对这一种情况，教师要找到学生的兴趣点，从一个点出发，引导他们走向阅读的深处。

以对一位学生读《水浒传》的引导为例。

茅盾曾说：《水浒传》的人物描写，向来就受到最高的评价。所谓一

百单八人个个面目不同，固然不免言之过甚，但全书重要人物中至少有一打以上各有各的面目，却是事实。学习必修 5《林教头风雪山神庙》时，结合第一单元要求："要从人物、情节、环境这三个方面进行分析。人物性格的刻画往往直接提示主题……体会小说刻画人物的艺术特色。"我们花了些时间研究课文中的人物，意在通过对人物的解读，探究人物的性格和命运轨迹，以及其中包含的哲学思考。

班上的一位学生对《水浒传》非常感兴趣，下课时，他经常找我交流自己对该书的看法，并多次谈到了对林冲的敬意和喜爱，许多见解可圈可点。

寒假的时候，我推荐他读了《水浒传》的名家汇评本，又推荐了鲍鹏山的水浒人物系列给他看，他写下了大量零星的想法，并对林冲有了更多的看法。

我建议他把《水浒传》中写林冲的章节全都重点再看一遍。在阅读的对话中，他经常冒出来一些新的想法，通过筛选，决定将写作点定位在林冲性格和命运的独特性上。开学的时候，他拿出了一稿，有很多自己的感慨，但更像一篇抒情散文。我告诉他论文重在"论"，不仅要有见解，还要有理有据。

他做了修改，但写得比较艰难。我建议他用作比较的方法。他很快领悟，将林冲与武松、鲁智深、李逵等人进行了比较。在比较中，他对林冲的评价逐步清晰——林冲不仅是英雄，更是一位人间的英雄。他武功高强，而又行侠仗义。更重要的是，他有情感，不冷血；有缺点，不完美。

写作的过程就是研究的过程。

随着一次次梳理，林冲身上的"崇高"与"悲剧"特质越发清晰。研究也具体定位在三个方面：武功——英雄行走江湖的资本，品格——行侠仗义的保障，忍耐——英雄的无奈与悲剧。如果说前两个是英雄的必要条件，那么最后一个则是林冲和其他人不同的地方。

难能可贵的是，在很多人崇拜英雄的力量时，学生关注的是英雄的善良。我想，这其实是《水浒传》中没有突出的部分，但被他捕捉到了。在很多人去构思英雄的完美时，他关注到了英雄的不完美，从而能够透过文字感受到英雄孤独而又悲苦的内心。这是今天的视角——把人当人看。阅读从赏析的层面走向反思、剖析的层面了。

从有一点感悟到深入去探究，这是需要教师引导的过程。

学生的自由阅读，不等于教师的不闻不问，当然，这也要求教师必须有深入、广泛的阅读，才能和学生展开对话。

人们说，教师要给学生一瓢水，自己必须有一桶水。当今时代，阅读的问题早已不是一瓢水和一桶水能够概括的了，但是，语文教师必须是读书人，如此，才能有读书人和读书人的对话。

以一位学生阅读《飘》为例。

通常人们读《飘》时，更多的是把关注的目光投向斯嘉丽和白瑞德的爱情故事，把它视为一部爱情的经典。小说中跌宕起伏的情节、丰富独特的人物，都给人留下了难忘的印象。斯嘉丽的任性而又个性，白瑞德的浪漫而又专情，符合我们很多人心目中理想的爱情的样子。依据小说改编、风行半个多世纪的电影《飘》，凸显的不也是那份百转千回的爱情吗？

但若仅仅有爱情这一主题，《飘》不过是一本言情小说，如此读来我们一定会错失很多精彩的章节，错失很多有深度的思考。实际上，《飘》也是美国南北战争时期一部恢宏的史诗，是一部人物的精神成长史，是一幅开阔的历史画卷，它厚重、博大，是对一个时代和时代之下人的审视。但对于经历有限、视野局限的高中生来说，爱情主题的凸显通常让其他主题的意义被弱化或被忽视。

一位学生特别喜欢这部作品，据她自己讲，她对《飘》的关注是从电影开始的，然后对整本书进行了反复的阅读。在阅读的过程中，她关注了标题"飘"的含义，思考随风而逝的含义，她发现，童年、亲人、爱情都会随风而逝，但人们对土地的眷恋之情不会逝去。沿着这一思考轨迹，我让她把关注点聚焦到文中对土地的描写上，并关注关于土地的阐述。

她首先想到了艾青关于土地的诗歌《我爱这土地》：

假如我是一只鸟，
我也应该用嘶哑的喉咙歌唱：
这被暴风雨所打击着的土地，
这永远汹涌着我们的悲愤的河流；
这无止息地吹刮着的激怒的风，

和那来自林间的无比温柔的黎明……
——然后我死了,
连羽毛也腐烂在土地里面。

为什么我的眼里常含泪水?
因为我对这土地爱得深沉……

把土地放到历史的时空中,她发现,土地是工业时代之前人们生活的来源,也是人们生存的精神支柱。战争引发人们离开家园,工业时代引发人们对土地的疏离,也促使人们经历了精神上的阵痛。从这个意义上讲,《飘》何尝不是对故园、故土的一份留恋呢?又何尝不是对昔日生活的一份怀想呢?作者把人物放到特殊的历史时空中,对人类的存在进行追问。当我们失去乐园,继而失去家园,我们要做的,就是再次回到原点,重新寻找。至此,于儿女情长中看见风云之气,于个人的悲欢中看见广袤的土地,学生的阅读逐步走向深处。

其实,无论是教材的拓展,还是教材中推荐的名著,阅读的目的,最终指向的都是自由阅读。

在对学生自由阅读的培养上,一要有效利用阅读资源,引导学生深入探究;二要在这一过程中培养学生更高的审美眼光和阅读能力。这是自由阅读的价值和意义所在。

第四节　名著同读:一起看那名山大川

《普通高中语文课程标准(实验)》指出:"阅读优秀作品,品味语言,感受其思想、艺术魅力,发展想象力和审美力。""具有广泛的阅读兴趣,努力扩大阅读视野。学会正确、自主地选择阅读材料,读好书,读整本书,丰富自己的精神世界,提高文化品位。课外自读文学名著(五部以上)及其他读物,总量不少于150万字。"

随着新课程对阅读的强化以及高考阅读导向的明确,高中生阅读的重要性在师生中已达成共识。但读什么、怎样读的问题,并未得到解决。

从对学生的调查来看,学生的阅读存在着这样几种状况:以期刊为依托的单篇阅读,阅读零碎,缺乏系统;阅读名著,但阅读的随意性很强,缺乏相应的计划;阅读名著,但阅读效率很低,对其缺乏了解和思考。阅读的盲目、低效,带来的是学生阅读的半途而废、不了了之,入宝山而空返。

如何指导学生阅读名著?这是新课程实施中亟待解决的问题。

学生语言的构建与运用、思维的发展和提升、审美的鉴赏与创造、文化的传承与理解,既需要单篇阅读的滋养,也需要整本书阅读的培育。单篇阅读如对一沙一石的研究,整本书阅读则是对一座山、一条河的研究,在学生的阅读中,单篇阅读和整本书阅读都不可或缺。

叶圣陶先生在几十年前就指出:现在的精读教材全是单篇短章,从好的方面说,可以使学生对于各种文体都窥见一斑,都尝到一点味道。但是从坏的方面说,将会使学生眼花缭乱,心志不专,仿佛走进热闹的都市,看见许多东西,可是一样也没有看清楚。现在的国文教学成绩不能算好,一部分的原因,大概就在选读单篇短章,没有收到好的方面的效果,却受到了坏的方面的影响。

《普通高中语文课程标准(实验)》就学生的课外阅读篇目提出了阅读建议:"文化经典著作,如《论语》《孟子》《庄子》等;小说,如罗贯中《三国演义》、曹雪芹《红楼梦》、鲁迅《呐喊》、茅盾《子夜》、巴金《家》、沈从文《边城》、塞万提斯《堂·吉诃德》、雨果《巴黎圣母院》、巴尔扎克《欧也妮·葛朗台》、狄更斯《匹克威克外传》、列夫·托尔斯泰《复活》、海明威《老人与海》、莫泊桑短篇小说、契诃夫短篇小说、欧·亨利短篇小说等;诗歌散文,如郭沫若《女神》、普希金诗、泰戈尔诗、鲁迅杂文、朱自清散文等;剧本,如王实甫《西厢记》、曹禺《雷雨》、老舍《茶馆》、莎士比亚《哈姆莱特》等;语言文学理论著作,如吕叔湘《语文常谈》、朱光潜《谈美书简》、爱克曼《歌德谈话录》……"

以高中语文人教版必修教材为例,其中列出了十部名著。但在实际教学中,名著导读并没有得到执行。教学时间不足,学生阅读缺位,教师指导乏力,都会使名著阅读形同虚设。

整本书阅读从"名著导读"走向了"整本书阅读与研讨","名著导

读"的重点在"导",实施主体是教师;"整本书阅读与研讨"的重点在阅读和研讨,实施主体是学生。

从时间的安排上看,《普通高中语文课程标准(征求意见稿)》建议:"本任务群在必修阶段安排1学分,18课时,重在建构自己阅读整本书的经验与方法。在选修Ⅰ和选修Ⅱ阶段不专门安排学分,作为学习方式,整合在其他任务群的学习过程之中。""课时可安排在两个学期,宜集中使用,便于学生静下心来,集中时间和精力,认真精读整本书。在反复阅读过程中,每读一遍,重点解决一个问题,有些地方应仔细推敲,有些地方可略读或浏览。阅读要有笔记,读书应始终伴随着思考、研究、表达和交流。"这一建议,让以前只能是点缀的课外阅读成为课堂的主体。

《普通高中语文课程标准(征求意见稿)》还建议:"整本书阅读,以学生利用课内课外时间自主阅读、撰写笔记、交流讨论为主,不以教师的讲解代替或约束学生的阅读与思考。教师的主要任务是组织学习,提出专题目标,引导深入思考、讨论与交流。教师应以自己的阅读经验,平等地参与交流、讨论与答疑。"这里对整本书的阅读做了定位,也对师生的角色做了定位。

当整本书从配角成为主角,当我们的阅读从单篇的精雕细琢走向整本书的浏览和探究,教学方式也在发生着变革。

这种课堂似乎更轻松,但没有了单篇的字、词、句、段、篇,就剩下了阅读,我们需要重新认识和构建我们的阅读课堂。

我们需要关注的是学生的困难在哪里?名著的价值在哪里?对二者的融合和解答即是课堂的价值。

阅读整本书是学生阅读的方向,也是学生阅读真正面临的难题。语文问题的解决,最终落实在阅读上,而阅读中难度最大的,是整本名著的阅读。

从2016年开始,我尝试带着学生读名著:高一,读《论语》《世说新语》《红楼梦》《史记》等;高二,读《堂·吉诃德》《高老头》《复活》《百年孤独》《莎士比亚戏剧》《谈美书简》;高三,读《莫泊桑短篇小说选》《契诃夫短篇小说选》《欧·亨利短篇小说选》《卡尔维诺短篇小说选》《苏东坡传》《梵高传》《歌德谈话录》。

这些名著的阅读，不以简单的"读过"为目标，最重要的是以研读的方式去思考一部书，这是区别于一篇文章的阅读。

要读的书太多，每一部经典都有阅读的理由。但将哪些名著纳入我们的名著精读计划，主要从以下几个方面考虑：首要考虑的是经典性；其次是阅读的难度把握，内容要超出学生既有的阅读经验，但又能接受；再次是学生的学习现实，如时间等。

一般情况下，学生每天应该抽出半个小时来进行阅读，但这对于高中生来说已经是理想和奢侈的了。每天阅读半个小时，一本书也要将近一个月才能读完。一个学期下来，也只能研读三四部名著。

时间是首要的难题，此外还有学生的阅读基础和阅读兴趣的问题。

在对学生的阅读调查中我们发现，学生阅读过的书目中以外国名著居多，喜欢的读物中也以外国名著居多。高一的阅读是从外国经典开始，还是从中国经典开始？人教版必修1推荐的第一部名著是《论语》，以此为起点，我带领学生对中国经典名著进行了强化学习。高二进行小说教学，开设《外国小说欣赏》选修课，和外国经典的阅读连在一起。进入高三，学生的时间被更多的考试和练习占领，我采取了"蚂蚁搬山"的形式，推荐短篇小说阅读和传记阅读，这既是阅读的研究，也是紧张学习生活的调剂。

设想很美好，但实施中遇到了很多问题。如中国古代文学经典的语言难关、学生对作品风格的不习惯、对作品的理解困难等。阅读，怎样读下去，也是一个难题。

如果说单篇阅读是在公园里散步，名著阅读则如同翻山越岭，是对阅读耐力、方法等的挑战。

开展阅读教学，高一是关键，在高一的几本书的阅读中，阅读《红楼梦》重在兴趣的培养，阅读《论语》重在坚持，阅读《世说新语》重在批注式阅读方法的培养，阅读《史记》重在深入的探究式研读。

我一直认为，当我们真正用心地读过一本名著，翻过的是思想的大山，也是自己阅读习惯的大山。名著阅读，让我们找到新的自己。可惜的是，很多人没有这种经历，我们走过了很多地方，其实，还在熟悉的风景里徘徊。

第二章　阅读的路径

第一节　阅读入境：读起来

对于很多学生来说，没有兴趣，读不懂，是阅读的障碍。问题的解决之道是迈出阅读的第一步。《礼记》上说："虽有佳肴，弗食不知其旨也；虽有至道，弗学不知其善也。"阅读也是如此。以《红楼梦》为例，喜欢的爱不释手，不喜欢的难以卒读。

怎样让全班学生都读起来呢？

一、带领学生入境

大家都知道《红楼梦》是四大名著之一，据某网站一项名为"说说你死活读不下去的作品"的调查结果，《红楼梦》名列榜首。此调查一出，国人惊愕。作家王蒙愤而言之："《红楼梦》都读不下去是读书人的耻辱！"2017年高考北京卷《考试说明》出版，其中最大的变化是，《红楼梦》《呐喊》《边城》《红岩》《平凡的世界》和《老人与海》纳入考生必须作答的范围。此书一出，立即有新闻报道《2017北京高考要考〈红楼梦〉，全国"高三党"都被吓哭》。仅看这些新闻，你就知道《红楼梦》的"杀伤力"有多大了。

读，怎样读下去，这的确是个问题。

且不说高中生如何日理"万题"，无暇顾及。仅就有限的一点课外时间而言，《红楼梦》的阅读形势也不容乐观。既要和手机上各种快餐式阅读内容过招，又要和书山题海争夺阵地，还要和各种补习辅导抢夺时间。

没时间，没兴趣，没方法，不能读，不愿读，不敢读……

现实和经典之间，关山重重。

作为语文教师，我们怎样带领学生阅读经典名著《红楼梦》？上海师范大学附属中学的余党绪老师认为，读书要"连滚带爬"地读。我们认为，还要引导（"连哄带骗"）地读。

试出几招，权作抛砖引玉之用。

招数一：利剑引路

我有"三剑"：一曰核心素养，二曰课程标准，三曰必读书目。

第一剑——普通高中语文核心素养：语文活动是人形成审美体验、发展审美能力的重要途径。在语文学习中，学生是通过阅读鉴赏优秀作品、品味语言艺术而体验丰富情感、激发审美想象、感受思想魅力、领悟人生哲理，并逐渐学会运用口头语言和书面语言表现美、创造美，形成自觉的审美意识和审美能力，养成高雅的审美情趣和高尚的品位。

第二剑——《普通高中语文课程标准（实验）》：课外阅读活动是阅读教学的重要组成部分。应根据不同学生的具体情况，适时推荐文化品位高、难易程度适当的课外读物。鼓励学生开展多种活动，如写书评、读后感，举办读书报告会、作品讨论会等，分享阅读乐趣，交流阅读成果，共同提高阅读能力。

第三剑——高中语文必读书目：《论语》《大卫·科波菲尔》《家》《巴黎圣母院》《高老头》《红楼梦》。

招数二：以课诱之

以《林黛玉进贾府》这篇课文作为"诱饵"。教师将《林黛玉进贾府》当作一道大餐烹制得色、香、味俱全，待学生读得心满意足时，循循诱导："同学们，《林黛玉进贾府》写得好不好？"

这个回答需得是整齐的一个"好"字，教师才能喊出下一句台词："让我们一起走进《红楼梦》，领略其更为精彩的世界吧！"

学生若答："没意思，不就是林黛玉见了几个人嘛。《红楼梦》就讲一点吃吃喝喝的事，太慢了，没意思，还不如《三生三世十里桃花》好看。"

完了！此时的你一定要看看《三生三世十里桃花》，并做好准备举出二十条以上《红楼梦》比《三生三世十里桃花》好的理由，才能力挽狂澜。

招数三：上大片

对《红楼梦》原著进行了一定的分析之后，分别播放《红楼梦》1987

年版和 2010 年版电视剧中的一个片段。

待学生看得津津有味之时，直接掐断。

生：老师，我们还要看！

师：先说说哪一版更好。

生：老版。

生：新版。

生：老版。

生：新版。

……

（学生相持不下。）

师：理由呢？谁更接近原著？去看原著，不看原著就没有发言权。

招数四：《红楼梦》知识大会

此招考查学生对《红楼梦》中相关内容的熟悉程度。

大会形式：必答、抢答、抽答（柿子专挑软的捏，对准每组中可能读得少的学生）。

师：（慷慨激昂）同学们，今年寒假《中国诗词大会》火遍全国，武亦姝一战成名。我班英才荟萃，实力不在武亦姝之下。据非常不可靠消息，中央电视台将要举办"《红楼梦》知识大会"，我希望各位能够出征央视，"拳打"殷怡航，"脚踢"武亦姝。下周作文课，我们将在本班小练一下身手，为未来的"《红楼梦》知识大会"做好演习。希望各组全力准备，为荣誉而战！

（学生摩拳擦掌。）

生：（探）老师，知识大会都考些什么样的题？

师：来来来，我且问你几个问题。贾府姐妹中，迎春的爹是谁？探春的爹是谁？惜春的爹是谁？金陵十二钗中，最有才华的女子是谁？最端庄模范的女子是谁？最有管理才能、大胆改革的女子是谁？绘制大观园图的是谁？刘姥姥进大观园，讲了一句话，众人笑场，不同的人是怎样笑的？笑的背后有什么文章？……

生：（遁）老师，我去读书了……

招数五：《红楼梦》讲坛

此招重在让学生互相交流研讨。"'有匪君子，如切如磋，如琢如磨。'《百家讲坛》未来的主讲人，将现身于我们今天的课堂中。"

小组选取经典章节，进行研讨。

讲解要求：内容概述，凸显章节精彩点，讲解主题集中……

招数六：《红楼梦》才艺大会

此招为《红楼梦》知识大会升级版，为阅读推波助澜。

才艺形式：如《红楼梦》诗词或精彩片段的背诵、《红楼梦》歌曲演唱、阅读《红楼梦》的独到发现、《红楼梦》地形图绘制、《红楼梦》人物关系表制作、《红楼梦》脱口秀……鼓励学生脑洞大开，发挥想象。

评分标准：各组成员的参与度、才艺创新度、才艺难度。

招数七：写！写！写！

此招适宜读一段《红楼梦》后使用。非"读"无以知书，非"写"无以达理。写，具有深化阅读的作用。阅读最后要达到的境界是前后贯通、左右逢源、四通八达。

生：老师，我没有灵感……

师：这比开口说话还简单。《红楼梦》中百来号人，挑一个评评去。亲爱的吃货们，《红楼梦》写了好多吃饭场景，不去看看？未来的大师们，《红楼梦》中的人物画得如何？点评一下。还有，未来的作家们，宝玉出家了，你觉得他出家时会怎样回顾自己的一生呢？你，你，还有你，你们几个思维缜密、头脑清晰、治学严谨，给出几十个《红楼梦》为四大名著之一的理由呗！

生：老师，这不是灵感，这简直是"灵异"呀！

招数八：无招

此招为简单粗暴型，不由分说，说一不二，霸气侧漏，适宜大师级教师使用。

生：老师，我们为什么要读《红楼梦》？请给我一个理由。

师：阅读理由？你居然问我理由？你来上学有什么理由吗？你吃饭还得想一想理由吗？你每呼吸一口空气还需要理由吗？我不想给你们什么解释。读《红楼梦》能提高阅读能力？功利！读《红楼梦》能让你妙笔生花？狭隘！读《红楼梦》能拿高分？低俗！

生（惭愧）：老师，我明白了。读《红楼梦》不需要理由！

当日学生在自己的"日知录"上写下："你不要和一个掌握着真理的人去谈判。"

招数九：就等待各位支招啦……

二、关注阅读者

学生开始阅读，并不是就万事大吉了，教师还需要从多角度对学生进行关注，时时和学生展开对话。其实，在关注学生的过程中，也有很多趣事值得一记。

《红楼梦》阅读最幸运的事，是学生拿着父母年轻时读过的《红楼梦》在读。《红楼梦》阅读最有趣的事，是学生为更喜欢林黛玉还是薛宝钗争得面红耳赤。《红楼梦》自然是一处风景，《红楼梦》的阅读者也是一处风景。都云作者痴，谁知更有痴似雪芹者！

《红楼梦》名著导读课，班上汇集了各种版本的《红楼梦》，简直可以举办一个《红楼梦》版本的展会了。

我最喜欢的风景，还是学生手中那些旧版的《红楼梦》。它们穿越历史而来，那些发黄的书页，镌刻着岁月的痕迹。曾经，这些书被他们的家人在自己年轻时一遍遍翻过。我想，这些能手持一本旧版的《红楼梦》的孩子，该是多么幸运！这一刻，"忠厚传家久，诗书济世长"这句话在我脑中闪过。

那些能有一本古旧的《红楼梦》的家庭，必有爱读书的传统。要知道，虽然年代并不久远，但在他们父母的年代，还并不是一个人人能读得起书、买得起书的年代。对于刚刚从贫困线上走出的一代人来说，看似和生存没有什么直接关系的书，还依然是一件奢侈品。然而，"贫寒更须读书，富贵不忘稼穑""劝君莫将油炒菜，留与儿孙夜读书"，无论是贫寒还是闭塞，都不能阻挡人们对读书、对知识的渴望。那些节衣缩食买下的经典，曾照亮几代人年轻的时光。轻轻翻动书页，目光抚过文字，世界静谧而安宁，诗意沉淀于心底。

一本穿过时光的书，一本几代人抚摩过的书，就这样在无意中完成了读书传统的传承和对诗意生活的追求的对接。

今天，生存的压力依然存在，物质生存的需要依然在挤压着读书的需要。对很多家庭来说，房子虽有，却没有预留放书的地方；给孩子的花费虽多，却少了买书的预算。在这个纸质书籍逐渐淡出的时代，在这个碎片化阅读既容易实施也容易丢失的时代，我们留给孩子的将是什么呢？孩子传递给他们的孩子的，又将是什么呢？

一本书虽小，却是一个民族的大事。愿我们传递的，有一个民族最诗意的讲述和关于诗意的追求。

《红楼梦》阅读最好玩的事，莫过于课余时间一群学生争论更喜欢林黛玉还是薛宝钗，争执到激烈处，以至剑拔弩张，各不相让。听到上课铃声响起，才不得不硬生生把要说的话憋回去，下课后接着再争论。林黛玉和薛宝钗各有一大堆的"粉丝"，这正是《红楼梦》的魅力所在。自《红楼梦》面世后，两拨"粉丝"就相争不下。

清代邹弢的《三借庐笔谈》记载了他和好朋友许伯谦读《红楼梦》的故事。许伯谦喜欢薛宝钗而不喜林黛玉，认为林黛玉尖酸刻薄，薛宝钗端庄稳重。邹弢则认为虽然林黛玉有那么一点点尖酸，但她也有天真烂漫的一面，你看，除了林黛玉，贾宝玉有第二个知己吗？贾宝玉难道就那么傻，单单去爱一个尖酸刻薄的人？况且林黛玉说话的尖酸和薛宝钗的奸诈也不无关系。薛宝钗很多时候都是装的，这种装简直让人不能忍，林黛玉刻薄她两句不是正常的吗？看金锁那一段，薛宝钗难道没对宝玉动心思吗？两个好朋友各持己见，谁也不能说服谁。有一年春天，两人又一次谈到这个问题，这一次后果很严重，以致一言不合，遂相龃龉，几挥老拳，幸得一个朋友劝架才没酿成惨剧，于是两人发誓一辈子不共话《红楼梦》。

每次想到两个文弱书生老拳相向的样子，都不禁失笑。读书总得如此，方算入境。读书读得忘情，才能识得其中滋味。

一个过于冷静的阅读者，总和书保持着清醒的距离，说这不是真的，那也是假的，不仅读来无趣，也会错过很多艺术的风景。

第二节　阅读坚持：给思想开花的时间

阅读能带来快乐，引发启迪，阅读是一种享受，这是我们对阅读的认识。这些没有错，但不全面。

轻松阅读时，我们可能还在阅读的舒适区内。

如同一场旅行，我们知道远方风光无限，但旅程呢？可能会有美丽的沿途风光，也可能会是枯燥和单调。阅读也可能是一件艰苦的事情，有时它需要我们跋山涉水、翻山越岭。

下面以《论语》阅读为例加以阐述。

一、坚持诵读：和《论语》先熟起来

《论语》是我带学生集体阅读的第一本书。2011年暑假学生军训期间，我带着学生早上读《论语》，晚上看英文电影。学生称之为"中西结合"。后来，这一活动成为学校的传统项目——文训加武训，是对"健全精神、野蛮体魄"思想的践行。

遗憾的是，军训只有十天的时间，每天早上读一个半小时，最多也只能诵读一章。

一开始的阅读纯粹是对毅力的考量，对于刚刚跨入高中校门的学生来说，文言功底不够，理解力也不够，我的要求是不求甚解，只要求学生读准、读熟。我们统一订的教材是拼音版的权威诵读本，每一章都要求学生诵读五遍。为防止学生个人诵读的松懈，我们采用的是集体诵读的节奏读法，这种读法是我们学校一位研究国学的教师教的。学生对这种读法感到非常新奇，以至后来的若干年，我们拿到《论语》还习惯这样读。

开学后功课繁忙，很多班级停止了诵读。

我对学生说："认认真真地读一本书，坚持下去，才能挖到思想的富矿。如同了解一座城市，我们需要有足够的时间在此停留驻足，才能把握一座城市的精髓。对于中国人来说，《论语》是一本让我们知道自己从哪

里来、到哪里去的书。只有读了这本书，才能够对中国文化了解一二。也只有读了这本书，我们才敢往文化人靠。诚然，对于我们来说，语言的隔膜、思想的深度，都将是我们阅读的障碍，但是我想，先读起来，读书就如识人，在茫茫的人海中，吸引你的，首先是一张熟悉的脸。读书也是这样，熟了才觉亲切。所以，我们先读起来，此时的你们或许感觉不到什么阅读的乐趣，但阅读能力的提升常常是从对阅读舒适区的突破开始的。"

考虑到《论语》阅读的枯燥，我和学生制订了阅读计划，依然是采取班级集体诵读的方式。每天预备铃响后的十分钟，全班集体诵读《论语》，一周诵读一章，每天诵读一遍。半个学期过去，加上暑假期间诵读的十章，期中考试前，我们读完了一本《论语》，相当于整本书读了五遍。

五遍的诵读，只是《论语》阅读的第一步，对于学生来说，还只是停留在"知"的阶段。

二、阅读"打卡"：每天和《论语》的见面

说实在话，《论语》的阅读最初是没有什么乐趣可言的。没有情节，有大量难以理解的词汇。这种阅读是在考验大家的毅力。

怎样坚持？我们采取了阅读"打卡"的方式，每天除了诵读，还要做一点名句的摘抄，写一点阅读的感想，每天由一位学生和大家分享。

"奇文共欣赏，疑义相与析"，这种方式，既建立起了一个阅读共同体，也是集体跑步式的阅读运动。

学生"打卡"示范：

第十六天：《季氏第十六》

【名句摘抄】

孔子曰："益者三友，损者三友：友直，友谅，友多闻，益矣；友便辟，友善柔，友便佞，损矣。"

孔子曰："君子有三戒：少之时，血气未定，戒之在色；及其壮也，血气方刚，戒之在斗；及其老也，血气既衰，戒之在得。"

孔子曰："君子有三畏：畏天命，畏大人，畏圣人之言。小人不知天命而不畏也，狎大人，侮圣人之言。"

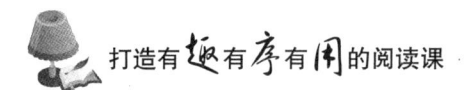

【阅读笔记】

培根说："朋友能让你化铁成钢，朋友能让你点石成金。"没错，朋友是这人世间最温暖的一道风景。

唐太宗与魏徵，那是超越了君臣的友情；马克思与恩格斯，用一生诠释了奋斗与友情。因为友情，让人心中多了一分踏实与温暖。

没有永远在一起的人生，为了理想，各自东西；为了生计，一路匆匆，但朋友是我们心中永远的风景。我憧憬，有一天，当我们经历了人生的沧桑，我们能一起走在无垠的田野上，看那邈远的天空，看那变幻的白云。

学生作品：

读《论语》论世语人

引 子

某年月日，吾入高一（1）班就读。吾师命吾等日诵《论语》。初觉生涩，味同嚼蜡。反复诵之，渐入佳境，如品佳茗。及至今日，甘之如饴，渐有所悟。遂记之，且作歌曰：

慕先贤兮吾读经，吾读经兮思古今，思古今兮心渐明。

一

子曰："不患人之不已知，患不知人也。"

——《学而下》

在人们的交谈中，用得最多的词是"我"。

在人们的交际中，人们最关注的还是"我"。

不尊重我、不理解我、不重视我……

自我中心、自我主义、自我展示……

我、我、我……

整个世界"我"声一片。

夫子却教我们转过身去，夫子说："不要担心别人不了解自己，要多想想自己不了解别人啊！"

事情往往就这么简单。当我们在说自己的时候，我们就捂上了倾听别人的耳朵；当我们学会去关注别人的时候，自己也会得到关注。

二

子曰："《诗》三百，一言以蔽之，曰：'思无邪。'"

——《为政上》

夫子是在说《诗经》的纯净吗？于我心有戚戚焉！

《诗经》是最朴实的文字，因为它是人类童年时代的歌声。

《诗经》是最动人的文字，因为它就是真实的生活。

"巧笑倩兮，美目盼兮。"《诗经》是这样惊艳！

"桃之夭夭，灼灼其华。"《诗经》是这样绚烂！

"有匪君子，如切如磋。"《诗经》是这样优雅！

"硕鼠硕鼠，无食我黍。"《诗经》是这样尖锐！

在《诗经》里，可以爱得浓情蜜意，可以恨得与君长绝。没有虚情假意，没有刻意迎合。跨过悠悠岁月，它依然如矢车菊一般绽放，美丽而不张扬，纯真而不粗俗，热烈而不浓艳！

我喜欢《诗经》，在原始的歌声里，流淌着最自然的情感。

《诗》三百，一言以蔽之，曰："思无邪。"《诗经》，不过是那前生无邪的记忆。

三

子在川上，曰："逝者如斯夫！不舍昼夜。"

——《子罕下》

是什么时候对时间有了感觉？应该是从"逝者如斯夫"开始的。中考倒计时100天的动员会上，老师站在国旗下感叹时间紧迫，"逝者如斯"，就那么轻轻一叹，竟然如惊雷般振聋发聩。第一次恍惚看到了时间昼夜不停、匆匆流逝的影子。小时候学成语"光阴如梭"没有这样的感觉。那时候觉得时间漫无边际，转眼就告别了童年。

翻开古诗，才知道夫子的叹息之后有无数的回响。

"盛年不重来，一日难再晨。"何其沉痛！

"百金买骏马，千金买美人，万金买高爵，何处买青春？"何其绝望！

于是，"生年不满百，常怀千岁忧。昼短苦夜长，何不秉烛游？""劝君莫惜金缕衣，劝君惜取少年时。花开堪折直须折，莫待无花空折枝。"

时间的长河里，我当如何呢？

四

颜渊喟然叹曰:"仰之弥高,钻之弥坚,瞻之在前,忽焉在后。夫子循循然善诱人,博我以文,约我以礼,欲罢不能。既竭吾才,如有所立卓尔。虽欲从之,末由也已。"

——《子罕上》

颜渊是在表达对夫子的敬仰,我却想用这句话来说说梦想。

我们还是未长大的孩子,面对眼前纷乱的世界,躲在门后不出来。因为我们茫然,我们不知道如何诠释人生,就像不知道如何使自己的羽翼更加丰满,所以我们惧怕天空深邃的蓝。

直到有一日,我们无助地被推下悬崖,含着绝望濒临爆发的泪水,挣扎在现实与幻想中。最后,出其不意地冲上了蓝天。这才发现蓝天已融入心中,成为永恒不变的梦……

仰之弥高兮钻之弥坚。

我期望我走的大道和小路上,有一颗闪亮的星指引我前行。我期望扬帆的海上,我迎战狂风暴雨。我期望某一天,我和清风跳舞,任发梢扬起柔和的弧度,再也不顾忌明天会发生什么,再也不害怕将来会变成什么,我只是朝着梦想飞翔……

五

子曰:"衣敝缊袍,与衣狐貉者立,而不耻者,其由也与?'不忮不求,何用不臧?'"子路终身诵之。子曰:"是道也,何足以臧?"

——《子罕下》

夫子说:"邦有道,贫且贱焉,耻也;邦无道,富且贵焉,耻也。"

夫子说:"不义而富且贵,于我如浮云。"

夫子还说:"富而可求也,虽执鞭之士,吾亦为之。"

夫子谈钱,谈功名富贵,谈得坦然而豁达。

想起历史上那些虽穷困潦倒但坦然直立的人。陶渊明不为五斗米向乡里小儿折腰,过着清贫的生活,文字里照见的是"富贵不能淫"的傲骨。杜甫三餐不继,小儿饿死,却依然"穷年忧黎元,叹息肠内热",文字里散发的是照耀古今的温暖。苏东坡被贬至黄州,却"归去,也无风雨也无晴",文字里散发的是青天碧海的旷达。

"以中有足乐者，不知口体之奉不若人也。"

或许是"中无足乐"吧，拜金的事件在今天却屡屡上演。偷盗、抢劫、贪污、傍大款、宁愿坐在宝马里哭也不愿坐在自行车上笑的宣言……

当我们倾尽全力装扮我们的皮囊并以"衣敝缊袍"为耻时，我们的灵魂哪里去了？

六

子曰："有教无类。"

——《卫灵公下》

有教无类，是夫子的智慧。市井里有豪杰，九流中有状元。

有教无类，是夫子的慈悲。瓦砾下有生命，荒漠里有甘泉。岩石下的生命更渴望蓝天，黑暗中的心灵更渴望阳光。

夫子明哉！

然而，"教而有类"的怪事屡屡发生。前不久就有"绿领巾"事件，接着又有特级校车、校长优待。这些新闻里透出的是一股落后了几千年的腐臭味儿。社会发展了，等级思想为什么还阴魂不散呢？倘若夫子地下有知，又当如何？

后 记

一日夜醒，见明月中天，月光如水，清景无限，遂觉大好光阴，皆在昏睡中度过。转而又思，良辰美景，亘古如斯，不因我辈而存，不因我辈而亡。夜有美景，昼亦有之，唯觉者得之。笑世人昼虽醒，熟视无睹，与昏昏欲睡又有何异？

圣人之言亦如是。千载之下，充耳不闻者何可胜道也哉！世间良言，唯觉者得之，悟者用之。所谓"半部《论语》治天下"者，其斯之谓与？

小子何幸！于懵懂之年诵圣人之言且日有所得，虽失之浅陋，然"积土成山，风雨兴焉"。久而久之，必有所获。思及此，诵之益勤。

三、阅读升华：与名家思想的碰撞

阅读至此，我们收获了很多思想的火花。但这种阅读仍然是不成体系的、直感式的，处于起步阶段的初步阅读。

如何让学生的阅读再深入一步？我推荐了名家作品来打开学生的视界，如刘汉俊的《天下一轮春秋月》、南怀瑾的《论语别裁》、黄仁宇的《孔孟》、鲍鹏山的《孔子——黑暗王国里的残烛》、林语堂的《论孔子的幽默》《孔子在雨中歌唱》、王蒙的《斯文济世，天下归仁》、李零的《丧家狗：我读〈论语〉》。

读完这些文章之后，学生可以逐步建立起一本书的整体感，但很难有深刻的思想。于是，我们进行了《我心目中的孔子》的写作，让学生在对孔子这个人物评价时系统研究一些观点。学生写他们自己读到、感受到的真实的孔子，并慢慢尝试着把孔子的语言转化成其思想和人格。

至此，我们在《论语》中又穿梭了几个来回。《论语》是一本要阅读一辈子的书，我们不必急于让学生一下子能读得有多么深，这是为学生将来的人生留存的一笔财富，在未来的某个时刻，他们会想起、会明白某一句话。

阅读的种子已经种下，开花的事情，留给阅历和岁月。

第三节　阅读对话：培养会思考的读者

高尔基说："读一部伟大的作品，读之前和读之后判若两人。"这是名著的魅力，也是阅读的影响。

阅读需要形成对话，与文本的对话，与自我的对话，与对话者的对话。有思维运动，才算去作品中走了一遭。

对于教师来说，培养学生对话的能力，引导学生积极对话，是阅读课程的主要任务之一。

下面以《红楼梦》的阅读思考为例进行阐述。

《红楼梦》的阅读结束后，我带领学生选取自己喜欢的点来研究，如《红楼梦》中的美食、《红楼梦》中的园艺、《红楼梦》中的诗词、《红楼梦》中的丫鬟们、《红楼梦》中的男性形象等。对于大多数中学生来说，阅读水平的评判标准不是是否有新鲜见解提出，能够理解其中的精彩已是不易。因此，我和学生的交流通常是从其发现的某一个点开始，深入探究下去，来理解作品，并能够清晰表达。

一位学生在阅读中关注到了探春的忧患意识，依据学生的思考起点，我引导学生深入探究：大观园中的其他人有这种忧患意识吗？

我让学生从两个方面进行研读，一是从书中找出所有和探春有关的文字，二是从书中找出所有和"忧患"有关的人物及文字。

学生重点研读了这些文字之后，对探春没有新的发现，但对贾府中"忧患"式的人物有了新的发现，发现有忧患意识的还有贾母、秦可卿、王夫人、王熙凤、林黛玉、薛宝钗等人。为了让观点更丰富一些，我引导学生看看和这个女性世界相对的男性世界中是否有人有这种忧患意识。

学生进入第三遍研读，发现贾政、贾琏等人也有这种忧患意识。至此，观点初步显露，我引导学生进一步思考：为什么贾府依然败落了呢？在这样的追问中，学生确立了"生于忧患，死于忧患"的观点。

阅读落实到写上，便是研读的深入。下面是学生研读《红楼梦》后所写的文章。

生于忧患，死于忧患

"盛极则衰"可以说是每个封建家族的宿命。曹雪芹批阅十载、增删五次所作的《红楼梦》中详细记述了一个显赫的官宦之家由兴盛走向衰败的辛酸过程。

如果说很多历史故事都是在讲"生于忧患，死于安乐"的道理，我以为，《红楼梦》讲述的则是一个"生于忧患，死于忧患"的故事。"眼看他起朱楼，眼看他宴宾客，眼看他楼塌了"，生于末世，无论怎样的忧患，最终也只能发出无力回天的慨叹。这种慨叹，这种忧患，可以说贯穿了《红楼梦》的始末。

一

首先，作为局外人的作者是满怀忧思的。

在故事的讲述上，《红楼梦》采取的是全知全能的叙述视角，并且是倒叙的结构。作者仿佛站在上界对芸芸众生的前缘后因了如指掌，使文章读起来颇有忧思之感。不仅第十三回"秦可卿死封龙禁尉"这样的丧葬场景里有忧思，借秦可卿之口说出了对百年望族大厦将倾的隐忧，就连那些欢乐的场景背后也有对美好时光将尽的叹息，如第二十二回"制灯谜贾政悲谶语"中元宵佳节贾政的悲戚，第六十三回"寿怡红群芳开夜宴"中生日宴会欢乐祥和背后的悲凉，都传递着一个已看清结局者的忧思。

作者用悲怜的眼光注视早已有定局的事态的发展，这就是笼罩全局的忧患意识，只可惜当局者还没有意识到。真是应了那句"都云作者痴，谁解其中味"。

其次，作为局中人的故事的主人公们也是满怀忧患的。

不必说"悲凉之雾，遍被华林"，最能感受末世危机的宝玉，在花团锦簇中、在每一次欢乐的聚会里，经常感受到即将到来的分离，忧心于不可知的明天，忧心于无法看清的命运，因而对花落泪、对月伤心，时时似傻如狂。即便正统如贾政、放浪如贾琏，无一不在今不如昔、明日无法看清的忧患中。只是在即将坍塌的大厦面前，有的试图做家族的拯救者，有的试图做自己的拯救者，有的无望地叹息，有的试图挣扎，但他们都没能逃出毁灭的命运。

贾政早就在元宵佳节通过灯谜，想到了元妃的爆竹其实是一哄而散之物，迎春的算盘其实是拮据之物，探春的风筝其实是孤苦飘零之物，他没有被贾府表面的风光迷惑，而是想到了风光背后的深意。"想到此处，愈觉烦闷，大有悲戚之状，因而将适才的精神减去十分之八九，只垂头沉思。"他有如此之心，可见其忧思之深。他不仅为贾府而担忧，更为宝玉而担忧。他不希望宝玉做一个纨绔子弟，总认为"宝玉念了些流言混话在肚子里，学了些精致的淘气"，想让他学些正经东西，走上仕途的道路。

但贾政的悲哀在于，他忧患而束手无策，长子贾珠英年早逝，庶出的贾环不在他的视野之内，他寄希望的贾府接班人宝玉"古今不肖无双""于国于家无望"，贾府的事业面临着后继无人的危机。

曹雪芹是要为女儿们作传的，讲忧患，自然离不开大观园这个"女儿国"里的群芳们。因此，在他的笔下，他写了许多具有远见卓识、怀着深刻忧患意识的女子。

宁国府的少奶奶秦可卿在生前早已看出"烈火烹油、鲜花着锦之盛"的短暂与虚无。她临死时说了很有建设性的话："如今我们家赫赫扬扬，已将百载，一日倘或乐极悲生，若应了那句'树倒猢狲散'的俗语，岂不虚称了一世的诗书旧族了！""此时若不早为后虑，临期只恐后悔无益矣。"

没有忧患，何来这一番叮咛呢？

虽为庶出的贾探春，面对抄检大观园时对凤姐等人说道："你们别忙，自然连你们抄的日子有呢！你们今日早起不曾议论甄家，自己家里好好的抄家，果然今日真抄了。咱们也渐渐的来了。可知这样大族人家，若从外头杀来，一时是杀不死的，这是古人曾说的'百足之虫，死而不僵'，必须先从家里自杀自灭起来，才能一败涂地呢！"若非忧患已久，哪里有这一番痛彻心扉的话呢？

甚至连我们不喜欢的王夫人，也不能说她是没有忧患意识的。她不是时时刻刻在提防那些"小蹄子"们勾引坏了她的宝贝儿子宝玉吗？她不是在担忧着贾府的将来吗？

二

但，贾府最终在人们的忧患中走向了灭亡，这又是为什么呢？

贾府不可避免地走向灭亡，首先源于男性主体世界的堕落。

贾赦为老不尊，贾琏、贾瑞等贾家嫡亲后代吃喝玩乐、寻花问柳，贾府管事人贾珍放荡不羁，有此等人，贾家焉能不败乎？那些贾家公子，早已在觥筹交错中沉醉不知归路，他们没有想到会有银铛入狱的一刻，他们如何想过草席裹尸的悲惨命运。

而那些有忧患意识的清醒者们，又空有忧患而无力回天。

贾政虽有忧患意识，却一心系在仕途之上，无心管理家事，受封建礼教禁锢太深。秦可卿空有一双慧眼，可惜女流之身又英年早逝，无法改变"造衅开端实在宁"的结局。贾探春有胆有识，精明能干，最终也难逃"一帆风雨路三千，把骨肉家园齐来抛闪"的无奈远嫁。王夫人虽冷静、睿智，但心中只有宝玉，且为人刻薄又阴狠，实在不是治家之能人。贾母虽是贾府最高掌家人，但已年逾古稀，心有余而力不足。王熙凤虽治家有方，但有性格上的缺陷，她极好奢靡之风，又讲排场，争强好胜，无法将秦氏之言落到实处，最终"机关算尽太聪明，反误了卿卿性命"。贾府大厦将倾，绝非几人之力可以力挽狂澜，贾府终于在作者的忧患和清醒者们的忧患中无可挽回地走向了灭亡的宿命。

三

如果以悲喜剧来观照的话，"生于忧患"是励志版的人间喜剧；"生于忧患，死于安乐"是悲喜交集的人间正剧；而"生于忧患，死于忧患"呢，则应该是悲剧了，是无力回天的悲剧。

《红楼梦》的忧患其实是生于末世的曹雪芹的忧患。

这种忧患是大梦醒来的虚无，是阅尽沧桑、看透人生而无路可走的苦痛，因此，在故事的开篇，他就说："为官的，家业凋零；富贵的，金银散尽……好一似食尽鸟投林，落了片白茫茫大地真干净！"

红楼，是何等繁华；而大雪茫茫，又是何等冷落啊！一切终将归于虚无，人生，该向何处去呢？

如果曹雪芹只做到这一步，他对人生的关怀还没有超越前代和同时代的文学家，不过是小家之私，曹雪芹的伟大在于，他将这种忧患上升到了国家层面。《红楼梦》成书于乾隆盛世，可以说是封建社会末期的"盛世危言"，是康乾盛世的缩影。曹雪芹不仅看清了贾府的宿命，也预言了清王朝在康乾盛世后走向覆灭的宿命。

半个世纪后，这个自诩为"老大帝国"的国家不是被洋人的枪炮打开了大门吗？繁华不过是表象，一个巨大的帝国竟然是这样虚弱啊！

而此前，又何尝没有有识之士的忧患和提醒呢！"我劝天公重抖擞，不拘一格降人才"，振聋发聩的声音饱含清醒者的忧患，然而，大清朝已无可挽回地向着灭亡走去！

不知忧患者，在沉睡中死去了；忧患者，在清醒中死去了。只剩下一片白茫茫大地真干净！忧患而又无可挽回地走向灭亡，这是一个家族的命运，也是一个王朝命运的预言，亦是一曲无力回天的悲歌！

第四节　阅读引导：修筑阅读的路径

阅读中，教师的角色是什么？

《普通高中语文课程标准（征求意见稿）》指出："教师的主要任务是组织学习，提出专题目标，引导深入思考、讨论与交流。教师应以自己的阅读经验，平等地参与交流、讨论与答疑。"

因此，"引导"至关重要，主要体现在两个方面：一是过程中的领读，到达书本的终点,在途中引导学生停下来看一看。二是阅读之后的研读,引导学生回望一路行来的风景。

欲要学生走向何处,教师自己心中须有一份地图,知道哪里有宝藏,也有宝藏未明之处,引导学生前去寻找。

以《契诃夫短篇小说选》的阅读为例,《契诃夫短篇小说选》属于"单篇短章",不同于《巴黎圣母院》《红楼梦》的一气呵成、一讲到底。

这种阅读既有优势,也有劣势。其优势在于可以利用零碎时间阅读,可以随时拿起,随时放下;劣势在于书中的篇与篇之间毫无联系,属于无主题变奏。

从阅读的过程来看,这类书由于缺乏连贯的情节,从而带来了阅读的难度:阅读时,前后缺乏有机联系,不像整本书阅读那样具有吸引力;阅读完毕后,印象通常是零散的,不能构成完整的印象。

怎样来实施这类名著的阅读教学呢?

一种方法是依托编写主题,寻找篇与篇之间的关联点,提供连续阅读的阅读地图。可选择选集类的整本书,或者是一位作家的多部作品的合集,如《鲁迅杂文选》《福克纳作品精粹》等;或者是一类文体的文章的多篇合集,如《古文观止》《中国现代新诗选》《中国朦胧诗选》等;或者是一类主题的文章的多篇合集,如《人与自我》《成长的岁月》等。

和教材的不同在于,学生可通过阅读这些选集实现从一位作家单篇的阅读到对一位作家的批量阅读,从一类文体的单篇阅读到一类文体的批量阅读,从一类主题的单篇阅读到一类主题的批量阅读,从而实现对某位作家、某种文体、某种主题阅读的强化。因此,在这类书的阅读上,编写主题是切入口。

首先,教师可以依托编写主题,组织主题式研究。

其次,教师在零散的篇目间寻找共性,为学生提供一份可供参考的阅读地图,让阅读水平较高的学生可以自行按照顺序阅读。

以《契诃夫短篇小说选》为例,教师可以提供这样一份阅读地图:《凡卡》的结尾——这部小说中结尾富有特点的篇目《谜样的性格》《在流放地》——《在流放地》中的场景描写及同类作品《苦恼》——《苦恼》中的反复及同类作品《一个文官的死》《瞌睡》《约内奇》《查问》——《一

个文官的死》中的对话及同类作品《凶犯》——《凶犯》中的讽刺及同类作品《站长》《在海上》《歌女》《磨坊外》《普利希别耶夫军士》——《在海上》的叙事视角及同类作品《厨娘出嫁》——《厨娘出嫁》的叙事重心及同类作品《薇罗奇卡》《阿加菲亚》——《阿加菲亚》中的女性形象及同类作品《跳来跳去的女人》《挂在脖子上的安娜》《宝贝儿》《新娘》等。

地图的功能是提醒学生在阅读时不要忽略了这些风景,同时用前后联系的方式来进行阅读,从而将孤立的篇目连接起来。

另一种方法是关注阅读过程中的同步指导、活动带动,引导学生深入内容"腹地"。

和课堂的精读不同,学生阅读整本书时容易浮光掠影、走马观花。整本书阅读的指导中,人们习惯把注意力放在阅读之后的专题研究中,但阅读过程同样重要,需要活动来带领。

一、起始阶段,从旧文切入

【活动设计】

重读《凡卡》,思考问题。

(1)重读小学语文教材中的《凡卡》,有哪些记忆和不一样的感受?

(2)《凡卡》的结尾写道:"他抱着美好的希望而定下心来,过了一个钟头,就睡熟了……在梦中他看见一个炉灶。祖父坐在炉台上,耷拉着一双光脚,给厨娘们念信……泥鳅在炉灶旁边走来走去,摇尾巴……"一位学生问:"小说结尾为什么特意写到了'泥鳅'这条狗呢?"你能回答这个问题吗?

(3)编写教材时,往往会对原著做一定的改动。比较本书中的《凡卡》和小学语文教材中的《凡卡》,比较本书中的《装在套子里的人》和高中语文教材中的《装在套子里的人》,你更喜欢哪一种?

【设计意图】

引导学生从既有的阅读经验入手,有效利用既有阅读资源,向阅读更深处探究。问题(2)来源于一个学生的问题,阅读的疑问往往是阅读的发现。胡适曾说:"做学问要在不疑处有疑,做人要在有疑处不疑。"问题

（3）引导学生将原著和教材中改编的课文进行比较，学会去读作品中那些看起来不重要的部分。

二、阅读过程中，读与问同行

【活动设计】
朗读者活动。
【活动内容】
选一篇你喜欢的小说，用不同的形式给大家朗读。
【设计意图】
阅读短篇小说时，学生容易被情节牵引着而忽略其中的细节。朗读可以让学生慢下来。在阅读中，我先给学生挑选了一篇《凶犯》。《凶犯》讲的是农民丹尼斯拧掉铁轨上的螺丝帽，被抓受审。审讯中，丹尼斯不知自己有何过错，振振有词地为自己申辩。小说全篇采用对话形式，法官和农民对话的错位，既诙谐，又沉重。我邀请两位学生来读，法官的朗读者用普通话朗读，丹尼斯的朗读者用方言朗读，两种话语形式的错位让学生感受到了故事设计中的错位。

这种朗读给了学生启发，学生在朗读时很好地诠释了对作品的理解，如《小公务员之死》朗读中的夸张，《苦闷》朗读中的催人泪下，《胖子和瘦子》朗读中前后态度的对比。

朗读者活动，让学生真正进入文本。

【活动设计】
提问者行动。
【活动内容】
对于阅读的小说，每篇提三个以上的问题。
【设计意图】
在对学生的访谈中我们发现，学生不读经典，很多时候是因为读不懂。教师不仅是阅读的倡导者，更是阅读的引导者。学生的难题就是整本书阅读研讨的方向。教师引导学生学会提问，首先要培养学生的阅读能力。

如何提问，也需要教师引导。

教师示范提问角度：小说中反常的地方；小说中你认为难懂的地方；小说中独特的地方。

教师示范提出的问题：

（1）小说《薇罗奇卡》的标题是女主人公的名字，但无论是从叙述角度还是从叙述比重来看，文章的重心都在奥格涅夫上，作者为什么这样写？

（2）小说《阿加菲亚》的标题是女主人公的名字，但在小说的三分之一处女主人公才出场，前面大段的笔墨和阿加菲亚有什么关系？

这些问题是接下来进行专题研读的必要准备。

三、阅读结束，梳理阅读感受，形成专题研讨

【活动设计】

专题研讨。

【活动内容】

针对书中的人物形象以及作者的写作手法进行探讨。

【设计意图】

让阅读走向深入，在单篇阅读之间建立起阅读联系。教材中"单篇短章"的优点在于可研读透彻，但篇与篇之间是有隔膜的，学生收获的是不成体系的经验。选集类作品的阅读，倘若不能加以整合，也是零碎的经验。专题研讨是一个将阅读感受、阅读思考梳理清晰的过程。依据学生的问题和相关的研究，我们确立了以下主题进行探讨：

（1）契诃夫笔下的女性形象。

（2）契诃夫的反庸俗生活主题。

（3）契诃夫笔下的小人物形象。

（4）契诃夫笔下的官员形象。

（5）契诃夫作品中的重复叙事。

（6）契诃夫小说的叙述视角。

（7）契诃夫小说的讽刺艺术。

（8）契诃夫小说中的伏笔与照应。

这些主题不同于过程阅读中分点的研读，它对零碎的经验再次进行梳理，从对单篇作品的阅读进入作家研究层面的研读，是对文本的深度研读。

综上所述，选集类作品的阅读是强化对一位作家、一种文体、一个主题的了解的非常好的方式，用得好，能看到"水何澹澹，山岛竦峙"的风景；用得不好，是一盘无主题的散沙。因此，教师的"导"就显得尤为重要，这"导"，既有单篇阅读的勾连，也有多篇阅读的深度整合。

第五节　阅读挑战：走出舒适区

鲁迅先生在谈读书时这样说：只看一个人的著作，结果是不大好的：你就得不到多方面的优点。必须如蜜蜂一样，采过许多花，这才能酿出蜜来，倘若叮在一处，所得就非常有限，枯燥了。专看文学书，也不好的。先前的文学青年，往往厌恶数学，理化，史地，生物学，以为这些都无足重轻，后来变成连常识也没有，研究文学固然不明白，自己做起文章来也胡涂，所以我希望你们不要放开科学，一味钻在文学里。

在有限的阅读活动中，学生阅读种类相对比较单一，单以文学作品的阅读为例，学生偏小说而轻诗歌、戏剧；在诗歌的阅读中，偏中国古典诗歌而轻新诗和外国诗歌。下面以被学生冷落的语文教材中的外国诗歌为例，谈谈突破舒适区的阅读。

与中国诗歌的比重相比，外国诗歌只是点缀。选修教材中，小说还有续集，古诗还有再读，外国诗歌由于高考不考，基本上已无下文。

在学生的阅读中，外国诗歌阅读同样基本上属于空白状态。学生不读外国诗歌，其原因是多方面的。

一是文本方面的原因。诗歌的特殊性决定了诗歌翻译是难中之难，一方面，诗歌翻译不同于诗歌创作，译诗必须忠实于原诗；另一方面，译者在再现原诗的内容和美感的同时，又要尽可能达其意，传其神，存其境。因此，有人把诗歌翻译称作"明知不可为而为之的语言实践活动"。学生接触的文本，实际上是中国化的外国诗歌，很难一睹其原貌。这种翻译在带领学生走进文本的同时却又使学生只能徘徊在门外，从某种意义上讲，它阻碍了学生与文本的直接对话。

二是学生方面的原因。在外国文化土壤中成长起来的外国诗歌与在中国文化土壤中成长起来的中国诗歌在审美风格上有很大的差异，这种差异可能会开阔学生的视野，但在阅读的最初给人带来的是陌生感、不适感，固有的心理定式和审美习惯都影响着学生对文本的阅读和接受。当一个读者拿起一部文学作品开始阅读时，他是张开他的全部审美经验和期待视野来迎接作品的，他的世界观、人生观，他的一般文化视野和艺术文化修养，特别是他的文学能力，综合组成了一张经纬交织的审美期待的绵密网络，它就像无数双眼睛盯住作品中的每一个细节、每一个文字，按经验所提供的暗示去解读作品、体味作品，同时又无情地将不符合经验暗示的意象、意境、意义、意旨一概拒绝、排斥在外，或通过那张期待的网络"过滤"出去。习惯了中国传统诗歌特点的读者，在阅读外国诗歌时这种感受会更强烈。

三是教师方面的原因。对中小学教师外国诗歌教学的一份调查问卷显示：在各类文体的阅读中，诗歌阅读排在末位；而在诗歌阅读中，外国诗歌阅读又排在末位；很多教师对外国诗歌知之甚少，在外国诗歌教学中往往采取蜻蜓点水、一带而过的态度；一些教师认为教材中一两篇外国诗歌的选编无太大意义，大可以从中学语文教学中退场。

全球文化语境下的阅读，一方面应该立足于本国经典，另一方面也应该面向全人类优秀的文化。从中国诗歌发展的历史来看，中国诗歌经历了繁荣发展之后，19世纪走入末路，20世纪初借助白话与外国诗歌重又走向新生。从这个意义上说，外国诗歌与中国古典诗歌同为中国新诗的源头。外国诗歌中的艺术手法、艺术探索、思想文化都对我们有着重要的启示。对外国诗歌教学，我们不能处于漠视状态。

诗歌的特殊性决定了诗歌教学的特殊性，而诗歌教学中的外国诗歌教学则又多了一重特殊性。这种特殊性，既可能是阅读的障碍，也可能是突围的契机。

怎样带领学生阅读外国诗歌呢？可以从以下几方面入手。

第一，丰富阅读背景，扫清知识障碍，提供背景支持。阅读障碍包括词语障碍、术语障碍、背景知识障碍等，会影响学生对文章的探究。就外国诗歌阅读来说，其障碍主要来自文化背景。一篇文章是与其背景共生的。读者在阅读时，既需要与两个时代背景，即作者所处的时代背景和文本发生的时代背景分别对话，又需要把两者联系起来进行对话。而随着时间的流逝，作品的生存语境消失，背景信息消失，只剩下孤立的文本。这些给阅读带来了障碍，也容易使读者失去阅读的兴趣。因此，诗人的生活经历、思想倾向、诗歌观念以及当时的社会状况等，都是通往诗歌的一扇门。如对雪莱、拜伦、勃朗宁夫人、普希金、裴多菲、里尔克等人来说，他们的人生本来就是一部动人的诗篇，他们的人生经历也可能是他们诗歌的注脚。

第二，比较阅读译作。外语课上的原著阅读与语文课上的原著阅读有何不同？原著阅读后的工作可以提供一些答案。我们仍然返回到汉语中来，那就是对译作进行比较阅读，在比较中感知语言。如庞德的一首诗：

In a Station of the Metro

The apparition of these faces in the crowd.

Petals on a wet，black bough.

一般采用的多是杜运燮的翻译：

在一个地铁站

人群中这些面孔幽灵一般显现，

湿漉漉的黑色枝条上的许多花瓣。

我们拿这一翻译同其他人的翻译做对比，如罗池、赵毅衡、飞白、裘小龙、张子清、江枫、郑敏等。不同的翻译者既有不同的强调点，又有共同的关注点，这或许就是我们阅读的突破。

第三，阅读原著。与外语教学相结合，如在英语教学中阅读英语诗歌原著。高中生已基本具备阅读英语诗歌的能力。阅读原著这种方式不仅能带给学生新奇感、挑战感，更重要的是让他们亲近了文本。当然，要通过阅读原著真正理解文本还需要做好一些准备工作，如领会阅读原著的意义、了解英语诗歌欣赏知识的介绍等。

以罗伯特·弗罗斯特的《未选择的路》为例。弗罗斯特的诗歌备受喜爱，未受过多少学校教育的人都看得懂。当许多诗人热衷于搞诗歌试验

时，他却坚持使用日常语言，描写自己观察入微的日常事件。诗歌中没有什么生僻的单词，学生基本上都能够读懂。

The Road Not Taken

Two roads diverged in a yellow wood.
And sorry I could not travel both
And be one traveler, long I stood
And looked down one as far as I could
To where it bent in the undergrowth.

Then took the other, as just as fair,
And having perhaps the better claim,
Because it was grassy and wanted wear.
Though as for that the passing there
Had worn them really about the same.

And both that morning equally lay
In leaves no step had trodden black.
Oh, I kept the first for another day!
Yet knowing how way leads on to way,
I doubted if I should ever come back.

I shall be telling this with a sigh
Somewhere ages and ages hence:
Two roads diverged in a wood, and I—
I took the one less traveled by,
And that has made all the difference.

第四，从英文歌曲入手。通过让学生学唱一些脍炙人口的英文歌曲来加强对外国诗歌的体验。比如，门德尔松为海涅的《乘着歌声的翅膀》谱曲的歌曲，贝多芬为席勒的《欢乐颂》谱曲的歌曲，都是流传甚广的经典歌曲，学生学起来难度不大。另外，还可教学生唱一些经典的英文歌曲，如《雪绒花》《平安夜》等。这种学习活动不仅激发了学生学习外国诗歌的兴趣，也提高了学生体验经典作品的能力。

此外，还可以向学生推荐一些外国诗人的作品，如《狄金森诗选》《弗罗斯特诗选》《华兹华斯诗选》《丁尼生诗选》《济慈诗选》《拜伦诗选》《勃朗宁夫人诗选》《纪伯伦诗选》《雪莱诗选》《莎士比亚十四行诗选》《泰戈尔诗选》等。

对于学生来说，阅读不只是在熟悉的小说、散文、古诗中兜兜转转，阅读是一种打开，是向着未知的领域进发，是对陌生风景的期盼。

带领学生读一本诗集，读一本学术著作，让学生迎接新的阅读挑战，这是阅读教学的挑战，也是教学在走出舒适区。

第六节　深度阅读：与生命对话

阅读，最终是生命和生命的对话。从文字出发，超越文字。

阅读也是一种经历。缘何而读本身就是一段故事。

阅读里有感动，阅读里有思考，并且，它们慢慢沉淀到我们的人生中，在某一个时刻，它们复苏，照亮我们夜行的路。

很多书需要我们用一生去读，如《论语》。《论语》是风景密集的景致，五步一楼，十步一阁，让人目不暇接。对风景的理解需要时间，很多道理需要我们的阅历去做备注。因此，《论语》既要读，又无须着急，阅读《论语》是一辈子的事。

有些书，你不带着学生去读，它们和很多人就一生无缘了。如《史记》，这部被誉为"史家之绝唱，无韵之离骚"的经典，除了教材中选入的文章，并没有进入很多人的阅读视野。我和学生花了近三个月的时间，阅读了《〈史记〉选读》，阅读的过程中，文学和历史都退后了，更多的是关于生命的思考。

一、生命的相互带动

我最早读《史记》，是从与一位学生的同读开始的。

二十年前，我的一位学生每天捧着一本厚厚的《史记》来向我请教。有一些问题我自己也拿不准，晚上回家翻资料，后来索性也开始阅读，并争取走在学生前面。

在我的教学生涯中，我有幸遇到那么多爱读书的学生，他们带我前往我未曾涉足的地方。韩寒、郭敬明、刘慈欣、郝景芳……有畅销流行读物，也有经典，《史记》即是其中之一。

十几年后，我带着学生读《史记》，不仅读，而且深入研读。我们在挑战自己的阅读耐心，也在拓展自己的阅读视野。

读《史记》的最大难度在于，篇篇都是文言文。这是明知山有虎，偏向虎山行啊。好在《史记》本身叙事曲折，从文学性上来讲，还是很有吸引力的。

高一下学期的六月，我们上完了必修4，距离期末考试还有一个月的时间，这一段时间，我们的目标就是阅读《史记》。

文言文的障碍其实也不难解决，我们选择的是《〈史记〉选读》，书中带有注释。但在阅读的过程中，我让学生尽量脱离对翻译的依赖，画出自己认为的难点，分小组解决。

阅读时，我们选择的第一篇是《留侯世家》。之所以选取张良这个人物，一是通过必修1《鸿门宴》的学习，张良也算是大家的熟人了，二是本学期开始读时评和史论时，我选了苏轼的《留侯论》给学生读。张良的一生极富传奇性，再加上多次涉及，是一个比较好的切入口。

教材上的文言文，大多选得比较短，最长的如《鸿门宴》，也只是《项羽本纪》的节选，学生刚开始阅读时，非常不适应。我把它切分成三段，每一段读完，让学生讨论，解决难点，推荐自己感兴趣的地方。一段解决，下一段开始，读《留侯世家》用了半周时间。

接下来读《陈丞相世家》，我对学生说："大家还记得在《鸿门宴》中出现的另一个后来成为刘邦得力干将的人陈平吗？在《鸿门宴》中，司马迁只提了一笔'沛公已出,项王使都尉陈平召沛公',大家不要小看了这个'打酱油'的人,日后他却是项羽的掘墓人。陈平是个什么样的人呢?大家看完传记后自会有答案,不过我可以先剧透一点——陈平最大的缺点是长得太帅……"学生发出一阵惊叹。

据说那天,我们班上有一半的学生废寝忘食地读完了《陈丞相世家》!

两周后,我们已经读完了《留侯世家》《陈丞相世家》《淮阴侯列传》《高祖本纪》,故事虽然好看,但还需要有点儿挑战性的东西。

二、生命经验的先行

在我们的生活中,我们所见到、所听到的周围人的故事,都是生活的一个横断面。而《史记》聚集了众多人的一生,故事背后的人生更值得思索。

阅读中,我陆陆续续地写了一些文字。

第一篇,我写的是学生感兴趣的陈平。在历史上,像陈平这种灰色人格的人比比皆是,他们在权力的中心谋求生存,在纵横交错的矛盾中从容避开各种刀光剑影。他们不择手段,但又不能算是大奸大恶之人。这是在学生阅读经验之外的。我想,既然是真实的人生,学生有必要阅读。他们需要知道的是,所谓人性,既不是一片黑暗,也不是只有光明,黑白之间还有一片灰色地带。你有清醒的认识,才会有更好的坚持。如此,才不会一腔天真,在碰壁之后又一腔怨气,觉得全天下人都欠了你的。第二篇,我写的是近乎完美的张良。这个人物在《鸿门宴》中出现过,算是学生的熟人了,在《留侯世家》里也有很多可圈可点的传奇故事,这种圆满人生、完美人格有很多话题可说。第三篇,我写的是韩信。作为一个悲剧英雄,他走向悲剧的原因是什么?

写作的过程,也是我不断梳理的过程。

在我们的人生中,对于周围的人,我们通常看的都是一天天的故事,或者是几年的故事,身陷生活的琐碎之中,难以看见人生的真谛。而《史记》是一部历史,也是一部人物命运的启示录。读史可以使人明智,只有你真的思考了,你才能找到智慧。

示范阅读一：

黑白之间有一片灰色地带
——读陈平

带着学生读《史记》，项羽让我们扼腕叹息，张良让我们肃然起敬，而读《陈丞相世家》的陈平，有很多片段却超出了学生的阅读经验。

学生在教材中认识的那些人物，大多是正面的、光芒四射的，如廉颇、蔺相如，为国家可以献出自己的生命，可以放下个人的恩怨，"苟利国家生死以，岂因祸福避趋之"；如陶渊明，为坚守自己的人格，不愿为五斗米折腰，宁愿过三餐不继的生活；如苏武，拒绝投降，忠心爱国，在冰天雪地里仗节牧羊；如荆轲，一诺千金，蹈死不顾；如烛之武，白发苍苍而夜缒出城，冒着生命危险游说秦伯……

他们的身上，彰显的是一种理想人格，让我们仰望。

虽然教材中也会有一些负面人物，但他们多是伴随着正面人物出现的，我们能一眼识别出来，并从心底里坚决否定了他们，如《林教头风雪山神庙》中背信弃义的陆虞候，《祝福》中冷酷自私的鲁四老爷……

但生活中的善恶并不是这样泾渭分明，还有一片灰色地带，我们的教材不会提及，我们的学生很少读到，就像陈平。

陈平年轻时，游手好闲，不劳动，不事生产，他的嫂子对此发了一句牢骚，陈平的哥哥陈伯居然就把她休掉了。

到了娶妻的年龄，富人不肯把自己家的女儿嫁给陈平，贫穷人家的女儿陈平又瞧不起，最终，陈平娶了一个五嫁而夫死的富家女子，为自己的人生赢得了第一桶金，从此"赀用益饶，游道日广"。

秦朝末年，天下纷乱，陈平先是追随魏无咎，而后追随项羽，再后来追随刘邦。周勃、灌婴认为陈平是"反复乱臣"，不能忠心事一主，陈平为自己辩解，说魏无咎没有看到自己的才能，项羽任人唯亲。我们勉强同意，那就说刘邦吧。刘邦还是很看重陈平的，看到富庶的曲逆县时第一个想到的是把它封给陈平，陈平也多次在危难关头救了刘邦。刘邦死后，吕后想立吕家的人为王，一向和刘邦关系别扭的王陵说不行，而一向和刘邦关系很铁的陈平却说没问题。当然，王陵被弃之不用了，陈平呢？升任右丞相。吕后死了之后，杀了吕姓的，恢复刘家天下的，是谁呢？陈平。当然，你可以说，陈平是最大的潜伏者，为了刘家天下，忍辱负重。一朝天子一朝臣，受吕后赏识的审食其被贬了，陈平却继续过着他的辉煌人生。刘邦在位时，陈平六次加封；孝惠帝时，陈平是左丞相；吕后专权时，陈平是右丞相；孝文皇帝时，陈平先是左丞相，但最终专为一丞相。他是立场不断在改变的人，但又是永远的赢家。

收拾项羽的是陈平，收拾韩信的是陈平；收拾项羽用的是离间计，收拾韩信用的是伪游云梦。

帮助刘邦从荥阳出逃，牺牲掉的是纪信，用的是女子两千人。帮助刘邦从平城逃脱，还是从单于的老婆打开缺口。

没有坚决执行刘邦的命令杀樊哙，不是因为他认为樊哙战功赫赫，而是因为樊哙和刘邦、吕后的特殊关系；和周勃互相联合，但适当的时候也会让周勃自愧不如，乖乖地谢病请免相，自己一人做宰相。

的确，在汉初的功臣中，如果说萧何是牛，韩信是虎，张良是鹤，那么陈平就是一只狡猾的狐狸。他审时度势，权衡利弊，知道自己要什么，也知道别人要什么。知道自己要什么，所以别人不敢娶的人他娶了，因为对他来说赢得的是金钱和机会；知道别人要什么，所以能在刘邦怀疑他时，坦然地说："假如我的计策还有可用的，就希望大王采用；假如毫无可取之处，钱财都还在，请封查缴公，请大王允许我辞职回家。"和他一样没有道德感的刘邦知道，非常时期，即使有尾生、孝己那样好的品行，对战争的胜负却没有什么作用，那样的人也是不可以用的。陈平无行，但有智可以谋天下。刘邦和陈平两人在一起谋事没有道德压力，臭味相投，互相利用，各取所需。陈平的成功，固然是智谋在起作用，对世态人情的透彻研究也功不可没。

左思在他的《咏史八首（其七）》中说道："主父宦不达，骨肉还相薄。买臣困樵采，伉俪不安宅。陈平无产业，归来翳负郭。长卿还成都，壁立何寥廓。四贤岂不伟，遗烈光篇籍。当其未遇时，忧在填沟壑。英雄有迍邅，由来自古昔。何世无奇才，遗之在草泽。"

才高一世而沉于下僚的左思对同样出身底层的陈平非常理解。对于陈平来说，他的才华是显而易见的，但怎样把才华"货与帝王家"？社会底层的出身是帮不了他的。他首先要做的，是让自己走出草泽，光耀天下。

他把自己的人生看作一次投资，从投资婚姻开始，到投资刘邦，头脑冷静，思路清晰，丝毫不乱。最终，他走上权力的巅峰，刘邦说："陈平智有余，难独任。"这个预言，似乎有点出入。

示范阅读二：

什么样的人生才算是完美
——读张良

还得从陈平说起。

陈平的出场是光辉夺目的，《陈丞相世家》中反复提到陈平的外貌。因为"长大美色"，有人就问陈平："贫何食而肥若是？"家里这么穷，你怎么能长得这么好看呢？由此还引发了一场家庭纷争。

逃跑渡河时，船夫"见其美丈夫独行，疑其亡将，要中当有金玉宝器"，想要杀了他。幸亏陈平聪明，赶忙脱了衣服光着上身帮着船夫划船，这才逃过一劫。

陈平刚刚投奔刘邦时，刘邦的得力干将周勃、灌婴诋毁陈平时是这样说的："平虽美丈夫，如冠玉耳，其中未必有也。"因为陈平"美"，所以认为他不大可能有才能。

当然，陈平最后用自己的行动证明了一点："美"人也不是吃素的。至陈平六出奇计，我们已经慢慢忘记了他光辉夺目的外表。写陈平，以外在始，以深不可测的内心世界而终。

和学生一起聊起陈平这个人物时，有学生说，陈平这样的人细想来挺可怕的，不仅帅，而且聪明，还有一点，就是没有什么道德感，所以什么事都敢做，什么事都能做得成。

如果让你来选择，你会选择陈平这样的人生吗？圆满中似乎又缺少了什么。缺少了什么呢？这需要和张良相比才能看出。

裴松之说："张子房青云之士，诚非陈平之伦。"虽然他认可陈平的功劳，但在他心里，陈平与张良是两类人。陈平让人佩服，张良让人敬佩。这是两人的区别。

司马迁写张良时，用的是另一种笔法。张良的出场，是惊心动魄的。

故事的开始是这样的："韩破，良家僮三百人，弟死不葬，悉以家财求客刺秦王，为韩报仇，以大父、父五世相韩故。"不仅如此，秦始皇东游时，张良和门客在博浪沙狙击秦王，遗憾的是只击中了随从的车辆，被秦始皇通缉。

张良是以一个侠客的形象出场的。那种豪侠之气、英雄壮举，千载之后，仍让人击节赞叹，连李白都这样表达自己的倾慕："子房未虎啸，破产不为家。沧海得壮士，椎秦博浪沙。报韩虽不成，天地皆振动。潜匿游下邳，岂曰非智勇？我来圯桥上，怀古钦英风。唯见碧流水，曾无黄石公。叹息此人去，萧条徐泗空。"

难怪司马迁说，张良的形象在他心目中是魁梧奇伟的。张良真实的外貌，司马迁直到篇终才说，我想应该是别有用意的。读张良年轻时的壮举，认为张良应该是"魁梧奇伟"的，又何止司马迁呢？司马迁整篇避开张良的外貌不谈，就是要让我们把张良的高大感保持到最后，最后才说他外貌如"妇人好女"。这种奇异的对比，让我们更加感叹一个人精神世界的强大。

张良的事迹太多，司马迁认为，关系到天下存亡的主要有以下几件：借助项伯，不仅让刘邦从鸿门宴上成功逃脱，而且让刘邦加封汉中地区；劝说刘邦烧绝栈道，打消项羽的疑虑，让项羽发兵击齐，汉得以养精蓄锐；下邑之谋，刘邦捐关以东与黥布、彭越、韩信，抗击项羽；借箸谏阻分封；虚抚韩彭，兵围垓下；封雍齿以定军心；劝都关中……

可以说，西汉建立的每一步，都镌刻着张良这位功臣的名字。

作为一个王朝的开国元勋，人们总是把张良和诸葛亮相提并论。我们知道，诸葛亮的事迹多从《三国演义》中来，都说诸葛亮"多智而近妖"，应该有一些虚构的成分。诸葛亮是足智多谋的，三分天下、联吴抗曹、整顿巴蜀内政、平定南蛮、匡扶幼主……对蜀汉政权的建立，诸葛亮是功不可没的。但总觉得与张良相比，诸葛亮要多一些沉重，多一些愚忠，活得无比辛苦，还是无法扭转乾坤，蜀汉最终依然是个短命的王朝，"出师未捷身先死，长使英雄泪满襟"，读之让人唏嘘。而张良，要多一些超脱。

诸葛亮面对扶不起的阿斗，还是要鞠躬尽瘁，死而后已；张良面对太子之争，可以出主意，但又保持了适当的距离。吕后让建成侯吕泽胁迫他出谋划策时，他说："皇上需我的时候，是在危难之中。现在天下已定，因为宠爱戚夫人而换太子，家人骨肉之间的事，一百个人劝也没有用。"

世事洞明，人情练达，一语中的。面对吕泽的坚持，张良指出问题的关键，这不是凭借口舌之争能解决的，太子要保全自己的位子，就必须做刘邦做不到的事情，请出刘邦请不动的四位高人。果然，在四位高人的帮助下，太子顺利保住了自己的位子。

懂天下，懂人，这是诸葛亮；懂天下，懂人，也懂自己，这是张良的过人之处。

因此，能功高却不以为傲，位高却不留恋，认为自己以口舌为帝王师，封万户，位列侯，此布衣之极，于己足矣，愿弃人间事。

不居功自傲，因此不对别人构成威胁，不让别人觉得有紧张感；不认为地球离了自己就不转，不绑架自己，把自己和汉家王朝死死捆绑在一起；功成身退，在政治的旋涡中保全自己，这是张良对自己的成全。能激流勇进，也能急流勇退。

在张良的一生中，年轻时为韩报仇，是侠；追随韩成，是忠；帮助刘邦建国，是智；功成身退，是大智慧。

年轻时有一腔热血，故能进；中年时满腹智谋，故能掌控局势；老年时无欲无求，故能退。如果没有内心的一片清明，如何能达成人生的圆满呢？

示范阅读三：

仅有才华是远远不够的

——读韩信

才华是个好东西。对于我们这些凡夫俗子来说，常常是可遇而不可求的，勤勤恳恳一生也只能补一点拙，让自己不显得那么愚笨，至于才华嘛，常常是遥不可及了。

才华如此罕见，但是，如果你万一中了命运的幸运大奖，正好是那个拥有一身才华的幸运儿，千万要低调一点，尤其不要"恃"。

我们的祖先很明白这一点，造了一堆成语提醒后人，如恃才傲物、恃才放旷、恃才矜贵……它们统统都是贬义的。你有才华你了不起呀？这句话或明或暗，随时潜伏在那里呢，只等你稍微张扬一点，立刻会把你打趴下。《菜根谭》认为，有才华的人应当"鹰立如睡，虎行似病""要聪明不露，才华不逞"。历史证明，仅有才华是远远不够的。历史上恃才的人，大多没有什么好下场，如杨修、祢衡、嵇康、杨素等。

如果说这些人的才不太入你的眼,你觉得他们只不过是小聪明,我们可以看看韩信的一生。

说起韩信的战功,刘邦的评价是"战必胜,攻必取",他率军出陈仓、定三秦、擒魏、破代、灭赵、降燕、伐齐,直至垓下全歼楚军,无一败绩。

韩信的"才",是举世公认的。

但就是这样一位无双的国士,最后却落得个夷灭宗族的下场,一曲命运的悲歌,让人为之叹息。

都说韩信是"成也萧何,败也萧何",但细细思来,又何尝不是"成也才华,败也才华"呢?

成,自不必说,单说一"败"字。

一败,败在才华过高。

才华犹如光芒,会照亮黑暗,但也会刺伤人的眼睛。帝王们还在黑暗中时,是需要这样一盏灯的,但一旦白昼来临,这盏灯越亮就越多余。帝王们亲眼领略过他们如何出谋划策,不免要推人及己,担心有一天他们也会这样算计自己。老虎会伤别人,伤自己也是有可能的啊!疑罪从有,于是,"狡兔死,走狗烹;飞鸟尽,良弓藏;敌国破,谋臣亡",这几乎是历史的规律。单是韩信之前遭此命运的,我们就可以列出一长串的名字:白起、伍子胥、文种、吴起、李牧、商鞅……

才华是一种利器,看掌握在谁手里,有才华而不知"善刀而藏之",必然会伤着自己。

二败,败在有才华而不知收敛。

韩信在平复齐地时,派人对刘邦说让自己临时为齐王,这虽然是出于形势的需要——"齐伪诈多变,反复之国也。南边楚,不为假王以镇之,其势不定",但让刘邦心里十分不爽,当即破口大骂,如果不是张良、陈平从旁提醒利害关系,这一次就足够翻脸了。

刘邦伪游云梦,捉拿韩信,将韩信贬为淮阴侯,算是教训了韩信一次。可惜的是没有起到应有的教育效果,"信知汉王畏恶其能,常称病不朝从",这不是明显地带有情绪嘛。

韩信不但没有和自己的上级搞好关系,也没有和自己的同事搞好关

系。对刘邦的权臣周勃、灌婴、樊哙，韩信也不放在眼里。拜访樊哙，樊哙十分谦恭，"跪拜送迎，言称臣"，韩信的反应却是"我竟然和樊哙这样的人为伍"。

不知收敛，必然成为孤家寡人。

三败，败在只相信才华而不识人。

刘邦和韩信讨论带兵打仗的问题，韩信说："陛下，您不过能带兵十万，而我，是多多益善。"对此，刘邦"笑"（这个笑含义很丰富）道："那你怎么被我捉住了呢？"韩信回答："陛下，您虽然不擅长带兵打仗，但是善于指挥将领。况且您是上天授予的，不是人力所为。"这番话说对了一半。能统治国家的，不需要亲自带兵打仗，用好人才就行了。对于"上天授予"这一点，我们需要探讨。项羽在乌江自刎之前也曾经感慨"天亡我，非用兵之罪也"。

韩信认为刘邦成在"天"，项羽认为自己败在"天"，其实，"天"即是"人"，"人"即是"天"。"天"不过是对"人"的深刻认识。项羽没有认识到这一点，韩信也没有认识到这一点，这恰恰是两个人失败的共同原因——不识人。不识人的善恶，不识人的欲望，不识人的复杂，不识己的长短，不识一统天下不是靠一人蛮力之所为。

韩信的不识人，从他寄食亭长一事就可看出。亭长妻患之，已经不是一天两天的事了，直至"晨炊蓐食"，他还浑然不觉，吃饭的时候按时前往。不识人，这是韩信和陈平的差距，也是二人结局不同的原因之一。

四败，败在有才华而革命不坚决。

功高震主，不少人替韩信看到了这一形势。

武涉游说韩信自立为王，韩信拒绝道："臣事项王，官不过郎中，位不过执戟，言不听，画不用，故倍楚而归汉。汉王授我上将军印，予我数万众，解衣衣我，推食食我，言听计用，故吾得以至于此。夫人深亲信我，我倍之不祥，虽死不易。幸为信谢项王。"

蒯通游说韩信自立为王，韩信再次拒绝："汉王遇我甚厚，载我以其车，衣我以其衣，食我以其食。吾闻之，乘人之车者载人之患，衣人之衣者怀人之忧，食人之食者死人之事，吾岂可以乡利倍义乎！"

蒯通第二次游说韩信，韩信的反应是"犹豫不忍倍汉，又自以为功多，汉终不夺我齐，遂谢蒯通"。汉王伪游云梦，用计捉拿了韩信，对于韩信来说，是一次教训和提醒。韩信终于准备和陈豨联合谋反了。

从这一走向谋反的过程我们可以看出，韩信的谋反是被动的、犹豫的，必然是缺少谋划的，这就注定了他的失败。既不能忠贞到底，也不能革命到底，结果是半途而废的人终将自掘坟墓。

由此可以看出，韩信懂兵法，却不懂为自己的人生经营，虽有绝世之才，却因过度自满而看不见自己的短处，这就注定了其人生的悲剧。

我们要知道，仅有才华是远远不够的。

人生的成败绝不仅仅是才华的较量。征服天下的，也不是一把宝剑，征服人心的，也不是一番说辞。所以，项羽败了，刘邦胜了；韩信败了，陈平胜了。

所有的结局其实早已写好。

三、生命同时在场

对于同一个篇目，师生从不同的角度展开自己的思考。如《平原君列传》，我和学生针对同一人从不同角度评论。

下面是教师的评论——《理想的他人和现实的自己》。

作为战国四公子之一，平原君的一生有很多传奇故事。我们仅就其用人方面进行探讨。

平原君有门客数千人，足见其爱才惜才、求贤若渴。毛遂、李同、公孙龙（名家代表人物）、邹衍（阴阳家代表人物）、鲁仲连、赵奢、魏齐等这些重量级的时代风云人物，都曾经出自其门下。

即便爱才如此，仍然有让人遗憾的故事。

如平原君的美人嘲笑一位跛者，受到羞辱的跛者要求平原君杀了美人，平原君不以为意，门客纷纷离去，平原君发现这个事情后，杀了美人谢罪。又如，赵国危在旦夕，平原君组织了死士前往楚国游说楚王合纵，从上千的门客中仅挑出了十九人。毛遂自荐，平原君问："你为什么在我门下待了三年，我却不知道你呢？"

第一件事体现的是平原君的诚意问题。跛者要求平原君杀掉美人，从我们今天的角度来看，这要求实在过分。平原君一开始表示拒绝，并不是他有多爱美人、多么尊重生命，而是在他心目中人才的分量不够。

第二件事体现的则是平原君识人的眼光不够。否则，也不会在危难关头，只有十九人追随。幸得有毛遂自荐，才成就了楚魏联盟。

爱才尚且如此，如不爱才呢，甚至嫉贤妒能呢？

高适说："未知肝胆向谁是，令人却忆平原君。"

不完美的平原君依然是士人的一个梦。正如蒙受冤屈的百姓期盼包青天，怀才不遇的士人们渴望遇到平原君这样的识人者，他们期望能将自己的一腔才华"货与帝王家"，但遗憾的是，"买家"太少，"卖家"太多，"不遇"成为士人们共同的命运，能被垂青的幸运儿从来都是寥若晨星。董仲舒写《士不遇赋》，司马迁写《悲士不遇赋》，陶渊明写《感士不遇赋》……士不遇的故事比比皆是，位高如曹植，不得施展抱负；名重如左思，只能穷途痛哭；才高如李白，曾摧眉折腰；忠诚如杜甫，半世流离；旷达如苏轼，也只能在无尽的流放中消磨岁月……

这是在需要被赏识的一方，而在赏识者一方呢？求贤若渴如曹操，感慨"周公吐哺，天下归心"，却仍然杀了恃才放旷的杨修；从谏如流如唐太宗，也曾对魏徵忍无可忍……

如此看来，所谓的明君，所谓的野无遗贤，不过是士人们一厢情愿的幻想。幻想而不得，就只有响彻历史的连绵不绝的叹息了。"虽有形而不彰，徒有能而不陈。何穷达之易惑，信美恶之难分。时悠悠而荡荡，将遂屈而不伸。"这世界上从来就不缺人才，缺的是发现的眼睛和包容的心胸。这才是最真实的现实。

平原君是识人的，也是不完美的。即便如此，我们需要有很多的幸运，才能遇到识人的平原君；还需要有很多的幸运，才能被不完美的平原君赏识。这幸运，委实不是每个人能有的，比中大奖还难，比天上掉馅饼的概率还低。

但还是有人撞入了平原君的法眼，如毛遂，靠自荐成名；如赵奢，凭正气、勇气征服平原君。命运，其实还有一半的选择权在我们自己手里。

我们很多人，喜欢期待理想的他人。理想的他人可遇不可求，难度远远大于做理想的自己。幻想理想的别人，不如努力做理想的自己。

理想的他人遇到现实的自己，是幸运。

理想的自己遇到现实的他人，是勇敢。

站得足够高，走入更多人的视野；自带光芒，让人看到你的精彩；足够勇敢，让更多的人听到你的声音。当我们不再期待完美的平原君，我们才能找到足够强大的自己。

学生则写下了《平原君赞》，对平原君充满了敬意，或许是看到了历史上士人的怀才不遇，因此觉得平原君难能可贵。

鲁迅先生评价《史记》为"史家之绝唱，无韵之离骚"。中华民族五千多年的历史中，《史记》早已不再是时间长河中的一脉微流、历史长河中的一抹星茫，它就如一面镜子，照亮了那些或辉煌或黯淡或纷扰或安宁的时代，成就了那些时代中或勇武或智谋或贤德或诡奇的英雄。

"齐有孟尝，赵有平原，楚有春申，魏有信陵"，战国四公子中，太史公似乎独对平原君有所微词，然而我犹钟爱《平原君虞卿列传》。透过他的一生，我看到的是一个平凡却高贵的灵魂，一种真实而伟大的品格。

"诸子中胜最贤，喜宾客，宾客盖至者数千人。"当时，平原君赵胜以其广纳贤才闻名于诸国。一次，一个跛子指责平原君的一个美人嘲笑他，要那名美人的头做偿，平原君答应了，却没有杀她。过了一年多，平原君门下的食客、弟子皆借故辞去。一名食客向他劝谏，平原君即刻斩下那个美人的头，亲自登门献给跛子，离去的人这才陆续归来。孰人恒无过？位高权重而不倨，不以自身之高而蔑人，实属不易矣。

毛遂自荐的故事想必大家都耳熟能详。毛遂傲然站在平原君面前，从容不迫地说："臣乃今日请处囊中耳，使遂蚤得处囊中，乃颖脱而出，非特其末见而已。"太史公对平原君的回应只有短短八个字，却可见锋芒："平原君竟与毛遂偕。"一个国家的公子，该有怎样的胸怀与气魄，对一个如此张扬甚至自负的低微食客，仍给予如此的宽容与礼遇。毛遂的选择是正确的，他的才华在与楚王利落地定下合纵之约时完美展现，留下辉煌一笔，供后人膜拜景仰。而平原君的誓死效国、谦逊自省，只能无声地被岁月的尘土所掩埋。他说："文不能取胜，则歃血于华屋之下，必得定从而还。"他说："胜不敢复相士。"

"平原君以赵孝成王十五年卒。子孙代，后竟与赵俱亡。"太史公曰：

"平原君，翩翩浊世之佳公子也，然未睹大体。"我却觉得，一个有如此胸襟的贵胄子弟，太史公老先生的评价是否也有失偏颇。魏徵曾言："以古为镜，可以知兴替。"平原君给我太多的启示与感慨。

爱贤纳才，是统治者的为政之道，亦是贤士雅客的相惜之心。伯乐赏识千里马，唐太宗为魏徵举国同悼，周公"一沐三握发，一饭三吐哺，犹恐失天下之贤"，刘备三顾茅庐，汉武帝重用汲黯……然而，有几人能有平原君的胸怀？阮籍猖狂，敢于藐视汉高祖刘邦，说他是"时无英雄，使竖子成名"，却闻穷途之哭；李白不羁，敢于藐视当朝权贵，让宰相杨国志研墨，让宦官头目高力士脱靴，却只得"举杯消愁愁更愁"。龚自珍说"但愿天公重抖擞，不拘一格降人才"，这就需要我们的社会如平原君的胸襟一般包容、宽厚，各种规章制度也能为各领域的奇才、怪才提供更多的机会与保障。

"众口铄金，积毁销骨"，先有商鞅立木为信，后有宋濂"期至必还"，诚信的重要性毋庸置疑，平原君若没有履行自己的诺言，就不会有广纳贤才、爱贤爱德的美名。"若得人信，需己无斯欺"，这不禁让我想到现今局势紧张的钓鱼岛事件，如果日本人能正视历史错误，坦诚面对现实，也不会出现购岛的闹剧与中日民族之间更深的裂痕。信，乃为人处世之道，是先贤千年智慧的结晶。没有最基本的诚信，就无从谈文明，无从谈人性。

培根说："读史使人明智。"平原君藏在那庸碌无为后宽广的胸襟、高华的气度、谦逊的品格、执着的诚意令我欣喜与敬佩。同样扑面而来的，还有那个时代人性的单纯与对忠、义、信、美的执着追求。太史公历尽沧桑，饱受磨难而作《史记》，而今，它洗尽铅华，凝聚着一股温润的力量，散发着最质朴的人性的芬芳，跨过那悠悠的历史长河，缓缓沉淀于你我的心灵。

四、寻找生命的开阔地带

批注式阅读、教师示范性阅读、师生同读，带学生走入书中。

阅读是不断地浸润，是不断地碰撞。

学生阅读《刺客列传》，发现教材中的《荆轲刺秦王》选自《战国策》，《史记》中关于荆轲的文字和《战国策》几乎相同。我引导学生思考，它们的不同之处在哪里呢？我们在《刺客列传》中还读到了哪些《荆轲刺秦王》中没有的文字？这些是否让你改变了对荆轲这个人物的认识？在这些问题的追问之下，学生形成了自己的文章《一个你不知道的荆轲——荆轲的生前身后事》《义无反顾走向死亡的英雄》。

有学生读到《滑稽列传》中优旃的故事，这个矮小的倡侏儒，却有一颗伟大的同情心。和他同时代的、和他周围的人不同，他能把悲悯的眼光投向屋檐下淋着冷雨的卫士们。这种发现非常好，但如何扩展文章的内容？我引导学生思考几个问题：他的同情是一贯如此，还是偶然？他同时代的人对此持什么态度？他这样做有什么原因吗？让他们运用比较、联系、原因探究的方式深入思考。学生通过研究发现，体现这种悲悯的，还有他阻止秦始皇扩大自己的园囿，阻止秦二世漆城，这些都是对百姓的爱护。联系当时的时代背景——诸侯们争地以战，杀人盈野，征城以战，杀人盈城，视人命如草芥，以万物为刍狗，就知道这种思想的可贵。他的同情前和孔孟的"仁者爱人"呼应，后和杜甫的"叹息肠内热"沟通。同时代的平原君虽然还算是一个明白人，但只因为门客的一句话就杀掉了自己的美人，并不看重生命。优旃的同情来自他自己地位的低下，故而能感受到同样下层人的疾苦。

这样的纵向追因、横向比较，纵横联系之下，视野逐渐开阔，思考不断深入。

又如，有的学生关注到了《游侠列传》不同于其他文章的写法。通常情况下，司马迁非常节省自己的笔墨，控制自己的议论，经常是在结尾三言两语点到为止。但在《游侠列传》中，司马迁用了近三分之一的篇幅来表达自己对游侠的看法。为什么？反常处必有原因。

在引导学生阅读《游侠列传》《刺客列传》《滑稽列传》时，我提醒学生，这三篇传记都是合传，作为合传，我们阅读时先要找共性：这一类人有什么共同特点？作者对他们的态度是怎样的？其次还要关注个性，同为游侠、刺客，他们的命运、性格有什么不同？以《游侠列传》为例，学生读到了朱家的隐、郭解的显，还有几乎没有什么事迹却影响力很大被写了

进来的剧孟。

经过三周的阅读，学生的阅读速度明显加快，并整理出了《史记》中大量的通假字——学生称之为"司马迁的常用错别字"，整理出了那个时代的常用句式。我在微信公众号上发了三篇文章，不少学生阅读后跟帖评论。

期末考试临近，我们暂停了《史记》阅读，期末考试完毕，《史记》成为我们的假期阅读书目。

在我们前面的集体阅读之后，学生有兴趣、有能力去完成这样一本书的阅读了。我向学生提出了以下几点阅读要求：

（1）每篇的阅读中，要画出语言的难点，结合注释和工具书解决。

（2）每篇的阅读中，要有批注，批注自己的疑问、发现。

（3）挑选自己感兴趣的人物，写一篇人物评论。

假期期间，我们建立了《史记》阅读微信群，定时发送自己的阅读感受，我还给学生提供相关的评论文章，激发学生的思维，开阔学生的视野。

开学后，我将学生的作品结集成册，一本《〈史记〉人物命运启示录》就此诞生了。

下面是一位学生写的文章。

黑暗中的点火者

看《陈涉世家》，和读《留侯世家》的感觉完全不同。张良的运筹帷幄，让人的的确确感到"读史可以明智"。对于刘邦来说，张良就像神一般的存在，每当刘邦按捺不住自己的欲望蠢蠢欲动时，每当刘邦手足无措莫知计所出时，总有张良在旁边指点迷津。因为有张良的存在，刘邦的成功历程便步入高端、大气、上档次之列了。

读《陈涉世家》则不同，一直感觉很陋，太陋，非常陋。

陈胜、吴广举起造反的大旗之后，看看陈胜的表现，疑虑之处甚多。

葛婴立了襄强为楚王，听说陈胜已立为王，于是杀了襄强来投奔陈胜，陈胜杀了葛婴。陈胜为什么杀了来投奔他的葛婴？因为葛婴立过襄强吗？

武臣到邯郸，自立为赵王，陈余为大将军，张耳、召骚为左右丞相。

陈胜大怒，捕系武臣等家室，欲诛之。因为有人劝阻，便扣留他的家人做人质，同时封武臣为赵王。赵王并没有乖乖听从调遣，而是派出了韩广。在众人的鼓动下，韩广自立为燕王。接着是分封魏王。今天一个分封，明天有人称王，起义军一直忙的就是这些吗？

手下田臧假托陈胜的名义杀了吴广，陈胜让他做了大将。不是一起起来造反的吗？难道杀自己的战友者有功？

秦嘉假托陈胜的命令，杀了陈胜任命的将军武平君畔。陈胜的反应是什么？居然没有下文！为什么陈胜的手下能一而再，再而三地假托他的命令杀人？

当与他同为佣耕者的伙伴们去找他的时候，他为了维护自己的权威而杀了他们。说好的"苟富贵，无相忘"呢？

然后很快就来到了故事的结局：陈胜到汝阴，他的车夫庄贾杀了他。

当他被杀后，替他报了仇的居然是曾经在他身边给他洗衣服的一个人。这个人后来带兵打仗，征战南北。陈胜知道这个人吗？

这样看起来，陈胜为王的历史，实在不是一部辉煌史，我们看到的是左支右绌，是权力的争夺，是怀疑和倾轧。这部剧轰轰烈烈地迅速开幕，又迅速落幕。

说起来，陈胜是让我们失望的，除了喊出"王侯将相，宁有种乎"，我们并没有看到他更多的传奇，这实在不是一部励志大剧，也没有什么好看的情节。撕得很难看的争夺，和我们理想中的反抗相距甚远。心胸狭窄、见识短浅、不会识人、不会用人……其缺点我们能列举出一长串，才能平平，德也乏善可陈。

或许我们一开始的定位和期待就错了。

我们有什么理由去苛求曾经作为佣耕者的陈胜能够征战沙场、运筹帷幄、决胜千里呢？

当陈胜还在田间地头为一口饭在挣扎的时候，张良在做什么呢？以他的大父、父五世相秦的家世，他接触的是和陈胜完全不同的世界。

你努力的天花板不过是别人的起点，这话没错。

那么，陈胜的价值在哪里？我以为，就是那一声呐喊——那一声响彻多少个时代的呐喊："王侯将相，宁有种乎"

"王侯将相，宁有种乎"这一声呐喊，让奴隶们觉醒，让统治者不安，让沉睡者醒来，让催眠者不再肆无忌惮。

陈胜的价值，司马迁说得客观——陈涉首难。陈胜是第一个起来反抗的奴隶，当他"蹑足行伍之间，而倔起阡陌之中，率疲弊之卒，将数百之众，转而攻秦；斩木为兵，揭竿为旗，天下云集响应，赢粮而景从"的时候，秦王朝的根基已经被撼动了一半。至于"亡秦族"的事，要交给后来者了。

当他喊出"王侯将相，宁有种乎"的时候，他的使命已经完成。他是在黑暗中点起火把的第一个人。

但这个生活在黑暗中的人，在黑暗中喊出了第一声反抗的人，注定是不属于黎明的。一个新的时代也不是他所能承担得起的，因为他并不知道明天要走向哪里，他的微光无法照亮黑暗，他的挣扎无法拯救自己，也无法拯救别人，只有对旧世界的重复。

所以，尽管我们无法忘记黑暗中的火光，但黎明是属于太阳的——它带着新鲜的思想而来。当百姓在汉朝的休养生息政策中喘一口气的时候，这是陈胜奋起的价值，也是他死去的价值。

后 记

书稿完成之后,我有很长的时间可以去回顾两年来的写作过程,但一直迟迟未动笔,因为有太多的话,却不知从何说起;有太多的感动,担心说出来就显得苍白。

尽管写出来的东西如此粗浅,但写作的过程于我而言,是一次温暖而百感交集的心灵旅程。

2016年10月,我有幸成为"中原名师"写作项目团队中的一员。教育自传的提交,写作选题、答辩、框架的反复论证,文章的写作……对于我来说,是一种新的历练。二十多年的教学经历,是优势,却也是一种桎梏。在导师的指导下,我反复梳理,从庞杂的经验中,找到一条清晰的路径,呈现给大家。

被选拔为"中原名师"培育对象的几年来,金华的开篇、温州的踪迹、余姚的引领、舟山的对话、杭州的研讨……都是我在专业成长过程中不可磨灭的记忆。我在不停地行走中学会了舍弃、提炼、呈现……而行走的每一步,都凝聚了太多人的付出。河南省教育厅的统筹规划、浙江师范大学项目办的组织……丁武营主任的精心设计、张文质老师和闫学老师的一次又一次的指导、童志斌老师的点拨、穆秀颖老师的关注、中原名师班同学的鼓励、出版社老师的反复校对……

还有,特别致谢多年来一直给予我指导和帮助的丁亚宏老师和韩燕燕老师。

一直觉得自己是个幸运的人,二十多年的教学生涯中,一直在领导和同事的关心中成长;而在自己的写作过程中,还能得到这么多人的悉心

指导。

我想，一个在爱与智慧中成长的人，一定也会去传递爱，传播智慧。

如果还有一些话我没有说，那是在心底珍藏着，留给记忆，也留给未来。

韩秀清

2018年7月18日